Zeit für Kera

Traumziele in Indiens Garten der Götter

Edda und Michael Neumann-Adrian
Olaf Krüger

BUCHER

Inhalt

1

2

6

7

8

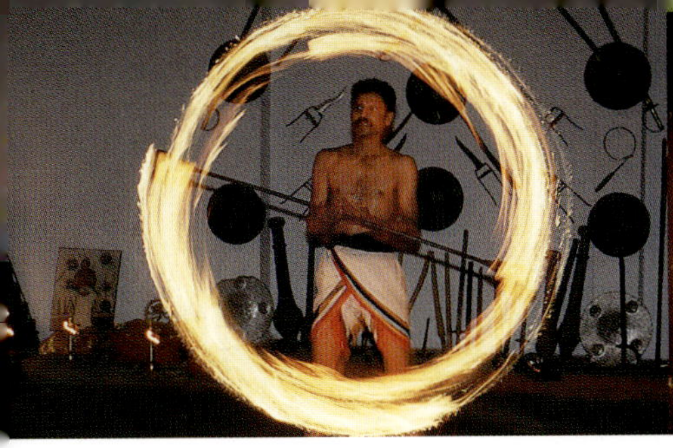

4

5

1 Keralas größter See, der Vembanad Lake, durchfließt eine Lagune zum Meer. **2** Eine Lotosblüte. **3** *Kalaripayattu*, die artistische indische Kampfkunst, hier mit einer Feuerraddemonstration in der Schule ENS *kalari* im Vorort Nettoor bei Kochi. **4** Götterbilder am Hausaltar im gastfreundlichen kalappura-Gutshaus östlich von Thrissur. **5** Im Teeland um Munnar unterwegs zur Top Station. **6** Am Wasser wohnen in der Coconut Lagoon. **7** Ayurvedische Wärmebehandlung. **8** Kerala ist reich an Vegetarischem, hier Auberginen. **9** Frauen bringen Reissetzlinge ins Feld – auch für die Aufsicht sorgt in Kerala öfters als anderswo eine Frau. **10** Aufgehäuft: verschiedene Farbpulver für Alltag und Feste. **11** Ein Tänzer beim Pooram-Fest in Dasmangalam.

10

11

3 Augenblicke Kerala. Der Elefant, der Freund – auf dem Highway werden Sie ihm in seinem gemächlichen Trott begegnen, eine ganze Fahrspur ist seine, und die eiligen Trucks und Scooter weichen ihm alle aus. Auf Keralas Festen erscheint er 50-fach, 70-fach, goldglänzende Schilde vor der Stirn tragend. Die Elefantenführer, die *mahouts*, legen sich furchtlos zwischen seinen Säulenbeinen zur Ruhe. Mit Wasserfluten bringen sie vor dem Fest die zarten Muster des Rüssels ans Licht. – Und welche Details aus dem Shiva-Tempel von Ettumanur (Seite 6/7) und wie die Götter mit den schwarzbärtigen Asketen lachen! Shiva (links) erkennt man an der Kobra über seinem Haupt. Und wie grazil sich die Gazelle auf seinen Fingerspitzen hält! – Dicht an dicht drängt sich das Volk auf dem Weg zum Janardhanan-Tempel in Varkala (Seite 8/9).

Im Shiva-Tempel von Ettumanu.

Am Janardhanan-Tempel in Varkala.

Lust am Wettrudern: Rajiv-Gandhi-Rennen bei Alappuzha.

Wer kennt Kerala?

I

Kerala in der Morgenfrühe: Das kann schon vor dem Frühstück ein Morgenbad im Meer sein, während man den Fischern zuschaut, wie sie nach langer Arbeitsnacht auf dem Wasser heimkommen. Ihre Boote ziehen sie gemeinsam unter rhythmischem Singen auf den weißhellen Strand vor dem Kokospalmenwald. Kilometerweit sieht man Sand, Meer und Kokospalmen, aber kein einziges Bauwerk. An einem anderen Morgen sind wir im Elefantenwald unterwegs, hügelauf und hügelab, unter den mächtigen Bäumen des Periyar-Nationalparks von Langur-Affen beobachtet. Dem Führer, der früher ein *poacher*, ein Wilderer, gewesen sein mag und jetzt verantwortlich für seine Gäste ist, gelingt es fast immer, eine Elefantenfamilie aufzuspüren – und er weiß, wie nahe er uns an sie heranbringen darf, ohne ein Risiko einzugehen.

Ganz im Zeichen der Verwöhnung steht ein dritter Morgen: Nach moskitofreiem Schlaf in der Bambuskajüte eines Hausboots lässt man sich schmecken, was der Bootsmann auf einem Bananenblatt an Kerala-Speziälitäten serviert, frische Ananas oder Mango eingeschlossen. Beinahe geräuschlos gleiten die Hausboote durch Keralas Wasserwelt. Unterm Palmblattflechtwerk des Daches hat man einen guten Blick auf die Backwaters mit ihren Seen und Kanälen, auf belebte Uferpfade und schmale Fährboote, in denen die Dörfler aufrecht stehen, in bunten Farben vorm dichten Baumgrün. Immer wieder kommt eine Kirche, ein Hindu-Tempel in Sicht.

Am Anfang war ein großer Wurf

Wo gäbe es in Indien eine Landschaft ohne Götterlegenden? In Kerala erzählt man von einem urzeitlichen Weitwurf, dem die Entstehung des Landes zu verdanken sei. Parasurama, einer Inkarnation des Gottes Vishnu, war kein Land zuteil geworden. Als er sich darüber beklagte, wurde er auf die Höhen der Western Ghats, der Küstengebirge, geführt und sollte seine Axt weit hinaus aufs Wasser werfen. Alles Meer zwischen dem Gebirge und der Stelle, wo seine Axt in den Ozean eintauchte, verwandelte sich in festen Boden und wurde ihm zu eigen. Der Name des Neulands: Kerala.

Ist die Parasurama-Legende ein mythischer Spiegel der Erdgeschichte, eine Erinnerung an den Urkontinent Gondwana, der sich teilte und auf die asiatische Landmasse zudriftete? Die Parasurama-Erzählung lebt fort. Und die Einwohner Keralas, ob Hindus, Christen oder Muslime, haben gute Gründe, die lebensfreundlichen Eigenschaften ihres Küstenstreifens einem göttlichen Ursprung zuzuschreiben. Kein anderer indischer Bundesstaat zwischen dem Himalaya und dem tamilischen Südkap Kanyakumari ist so reich an Wasser. In Kerala werden die jährlichen Monsunregen vom Gebirge aufgefangen und strömen in mehr als 40 Flüssen ins Tiefland. Tausende von Bauernfamilien setzen die Reispflänzchen in die überschwemmten Felder, sie können im subtropischen Klima zweimal, sogar dreimal im Jahr ernten.

Wie grüne Girlanden säumen die Kokosnusspalmwedel über Hunderte von Kilometern Keralas Strände, breiten sich im Hinterland auch an den Berghängen aus. Keralas Kokosnüsse werden zu Millionen geerntet, Kokosfasern (*coir*) zu einer Vielzahl von Produkten verarbeitet. Die Palmwälder sind nicht menschenleer. In ihrem Schatten haben Keralas Einwohner ihre Häuser gebaut und bauen noch immer neue – abseits der Städte. Wie dicht Kerala besiedelt ist, nämlich mit über 800 Menschen pro Quadratkilometer, mehr als dreimal so dicht wie zum Beispiel Deutschland, nimmt der Besucher darum erst auf den zweiten oder dritten Blick wahr.

Den Bergwäldern sehen es Unkundige nicht an, aber dort gedeiht seit Jahrtausenden der Großteil der Gewürze, die den Küchenmeistern Keralas unentbehrlich sind. Und die seit jeher exportiert wurden. Kerala ist das Land, in dem der Pfeffer wächst.

2

3

1 Begegnung im Veli-Park der Hauptstadt Thiruvananthapuram: Filmschauspielerin in einer Drehpause. **2** Keralas Spezialität für Indienreisende, die abseits aller Highways Ruhe wollen: Tage und Nächte auf dem Hausboot. **3** Schauspieler mit *kathakali*-Maske.

»Ich kenne keine Pflanze, die gar nicht als Heilpflanze nützlich wäre«, sagte uns ein Arzt aus Kerala. Hoch entwickelte Pflanzenkenntnis ist hier Berufsbasis. Es ist noch nicht lange her, dass in Europa, Amerika und Australien kaum jemand etwas mit dem Begriff Ayurveda anzufangen wusste. Übrigens ebenso wenig mit dem Namen Kerala: »Wo soll das liegen? In Indien?«

Gesund mit Ayurveda

Seit rund 30 Jahren erweckt die Gesundheitslehre Ayurveda – wörtlich etwa »Weisheit vom Gesundsein« – immer mehr Aufmerksamkeit und gewinnt an Vertrauen. Mit erstaunlich raschem Tempo breiten sich heute Ayurveda-Zentren zugleich in Südindien und in den reichen Industrieländern aus. Zu den Ursachen gehören nicht nur die hochgesteckten Erwartungen an die sanfte südindi-

sche Uralt-Heilkunde, sondern auch das wachsende Misstrauen der Patienten gegenüber der Apparatemedizin und ihre Klage über mangelnde persönliche Zuwendung. Gerade darin sind qualifizierte Ayurveda-Zentren gut: Nicht allein die Blutwerte, auch die individuelle Befindlichkeit des Hilfesuchenden werden wahr- und ernst genommen. Im Übrigen verhehlen Ayurveda-Ärzte ebenso wenig wie ihre Kollegen von der noch älteren Siddha-Gesundheitslehre, dass ihre Behandlungsmethoden erstens sehr langfristig angelegt sind, zweitens den Patienten oft eine Umstellung ihrer Lebensweise abfordern und drittens bei vielen Krankheiten die Therapien westlicher Schulmedizin sich als sinnvoller oder doch rascher wirksam erweisen.

Außerdem fügen sich eine Vielzahl von Ayurveda-Anwendungen passgenau ins aktuelle Lifestyle- und Wellness-Konzept. Ölmassagen sind unmittelbar als Wohltat für Leib und Seele zu erleben: nicht immer, um gesund zu werden, sondern um gesund zu bleiben. Im authentisch subtropischen Ambiente Keralas steigern sie natürlich ein Urlaubserlebnis noch ganz anders als in einer europäischen Ayurveda-Dependance. So überrascht es kaum, dass jedes bessere Hotel, jedes Resort in Kerala auch Ayurveda-Behandlungen anbietet. Große Erfahrung in ayurvedisch aktiver Gastlichkeit hat zum

4

5

1 Auf dem Markt, in den Küchen der Hotels, immer wieder sieht man Schüsselchen mit Gewürzen, getrocknet oder auch fein gemahlen.
2 Die Jakfrucht ist Indiens größte: bis zu fünf Kilo schwer – und mehr.
3 »Coconut Lagoon« unter Palmgrün am Vembanad-See.
4 Vanillepflanze auf der cghEarth-Plantage Anakkara beim Periyar-Park.
5 Lecker: gebackene Bananen mit Beilage.

Beispiel das »Somatheeram« am Chowara-Strand südlich von Keralas Hauptstadt Thiruvananthapuram. Ein Nonplusultra persönlicher Zuwendung und hohen Komforts erwartet den Gast seit 2004 im »Kalari Kovilakom«, einem ehemaligen Landschloss der Malabar-Herrscher inmitten eines opulenten Grundstücks. Gesundung und innere Harmonie, verheißt das Konzept dieses »Palace of Ayurveda«, sind nicht in utopischer Ferne zu suchen, sondern warten im eigenen Selbst. Gründer von »Kalari Kovilakom« sind die kreativen Brüder der Dominic-Familie (cghEarth), die ihre Hotels seit Jahrzehnten mit ökologischer Verantwortung führen.

Hochkarätiges Reiseziel

Um seiner Gesundheit willen von Kontinent zu Kontinent reisen, ins Ayurveda-Land Kerala – warum nicht, wenn man Heilung und Wohlbefinden erwarten kann? Seine neue Rolle als ein hochkaräti-

1

2

3

ges Ziel im globalen Tourismus verdankt Kerala dennoch vor allem seiner gastlich geöffneten Landschaft und Natur. Kaum anderthalb Jahrzehnte sind vergangen, seit die ersten pittoresken Bambus- und Palmblatt-Hausboote im Backwaters-Netzwerk der Flüsse und Kanäle erschienen. Heute kreuzen schätzungsweise 400, vielleicht schon bald 600 Kerala-Hausboote im Dienst der Entstressung. Schon tauchen – was Wunder in diesem Land, in dem Natur und Hightech locker koexistieren – ganz anders konstruierte Schiffe auf, mit Bordwänden aus Aluminium, Steinwolle und Furnierholz, mit Flüssiggas und Batterien betrieben, mit Wasserfilter und Wärmeaustauscher ausgerüstet.

Mit ihren positiven Bewertungen haben internationale Reisemagazine – voran das amerikanische Magazin »National Geographic Traveler« – Kerala in die Spitzengruppe der touristischen Reiseziele gehoben, als eine der 50 Destinationen, die man in seinem Leben kennen- lernen sollte. Ähnliche Wertschätzung beginnt seit wenigen Jahren ganz Indien zu genießen. Seit Jahrzehnten stand es als Reiseziel hinter anderen Ländern Süd- und Südostasiens und auch hinter China weit zurück und war mit einem Negativ-Image als Elendsland der Bettler, des Hungers und des Chaos gebrandmarkt. Der Aufstieg der indischen Wirtschaft seit Anfang der 1990er-Jahre – damals war der gegenwärtige Ministerpräsident Manmohan Singh für die Finanzen verantwortlich – und hier im Besonderen die neue Rolle in der globalen IT-Technik – korrigiert dieses einseitige Bild des Subkontinents. Genau auf diesen Kontrast von Vorurteil und Wirklichkeit spielt unter dem Motto »Incredible India«, unglaubliches Indien, die Werbekampagne des indischen Tourismusministeriums an und zielt geschickt auf den Reise-Motivationsfaktor Neugier.

»There is Kerala and there is India«, heißt es in Indiens Süden, und wer in Indien öfters gereist ist, wird zustimmen. Denn in Kerala sind – um mit dem Offensichtlichsten anzufangen – viel weniger Städte ins Riesenhafte gewachsen. Außerdem ist in Kerala so vieles, was anderswo in Indien mühsam sein kann, gut organisiert. Damit hängt ein weitaus wichtigerer Punkt zusammen: Die Fähigkeit des Lesens und Schreibens ist in Kerala ebenso verbreitet wie in Mitteleuropa. Darum ist drastische Armut selten, und wer in Kerala keine Arbeit findet, sucht Chancen im Ausland. Doch heute wächst mit dem wirtschaftlichen Erfolg auch die Zahl der Rückwanderer – und an

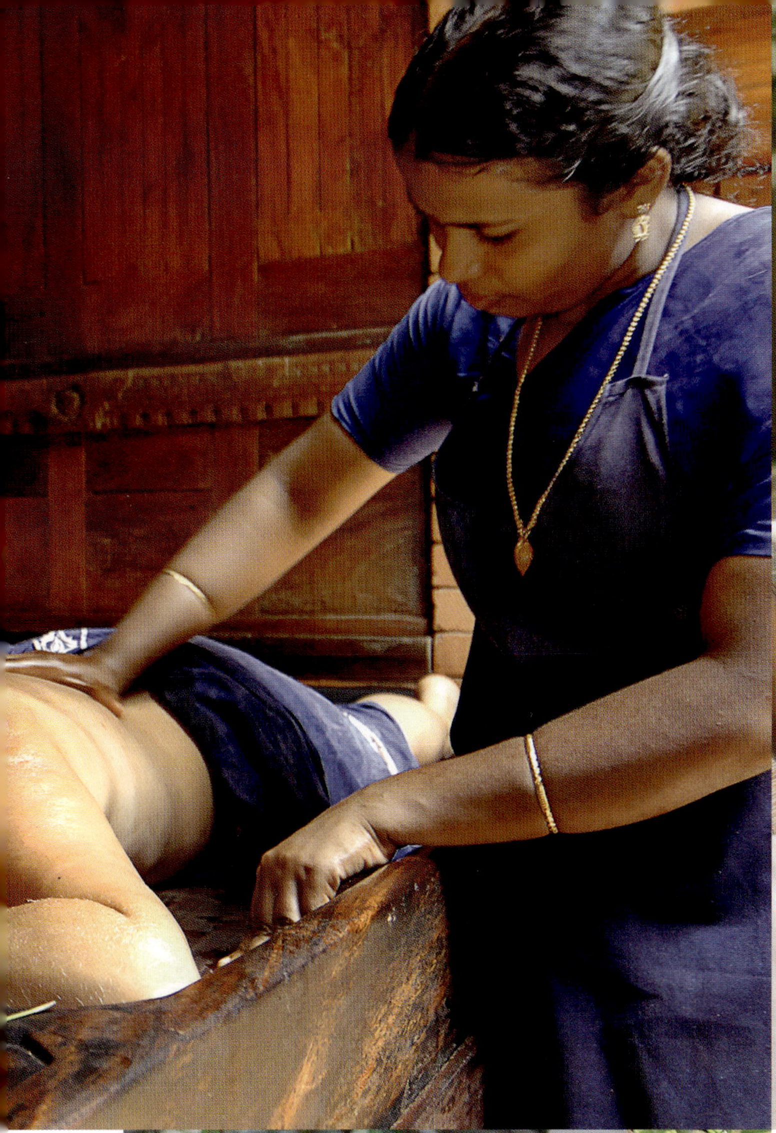

4

5

6

1 Munter im Grünen – Tanzszenen in der Natur sind immer ein Lieblingsmotiv indischer Filme, hier im Veli-Park der Hauptstadt Thiruvananthapuram. **2** Im angesehenen Samajam-Hospital in Cheruthurutty: Zubereiten pflanzlicher Medikamente. **3** Ayurveda-Massage im »Somatheeram Ayurvedic Beach Resort« südlich von Thiruvananthapuram. **4** Yoga-Lehrer im »Poovar Island Resort«. **5** Kokosnussmilch statt Coca-Cola. **6** Somatheeram-Garten der Heilpflanzen.

die junge Generation wird appelliert: »Don't quit India«, in Umkehrung der Aufforderung an die britische Kolonialmacht um 1940. »Quit India« hieß es damals, »raus mit euch!«

Auch sind in Kerala Frauen der uneingeschränkten Gleichberechtigung näher als in anderen indischen Staaten. Noch bis ins frühe 20. Jahrhundert kannte man sogar eine matrilineare Erbfolge. Mit der Landreform nach dem Ende der Kolonialherrschaft hat eine frei gewählte, kommunistische Regierung den Großgrundbesitz aufgeteilt und den Bauern zu eigenem Land verholfen. Karl Marx wäre überrascht, Teile seiner anderswo immer gewaltsam zur Herrschaft gelangten Lehre gerade unter südindischen Hindus, Christen und Muslims friedlich und erfolgreich praktiziert zu finden. Indische Toleranz lässt sich nicht so leicht zur Weltrevolution aufputschen.

1

Eine Probe auf die Toleranz gegenüber den Europäern, die Indien und Kerala über fast ein halbes Jahrtausend als Kolonialherren teilweise oder ganz unter ihre Herrschaft brachten, kann man wenige Kilometer nördlich von Ernakulam in Edappally machen, im »Museum of Kerala History and its Makers«. Dort treten als lebensgroß nachgebildete Figuren in historisierendem Ambiente Keralas verdienstlichste Herrscher und mehrere Musiker, religiöse Führer, Geisteswissenschaftler und ein Mathematiker auf, aber ebenso Gestalten von Europäern, die Kerala unter ihre Herrschaft zwangen: Vasco da Gama, der Holländer Van Reet und noch der letzte britische Gouverneur. Die Kommentare zu den Kolonialherren halten sich an die Fakten, sind frei von Empörung, verurteilen die kolonialistische Unterdrückung nicht.

Der einzige Deutsche in dieser Geschichtsschau wird in Kerala noch immer geehrt, mit einem monumentalen, doch befremdend düsteren Denkmal in Thalassery, im Norden Keralas: Dr. Hermann Gundert, Geistlicher und Sprachwissenschaftler, der das erste Wörterbuch Malayalam-Englisch schuf und damit den Grundstein zum intensiveren Verstehen und Verständigen setzte. Der Enkel Hermann Hesse erzählte (in »Kindheit eines Zauberers«): »Der Großvater stak in einem Wald von Geheimnissen, wie sein Gesicht in

2

4

5

7

1 Hindutempel neuerer Zeit, nahe der Küste südlich von Kovalam. **2** lautstark: politische Agitation. **3** Die Pardesi-Synagoge in Kochi ist rund 400 Jahre alt, wohlhabende Kaufleute sorgten für reiche Ausstattung. **4** Portugiesische Christen brachten europäischen Barock nach Kerala **5** Moschee in Kuttichera bei Kozhikode (früher: Calicut). **6** Das Kreuzsymbol gilt den Thomas-Christen als Symbol des auferstandenen Christus, nicht als Leid-Symbol. **7** Hindu-Askese: Prozession mit durchbohrten Zungen.

einem weißen Bartwald stak, aus seinen Augen floss Welttrauer und floss heitere Weisheit, je nachdem, einsames Wissen und göttliche Schelmerei«. Malayalam zu lernen ist für Europäer eine so harte Aufgabe, dass sich Kerala-Besucher in aller Regel ans Englische halten. Das kann man natürlich tun, gilt doch Englisch auch in Kerala als Nationalsprache – wie im übrigen Indien.

In diesem Buch finden Sie 15 Kapitel über Keralas attraktivste Regionen, Städte und Naturlandschaften, darunter mehrere Nationalparks, die schönsten Strände, Inseln und Gebirge. Und ein eigenes Kapitel über die Backwaters. Wer genügend Zeit mitbringt, kann leicht mehrere dieser Regionen zu einer unvergesslichen Reise verknüpfen.

Enthalten sind außerdem neun mehr oder minder kurze Kapitel »Kenner sprechen über Kerala« – denn wir haben Kerala zwar ein halbes Dutzend Mal besucht und damit insgesamt bald ein Jahr in Kerala verbracht, aber wir freuen uns, dass wir gebürtige Keraliten und Deutsche, die seit langem in Kerala leben, als Autoren für spezielle Themen in diesem Buch gewinnen konnten.

Auf rund 20 Doppelseiten sind besonders schöne Hotels in Kerala aufgeführt – eine Auswahl ohne Anspruch auf Vollständigkeit, doch mit dem Ziel, die große Vielfalt von unterschiedlichen Hotelkonzepten in Kerala vorzustellen. Jedes dieser Häuser haben wir als eine individuelle Schöpfung erlebt, die meisten sind sehr eng verbunden mit der sie umgebenden Landschaft und den Traditionen Keralas.

St.-Francis-Kirche in Fort Kochi aus dem 16. Jahrhundert.

Kochi – Keralas Mitte

1

2

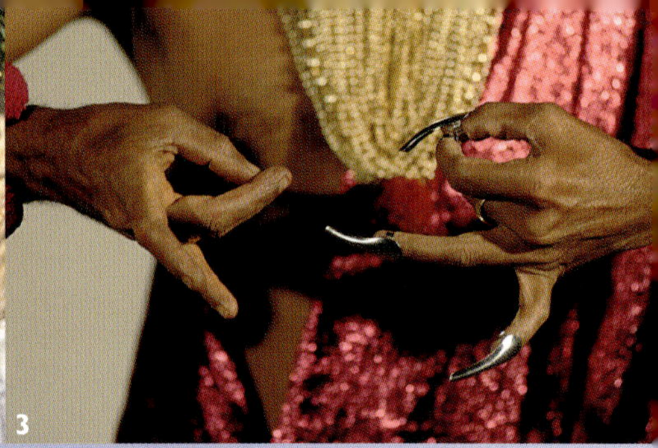
3

4

Hafen der hundert Hoffnungen

Kochi: Südindiens schönstes Tor zur Welt

Kochi, bester Hafen der Westküste südlich von Mumbai, bewahrt auf Inseln und Halbinseln den ruhigen Lebensrhythmus alter Zeiten. Ernakulam ist Kochis dynamische Schwesterstadt auf dem Festland.

Liebhaber zarter Meeresbilder werden viele Filme brauchen. Die chinesischen Fischernetze um Kochis Hafenbuchten sind Arbeitsgeräte. Hunderte kräftiger Männer verdienen sich damit ihren Lebensunterhalt, senken sie ins Meer und hieven sie zu sechst oder acht nach einer Viertelstunde wieder in die freie Luft, mit meist nur bescheidenem Fang. Zugleich sind diese weitgespannten Netzwerke so hochdekorativ, sind so effektvoll montiert an Mast- und Stangenwerk, dass sie auch die Schöpfung eines Land-Art-Künstlers sein könnten, zweckfrei und um ihrer puren Schönheit willen arrangiert. Wie gesagt, mit Hunderten von Bildern versuchen Fotografen dieses Zaubers habhaft zu werden, inmitten von Dunstschleiern, im Tagesglanz und immer wieder im Purpur grandioser Sonnenuntergänge.

Kochi – das ist seit neuestem für viele der internationale Flughafen, 36 Kilometer von der Stadt entfernt. Mit zeitsparenden Direktflügen von den Golfstaaten aus ein Meilenstein für den Kerala-Tourismus, finanziert mit Unterstützung vieler Keraliten im Ausland (deren Heimatsinn signalisieren schon die Empfangsgebäude mit ihrer Kerala-spezifischen Giebeldach-Architektur).

Gibt es eine Stadt, mit der Kochi, »The Queen of the Arabian Sea«, zu vergleichen wäre? Ja, mit Venedig, der Adria-Königin. Venezias Liebhaber protestieren zwar gleich, weil Kochi ja weder seine Kanäle und Brücken noch seine Paläste nach Hunderten zählen kann. Auch mit keiner Schauseite wie dem Dogenpalast prangt und insgesamt von bescheidenerer Gestalt ist. Vergleichbar ist nicht die Architektur, aber das Lebensgefühl. Beide, das indische Kochi wie die italienische Serenissima, schenken ihren Besuchern das Glückserlebnis einer mit dem Meer und seinen Inseln verschwisterten Stadtlandschaft. Beider Geschichte überdauert in einzigartigen Architekturen, in beiden leben bis heute Menschen vieler Völker. An Kochis zahllosen Ausblicken über die von Schiffen durchpflügten Meeresarme kann sich kein Auge sattsehen. Und wenn Hemingway einst Venedig eine »gute Stadt zum Spazierengehen«

1 Frommes Kochi: Threewheeler-Taxi mit Krishna-Bild. **2** Junges Kochi: Kinder haben Spaß. **3** Theaterspiel in Kochi: *kathakali*-Schauspieler mit Dämonenhänden. **4** Hotel »The Brunton Boatyard« mit exzellenter Aussicht auf Meer und Inseln – hier schwimmen alle Schiffe vorbei.

1 Alte Bäume und Grabsteine: holländischer Friedhof. **2** Schlichte Fassaden, kostbarer Inhalt: Mattancherry-Palast der Kochi-Rajas, ein Geschenk der Portugiesen um die Mitte des 16. Jahrhunderts, heute Museum. **3** Vasco da Gama entdeckte als junger Mann er den Seeweg nach Indien. **4** Barock erneuert: St.-Francis-Kirche. **5** Ungleiche Kostüme: kolonialer Holländer und indischer Brahmane im »Museum of Kerala History«.

nannte, gilt das für Kochi auch (im Unterschied zu den meisten anderen indischen Städten).

Kaum ein anderes Altstadtviertel Südindiens ist so fußgängerfreundlich wie Fort Kochi an der Spitze der südwestlichen Halbinsel, hat so viele und so reizvolle historische Häuser, kleine Läden und dazu so viel Grün. Wie kein Baum in Europa spannen sich herrlich weit die Kronen der starkstämmigen »Rain Trees« über freien Grasplätzen, wo Fußball gespielt wird, fast zu allen Tages- und Abendstunden. Auch zu Monsunzeiten haben wir Kochis Jugend beim Ballspiel gesehen, mitten in Regenschauern und klatschnass bis auf die Haut.

Vor der modernen Stadt Ernakulam erstrecken sich fünf große Halbinseln respektive mit Brücken verbundene Inseln, drei im Norden (Bolgatty, Vallarpadam und Vypeen) und zwei im Süden, das künstlich aufgeschüttete Willingdon Island und Mattancherry mit Fort Kochi. Zwischen ihnen mischen sich süße und salzige Flut, strömt Keralas größter Inlandsee, der von vier Flüssen gespeiste Vembanad-See, in die Arabische See.

Händler und Weltumsegler, Juden, Portugiesen, Holländer und Briten wollten an dieser Küste reich werden, katholische Priester dem Christentum neue Gläubige gewinnen. Kochi gilt als einer der ältesten Häfen Indiens, seine dominante Rolle im tiefen Süden fiel ihm aber wohl erst um das Jahr 1344 zu. Damals, so ist überliefert, zerstörten Regenfluten den Hafen von Cranganoor im Norden Keralas. Zugleich ließen sie den Periyar-Fluss derart mächtig anschwellen, dass es zu einem breiten Durchbruch zur Arabischen See kam und der vor Stürmen geschützte Naturhafen entstand. Eine Gedenktafel an der Küste sagt es so: »Im Sturm wurde Kochi geboren, wuchs immer wieder umkämpft zur Stadt und gewann Bedeutung als Kreuzweg der feindlichen Imperien Europas: der Portugiesen, Holländer und Briten«. Wobei offen bleibt, ob die Feindschaft der europäischen Kolonialmächte untereinander oder ihre Angriffe gegen Indien gemeint sind. Beides träfe zu.

Kochi – das ist für Orient-Liebhaber und für Menschen mit Geschichtssinn vor allem die Halbinsel Mattancherry, genauer: ihre nördlich der Hafenbucht zugewandte Spitze, Fort Kochi genannt. Seit vielen Jahrhunderten, vermutlich schon seit der Zeit um Chris-

2

3

4

tus begegnen auf dieser Landzunge an der Arabischen See Menschen aus dem Westen der indischen Welt. Gewürze wurden von der Malabarküste ins antike Rom exportiert. Ob jüdische Flüchtlinge aus Palästina hier Zuflucht fanden, als die Truppen des Kaisers Titus Jerusalem zerstört hatten (70 n. Chr.), ist nicht bezeugt. Doch auf Kupferplatten in der Mattancherry-Synagoge bestätigt eine Inschrift, der Hindu-Herrscher Bhaskara Ravi Varman (962–1020) habe einem jüdischen Kaufmann namens Joseph Rabban königliche Privilegien gewährt. Rund 500 Jahre später residierte der Portugiese Vasco da Gama als Vizekönig in Kochi und wurde in der St.-Francis-Kirche auch bestattet (1524). Der Grabstein in der Kirche – der ältesten noch erhaltenen christlichen Kirche Indiens – erinnert daran. Ein portugiesisches Schiff brachte Jahre später die sterblichen Reste des wagemutigen Seglers, der als erster Europäer das Kap der Guten Hoffnung umfuhr, nach Lissabon zurück.

Übers Wasser sollte man in Kochi ankommen, mit einem Fährboot von Ernakulams »Main Boat Jetty«. Denn die 20-Minuten-Strecke führt mitten durch den schönsten Naturhafen des Subkontinents. Backbords recken sich die Kräne der Hafenanlagen von Willingdon Island (wie Kochi eine Halbinsel, doch großenteils erst im 19. Jahrhundert aufgeschüttet). Steuerbords neigen die alten Bäume von Bolgatty Island ihre majestätischen Kronen übers Ufer und über die Gartenpavillons des jüngst generalrenovierten »Bolgatty Palace« Hotels. Leicht nachzuvollziehen, dass sich dessen repräsentativen Hauptbau einst der britische Resident zum Wohnsitz erkor. Fischerboote ähnlich den arabischen Dhaus kreuzen durch die Bucht, die lang gestreckten Fischer-Inseln Vypeen und Gundu und

noch andere Inseln, grün gesäumt von Kokospalmen, kommen gegenüber von Mattancherry und Fort Kochi in den Blick. Delfine springen, Möwen schreien, Salzduft der See erfüllt die Luft.

Draußen im sonnenglitzernden Meer stehen ungefüge schwarze Silhouetten vor dem Horizont: hoch beladene Containerschiffe auf der Reede.

Gut ist dran, wer nicht nur auf Sightseeing-Tour zu einem kurzen Mattancherry-Rundgang landet. Das Fort-Kochi-Quartier südwestlich vom Vypeen-Fähranleger, das ja aus nur ein, zwei Dutzend Straßenzügen besteht, hat den träumerischen Charme alter Häuser und leicht vernachlässigter Parkareale, schattiger Innenhöfe und langer, stiller Nachmittagsstunden. Wenn man sich in Europa auskennt, findet man sich an portugiesische Gassen, auch an Holländisches und Britisches erinnert – und steht am Ufer plötzlich wieder vor einer langen Reihe der chinesischen Netze auf ihren hölzernen Plattformen überm Wasser. Wer mag, klettert über Stege zu den Fischern hinüber, beobachtet sie bei ihrer Arbeit und in den Arbeitspausen aus nächster Nähe. Nach dem Fort jedoch, das Fort Kochi den Namen gab, schaut man sich vergeblich um. Was davon blieb, sind nur unansehnliche Mauerreste aus portugiesischer Zeit. An die Holländer, die den Portugiesen im späteren 17. Jahrhundert die Herrschaft abnahmen, erinnern altersschiefe Grabsteine, ein ganzer Friedhof noch. Und auch eine Drei-Sterne-Sehenswürdigkeit am Ostrand der Halbinsel Mattancherry, der »Dutch Palace«, der zwar von Portugiesen für die Rajas, die Hindu-Herrscher, erbaut und darum nicht typisch holländisch anzusehen ist, aber von Holländern restauriert wurde. Portugiesen wie Holländer rechneten als Gegenleistung, nimmt man an, mit Bestätigung und Erweiterung ihrer Handelsprivilegien. Auf Prachtfassaden und opulente Architektur kam es offensichtlich nicht an, doch um so größer sind die inneren Werte in den unter hölzernen Decken dämmrigen Sälen. Da stehen nicht nur herrschaftliche Gewänder und Hausgerätschaften in Glasvitrinen sowie Schwerter und Urkunden im Kronsaal zur Schau, sondern raumfüllende Wand- und Deckenmalereien vom Allerschönsten.

Derart lebensvoll gemalt sieht man vergleichbar farbig reiche, großenteils noch gut erhaltene Kompositionen nirgendwo anders in Kerala, allenfalls südlich jenseits der Staatsgrenze zu Tamil Nadu im berühmten Palast Padmanabhapuram der Travancore-Rajas. Die Bilder zeigen Szenen aus dem Dasein der Götter, erzählen vor allem von Rama und Krishna, den bis heute bei Hindu-Gläubigen hochgeehrten Vishnu-Inkarnationen. Die Puranas, auch die großen

Hindu-Epen »Ramayana« und »Mahabharata« waren die Quellen der Maler. Nicht alles ist weihevoll und hehr, manches auch sehr menschlich und damit ähnlich wie im antik-griechischen Götterhimmel. Zum Beispiel die so oft variierten Jung-Krishna-Spiele mit den adretten Milchmädchen, denen er bei ihrem Bad im Fluss die Kleider raubt und andere Scherze treibt.

Das einst jüdische Viertel Kochis ist nur eine kurze Strecke zu Fuß vom Palast entfernt, ein Indiz dafür, wie hoch die andernorts verfolgten jüdischen Zuwanderer in Kochi angesehen waren. Herzstück der »Judenstadt« ist die Synagoge der »weißen« Juden, die viel später als die »schwarzen« Juden und wohl zu Tausenden nach Kochi strömten. Ihre Sprach- und Geschäftstalente ließen viele zu Reichtum kommen, fließend Malayalam sprechend waren sie gesuchte »Middlemen«, Agenten für Portugiesen, Holländer und Briten. Heute wie jeher stapeln sich hinter breiten Toren in ihren Lagerhallen große Säcke und Ballen voller Gewürze. Die jüdische Gemeinde schmolz aber seit der Staatsgründung Israels auf ein Häuflein weniger Familien zusammen, sie hat nicht einmal mehr einen Rabbi.

Wie eine museale, polierte Antiquität blieb der lichte, mit Kristalllüstern und funkelndem Messing prunkende Innenraum der Synagoge erhalten, so wie ihn die Gemeinde nach der Zerstörung von 1662 im Portugiesisch-holländischen Krieg wieder aufbaute. Vom Reichtum der Judengemeinde zeugt auch der mit Hunderten chinesischer Kacheln ausgelegte Fußboden – versuchen Sie, unter den blau auf weiß gemalten Landschaftsminiaturen zwei zu finden, die sich bis aufs letzte Blatt gleichen! Historische Thora-Rollen kann Ihnen der Kustos zeigen. Die ursprünglich im Jahr 1568 erbaute Synagoge ist nicht die einzige Südindiens. Auch in Ernakulam steht noch eine, heute verlassen und verschlossen, aber weithin die berühmteste. Salman Rushdies Leser kennen sie aus »Des Mohren letzter Seufzer«.

Aus der hellen Synagoge in den noch helleren indischen Tag hinaustreten – und gleich in das Gewölbedunkel der Antiquitätenhändler eintauchen! In der Gasse, die bei der Synagoge endet, reihen sich die Versuchungen für Sammler, von den Kostbarkeiten alten Schnitzwerks und vielleicht nicht wirklich alter Bronzefiguren

1 Kochi alltäglich bunt: frische Bananen und mehr. **2** Rote Busse kreuzen von Kochi nach Ernakulam und retour. **3** Alte Mauern unter grandiosen alten Bäumen. **4** Handy-Telefonat unter einem uralten Banyan-Baum. **5** Indische Kunst von heute in der Art-Gallery, die Anoop Skaria, kreativer Chef des »Kashi Art Café«, mit seiner Frau unweit vom »Mattancherry Palace« (Dutch Palace) eröffnete.

1

2

3

bis zum Geraffel von Schlüsseln ohne Schlösser und zerlesenen billigen Romanen. Echte alte Stücke, zum Beispiel Türen und Truhen aus abgerissenen Häusern, sind hier noch zu finden. Wie viel Tage brauchte man, um alles zu sehen, was in dieser Gasse der Wunder und Wunderlichkeiten zum Verkauf geboten wird? Buntes Glas, goldglänzende Textilien, grimmig blickende Masken, Amulette und alte Juwelen …

Neuere, neue Kunstwerke? Eine kleine feine »Art Gallery« hat sich an einem baumgrünen Hof nur ein kurzes Stück nördlich vom »Dutch Palace« etabliert, eine Dependance des schon lang geschätzten »Kashi Art Café« in der Burgher Street in Fort Kochi. Anoop Skaria ist der Cafetier, Galerist und Umweltschützer. In einem Buch mit Bildern von Babu Xavier erzählt er die Legende vom lieblichen Fluss Periyar und Kochi – verflochten mit den Warnungen der Klimaforscher vor der globalen Erwärmung und dem Ansteigen der Meere, deren Fluten Kochi, die »Queen of the Arabian Sea«, nicht standhalten könnte.

Auch Ernakulam auf dem Festland, aber nur wenige Meter über dem Meeresspiegel gelegen, wäre einem klimakatastrophalen Anstieg der Arabischen See ausgeliefert. Heute ist es samt seinem Umland der wirtschaftlich am stärksten entwickelte Distrikt

4

5

1 Von Meeresluft erfrischt: ein Fähranleger Kochis. **2** In den Wellen spielen Kinder aus Kochi. **3** Fast zum Wahrzeichen Kochis wurden die chinesischen Fischernetze. Aus der Ferne gesehen umhüllen sie als feines Gespinst die Ufer, sind aber gewichtige Instrumente der Fischer. **4** Auf buntem Boot gut ausgeruht. **5** Rast an einer Rostruine.

Keralas mit einer Vielzahl von Klein- und Mittelunternehmen und großen Werften, deren Krane ins Stadtbild ragen. Auf den Hauptachsen MG-Road, Shanmugham Road und Broadway drängt sich dichtester Verkehr, trotz des autobahnähnlichen »Cochin Bye Pass« am Westrand der Stadt. Neue Brücken statt der gemächlichen Fähren verbinden die Inseln Bolgatty, Vallarpadam und Vypeen mit dem Festland. Kilometerweit nördlich über die Stadtgrenze hinaus reicht dichte Bebauung, im Süden wachsen Hochhäuser über die flachen Inselhorizonte als Luxusimmobilien oder Hotels.
Eine gute Buchhandlung erwünscht? Die besten Seidenläden Keralas? Bankgeschäfte? Kinos? Kunstgalerien? Es wäre ein Fehler, sich nicht in Ernakulam umzusehen, man wird alles finden. Zum Ausruhen: das Gartenrestaurant des Hotels »Taj Residency« unter hohem Glasdach oder draußen direkt am Wasser ist ein sehr angenehmer Platz, um sich für die nächste Runde zu stärken – zum Beispiel für die archäologischen Schätze der königlichen Familie im »Parikshith Thampuran Museum« an der Darbar Hall Road.

Was waren die Höhepunkte und Krisen in der Geschichte Keralas? Davon vermittelt das »Museum of Kerala History and its Makers« nördlich von Ernakulam in Edappally einen überraschend lebendigen Eindruck. Eine Kombination aus Wachsfigurenkabinett und Sound-and-Light-Show, die neben den einheimischen Herrschern, Künstlern und Musikern auch Portugiesen, Holländer und Briten als Keralas Gestalter zeigt. Zu danken ist dem Stifter R. Madhavan Nayar (1914–1996), einem Selfmademan, der mit Fisch und Meeresfrüchten reich wurde und 1985 das Museum samt Bildergalerie erbauen ließ. Jetzt wird es von seinem Bruder geführt.

Eine Erfahrung, die man nach zwei, drei Tagen Kochi- und Ernakulam-Rundgängen macht, besagt: Museen erinnern an die europäischen und jüdischen Eroberer und Zuwanderer, aber die lebendigen Künste sind heute zumeist authentisch indisch. Zwei charakteristische Kerala-Künste sind *kathakali*, die Theaterkunst der Masken, Tänzer und Pantomimen, und *kalaripayattu*, die Artistik des Kampfes mit und ohne Waffen.

Zwei Stunden und mehr braucht der *kathakali*-Spieler – immer waren es Männer, auch in Frauenrollen, heute spielen auch schon mal Frauen mit –, um die Farbschichten seiner Maske aufzutragen. Mit den riesig vergrößerten Augen und mit dem typischen weiß glänzenden, breiten Kragen wirken diese Masken extrem exotisch, rätselhaft. Finden Sie den Weg zu Direktor P. K. Devan und seiner »See India Foundation« auf bescheidener Bühne in einer Seitenstraße Ernakulams, in der Nähe der Junction Railway Station. Es gibt etliche Plätze, wo Sie die echte *kathakali*-Kunst erleben können, und immer neue Generationen von *kathakali*-Tänzern, seit etwa tausend Jahren schon – aber wir kennen keinen anderen *kathakali*-Meister, der sein Publikum mit so viel vitalem Schauspieler-Temperament und Mimen-Humor in die Kunst des *kathakali* einweiht.

Jeden Abend steht Direktor Devan auf der Bühne, seit Jahrzehnten schon und jetzt als Endsiebziger (ein Vorfahr tanzte noch mit 97, ein Johannes Heesters des *kathakali*). »*Kathakali* Dance As Art, Religion and Philosophy« heißt das Programm. Traditionell dauern *kathakali*-Aufführungen die ganze Nacht hindurch. Für die Touristen bieten die Spieler auch zwei bis vier Stunden-Auftritte von Göttern und Dämonen, Schurken und Dämoninnen, dabei wirken Trommler und Sänger mit.

Man darf es doch nicht verschweigen: Manches *kathakali*-Spektakel wirkt bei aller Exotik auf touristische Zuschauer einschläfernd, schon gar, wenn ihr Nervenkostüm von Action-Filmen à la Schwarzenegger gestählt und abgestumpft, der Hindu-Götterkosmos ihnen aber ganz fremd ist. Beim *kalaripayattu* dagegen nickt niemand ein. Wie man mit enormer Behändigkeit und Muskelkraft

1 Kochis Tischler sind Künstler im Verwandeln und Veredeln; ein Besuch bei der Firma Leens überzeugt auch Skeptiker. **2** Immer wieder bieten sich Ausblicke über die Meeresbuchten, hier hinüber nach Ernakulam. **3** Die Antiquitätengasse gleich bei der Synagoge. **4** Auch als Schmuckmaske beliebt: der elefantenköpfige Ganesha.

mit Schwert und Dolch durch die Luft wirbelt und den Gegner auspunktet, haben uns allen schon die chinesischen Ninya- und Kungfu-Kämpfer demonstriert. Keralas *kalaripayattu*-Kämpfer stehen ihnen an Artistik mitnichten nach, nur sind die entsprechenden Bollywood-Filme nicht so bekannt.

Das Körpertraining beginnt in der Kindheit, im *kalari*, dem Übungsraum. Zum Beispiel bei der 1954 gegründeten Schule »ENS *kalari*« in Ernakulams Vorort Nettoor sind Zuschauer gern gesehen – schon vorm Morgengrauen und auch abends. Auf gestampftem Lehmboden lernen die Schüler *kolethari*, die Kunst, den Gegner mit einem Stock zu treffen, ohne selbst getroffen zu werden, *angathari*, den Kampf mit Schwert und Schild, Dolch und Speer, *verumkai*, den waffenlosen Kampf mit Fäusten und Füßen. Auch junge Frauen tun mit. Für den Fall von Blessuren haben Ayurveda-Ärzte seit Jahrhunderten Therapien für Prellungen und Knochenbrüche entwickelt, Trainings-Verletzungen sind aber, ließen wir uns sagen, dank der intensiven Ausbildung selten (siehe auch Seite 135).

Kochi und Ernakulam

Anreise und beste Reisezeit

Internationaler Flughafen Kochi (36 km): Verbindungen mit Mumbai, Bangalore, Delhi, Goa, Chennai, Agatti/Lakshadweep (auch internationale Verbindungen). Prepaid Taxis. Ernakulam Hauptbahnhof liegt an der Strecke Thiruvananthapuram-Bangalore.
Leihwagen: Kochi – Thiruvananthapuram ca. 310 km, Kochi – Mysore ca. 480 km, Kochi – Periyar-Nationalpark ca. 140 km

Unterkunft

****/***** ***The Malabar House*** (Seite 34).
**** ***The Brunton Boat Yard*** (cghEarth, Seite 32).
**** ***Taj Malabar*** (Taj Group, Seite 36).
****/***** ***Trinity*** (Seite 34).

*** ***Trident Hilton*** Günstige, ruhige Lage auf Willingdon Island, Oberoi-Komfort samt Gartenhof mit Swimmingpool. 96 Zimmer. Bristow Road, Willingdon Island, Kochi-682003, Tel. 04 84-66 95 95, Fax: 24 04 22 42, www.trident-hilton.com, E-Mail: cochin@trident-hilton.com
/* ***Bolgatty Palace*** »Heritage«-Perle in einem Baumpark am Inselufer, 2002 völlig renoviert. Bolgatty Island, Mulavokad P.O.Kochi-68254, Tel. 04 84-2 75 05 00, Fax 2 75 06 00, www.ktdc.com
** ***Old Courtyard*** Zimmer mit traditioneller Atmosphäre, freundliches Ambiente, gutes Preis-Leistungsverhältnis. Fort Kochi, 1/371, Princess Street; Tel. 04 84-2 21 63 02.

Sehen und erleben

Fort Kochi: chinesische Fischernetze an der Meerespromenade, Marine-Museum, St.-Francis-Kirche von 1503 und andere historische Bauten (Ensemble-Denkmalschutz), Boutiquen.
Mattancherry: »Dutch Palace« der Rajas von Kochi aus dem 16./17. Jh., einst jüdisches Viertel mit Synagoge und Antiquitätenläden.
Ernakulam: Einkaufen (Seide, Gold, Antiquitäten, Bücher), *kathakali*-Vorführungen, *kalaripayattu* (im Vorort Nettoor).

Ziele in der Umgebung

»Museum of Kerala History and its Makers« in Edapally (13 km nördlich), Hill Palace Museum, ehemals Sommerresidenz, bei Tripunithura (13 km östlich), Hindutempel in Paravur (25 km nördlich), die Backwaters (siehe Seite 44).

Auskunft

Gov. of India Tourist Office neben dem ***Hotel Taj Malabar***, Willingdon Island, Tel. 04 84-2 66 83 52 (Faltplan »Walking Tour Map & Guide Fort Kochi). Tourist Desk an der Main Boat Jetty (Fähranleger Ernakulam), sehr gut informiert, Karten, Fahrpläne, Bootstouren, Tel. 04 84-2 37 17 61.

Atem des Meeres, Atem der Geschichte

The Brunton Boatyard

Am Ausblick auf die Wasserstraße und zu den Palmenufern der Inseln sieht man sich nicht satt. Hier kommen sie alle vorbei, die einlaufenden Schiffe aus der Arabischen See wie die auf Gegenkurs von Kochi und Ernakulam, auslaufend in alle Weltmeere. Zwischen den haushohen Fracht- und Containerschiffen kreuzen die hurtigen Wassertaxis mit schäumender Heckwelle und – behäbig, mit bunter Menschen- und Wagenfülle – die Autofähren im Pendelverkehr zwischen Festland und Inseln. Fischer in ihren Einbäumen sind unterwegs, Gemüseboote und ganze Schulklassen. Schwimmende Lichterburgen werfen ankommende Kreuzfahrtschiffe während der rot-golden-violett glühenden Sonnenuntergänge die Anker. »The

Brunton Boatyard«, das Hotel, das den Namen und den Baugrund einer historischen Werft übernommen hat, bietet sein großes Kochi-Wellentheater vom Morgendämmer bis in die Sternennächte.

Ein bevorzugter Beobachterplatz ist die »Brunton Boatyard«-Terrasse beim Swimmingpool, direkt über dem breiten Meeresarm. Beste Ausblicke hat man jedoch auch von den nur 22 Gasträumen, dank großer Fenster gar aus der Badewanne, auch vom Dachrestaurant (»Terrace Grill«: Fisch, Meeresfrüchte!) und vom »Armoury«, das leichte Gerichte und eine lange Getränkekarte zur Wahl stellt. Seinen Namen bekam das »Armoury« (=Waffenkammer, Arsenal) nach den militärhistorischen Schaustücken an den hellen Wänden, den altertümlichen Flinten und anderen historischen Feuerwaffen.

Von einem »Museumshotel« sprachen die Bauherren, die Brüder Dominic (cghEarth). In den 1990er-Jahren nahmen sie sich des

scheinbar unaufhaltsam verfallenden Werftgeländes an, gaben ihm neues Leben.

Dabei gelangen die Anleihen bei der alten portugiesisch-holländischen Architektur überzeugend – so sehr, dass sich viele Gäste fragen, ob sie etwa doch in einem bravourös restaurierten jahrhundertealten Gebäude wohnen. Die weißen Wände, die ziegelgedeckten Dächer, die Terrakottaböden strahlen koloniale, herrschaftliche Gelassenheit aus, eine anheimelnde Ruhe, die deutlich mit all der Bewegung und Geschäftigkeit draußen auf dem Wasser und in den Straßen kontrastiert.

Viel trägt dazu bei, wie großzügig Bauherren und Architekt mit dem Raum umgegangen sind. Um die Rezeption erstreckt sich die Lounge als veritabler Saal. Die Mehrzahl der Gastzimmer haben Vorraum, Balkon und ein groß bemessenes Bad. Im Innenhof sprießt eine gepflegte Rasenfläche unter einer weit ausladenden Baumkrone. Anstatt dessen hätten kommerzieller orientierte Hotelgründer die Grünzone sicherlich noch mit einem Gästetrakt mehr belegt. Offener Raum ist Luxus, trägt zur Attraktivität bei. Schon gar auf diesem Grundstück, das so günstig zu Kochis Uferpromenade wie auch zu den Altstadtgassen mit ihren Cafés, kleinen Läden und Boutiquen gelegen ist.

Fort Kochi ist als »Heritage Zone« unter Denkmalschutz gestellt worden. Die Dominics sahen es schon zuvor als ihre Aufgabe an, ihren Gästen eine Vorstellung davon zu geben, was Geist und

Geschichte des Ortes ausmachen – ohne die Kolonialherrschaft auszublenden. Schon von den Wänden der Lounge blicken dem Ankömmling die Porträts von Gouverneuren und Geografen entgegen, dazwischen sind historische Seekarten zu entdecken. Unter den musealen Raritäten zieht eine Sänfte aus portugiesischer Zeit die Blicke auf sich, mancher möchte sie gleich statt eines Threewheelers benutzen.

Draußen im stillen Innenhof erinnert ein mannshoher Schiffsanker an die Werft-Tradition von George Brunton & Son. Deren Schiffe waren so preiswert und haltbar, dass sie noch in der ersten Hälfte des 20. Jahrhunderts erfolgreich mit den britischen Werften konkurrierten.

Sogar die Küche des »Brunton Boatyard« verleugnet ihre Bindungen an die Tradition nicht. Die Chefs de Cuisine wandten sich an die Nachkommen alteingesessener Kochi-Familien und konnten sie dazu bewegen, Rezepte aus Großmutters Zeiten beizusteuern. »History« heißt das Restaurant unter dem kunstreich gezimmerten Dachstuhl, wo die Speisen des Gewürzlandes Kerala zu kosten sind: mit vielerlei Variationen, wie sie von Arabern, Portugiesen oder syrischen Christen an dieser Küste bevorzugt wurden. Mit Rücksicht auf westliche Geschmäcker bereiten die Köche immer auch Gerichte ohne die typisch südindische feurige Chili-Schärfe zu. Freundliches Personal? Jederzeit, wir hörten auch von anderen Gästen nur Lob für aufmerksamen, persönlichen Service. Hat man das letzte Morgenbad genossen, vielleicht noch einmal mit dem Blick auf die vorbeigleitenden Schiffe, sollte man die Tipp-Box an der Rezeption nicht übersehen – nach cghEarth-Brauch werden die Gäste ausdrücklich gebeten, nicht bei jeder Gelegenheit Trinkgelder auszuteilen. Ihre Spende bei der Abreise wird unter allen gleichmäßig verteilt; auch die Küche kommt so nicht zu kurz.

1 In der Stille des geräumigen Gartenhofs. **2** Der große Pool samt Gartencafé und Aussicht auf die ein- und auslaufenden Schiffe, vom Einbaum der Fischer bis zum Kreuzfahrtschiff. **3** Bank unter Blüten. **4** Empfang in historischem Ambiente: Segel, die statt der Klimaanlage für Kühlung sorgen könnten, eine Sänfte, eine Gästebücherei.

**** **The Brunton Boatyard** (CghEarth) Bestlage an der Hafenausfahrt vor der Arabischen See, zugleich am Rande der Altstadt von Fort Kochi. Architektur und Ausstattung in historischem Kerala-Kolonialstil. Drei Restaurants, Swimmingpool, Billard, kleine Bibliothek. Ayurveda-Abteilung. Nur 22 Zimmer. Rundfahrten vor Sonnenuntergang, Stadtrundgänge. 42 km vom Flughafen Kochi.

Buchung: cghEarth, Casino Building, Willingdon Island, Kochi, Kerala, India-682003, Tel. 04 84-2 66 82 21, -2 66 68 21, Fax 2 66 80 01, Central booking: Tel. 04 84-3 01 17 11
Website: www.cghearth, E-Mail: contact@cghearth.com

Das Leben mit Schönheit illuminieren

The Malabar House und Trinity

Auch westliche Reisende, die zum wiederholten Mal nach Indien kommen, kennen sich selten mit zeitgenössischer indischer Kunst aus. Da ist das »Malabar House« in Fort Kochi eine unbedingt empfehlenswerte Adresse. Ebenso die drei »Escapes« namens »Trinity«, »Serenity« und »Privacy«, die alle in Kochi und weiterer

1

2

3

4

Umgebung zu finden sind. Die vier Häuser der »Malabar Family« sind binnen weniger Jahre in Hotels verwandelt worden, teils mit Heritage-Qualität, und in ihrer neuen Gestalt sämtlich Schöpfungen des deutschen seit langem mit Indien vertrauten Designers Jörg Drechsel und seiner charmanten baskischen Frau.

Zeitgenössischer und alter indischer Kunst, mit sicherem Gespür für Qualität ausgewählt, begegnet der Gast an jedem der vier Plätze. Mit erstaunlicher Geschwindigkeit sind alle Häuser der »Malabar Family« von Reise-Experten führender Medien mit höchstem Lob bedacht, auch mit begehrtesten Preisen ausgezeichnet worden, so mit »National« und »State Awards«. Dazu noch – als einziges Hotel in Indien – mit dem »Green-Globe«-Zertifikat (aufgrund einer weltweit standardisierten Qualitätsprüfung auf Umweltschutz und soziale Verträglichkeit). »Art and Hospitality – inspired by Beauty« ist Drechsels Motto und Rezept, das Kerala einige der schönsten und privatesten Hotels bescherte.

Das »Malabar House« am grasüberwachsenen, von Baumriesen umrahmten »Parade Ground« braucht keine Auffahrt, der Wagen hält einfach vor dem Portal inmitten der lang gestreckten weißen Ummauerung. Diese wirkt mit ihren schlichten Bögen und kugelbekrönten Pfeilern wie eine herrschaftliche Festgirlande. Freundlich begrüßt und in die Eingangshalle geleitet, empfängt den Gast sogleich eine Atmosphäre, die privat und zugleich exklusiv anmutet. Die Architektur verleugnet nicht ihre koloniale Herkunft, zeigt aber originelle Einsprengsel der Moderne, so die luftige, scheinbar schwebende Wendeltreppe zum Obergeschoss. Überrascht sieht man ein fast lebensgroßes hölzernes Pferd vor sich, findet sich mit Masken auf dünnen Metallstäben konfrontiert.

Gleich darauf tritt man in den gartengrünen Innenhof. Jörg Drechsel bringt Natur ins Spiel, hohe feine Grasrispen, Büsche und blühende Bäume, er ist keiner dieser supercoolen Designer, die schon ein Zweiglein stört. Platz genug bleibt für einen blauen Swimmingpool, für Restauranttische und Ruhesessel. Auch für das von reliefierten Steinpfeilern umgrenzte Podest, auf dem abends Musiker oder *kathakali*-Tänzer auftreten. Die Gäste treffen sich hier gerne, kommen ins Gespräch, manche schließen sogar Freundschaft und verabreden ein Wiedersehen am gleichen Ort. Vielleicht fällt es den meisten gar nicht auf, aber es sind die stimmigen Proportionen und das ausgewogene Weder-zu-viel-noch-zu-wenig des Designs, das solche Begegnungen inspiriert.

5

Ein jeder genießt die vorzügliche Küche des Restaurants »Malabar Junction«. Einst residierten hier holländische und englische Gewürzhändler, die ihre kostbare Ware zu den Feinschmeckern in aller Welt verschifften. Solchen Vorgängern fühlt sich Drechsel kulinarisch verpflichtet. Beste Kerala-Gewürze, frische Meeresfrüchte, tropische Gemüse, auch Mangos, Guaven und dazu noch hausgemachte Pasta und mediterranes Olivenöl sind die wichtigsten Ingredienzien. Serviert werden die Köstlichkeiten in einem lichten offenen Raum, dessen Rundbögen in sattem Rot prangen.

Drechsel liebt das Spiel mit Farben, setzt kräftige Zeichen, stellt zwischen lauter Weiß eine tiefblaue Mauer, lässt Wände sonnengelb leuchten. Im »Trinity«, das nur fünf Minuten zu Fuß vom »Malabar House« entfernt liegt, strahlt beim Swimmingpool die halbrunde Duschwand in starkem Rot. Das Gebäude wurde ursprünglich von Goetz Hagmüller entworfen, von Soumitro Gosh ausgeführt und von Jörg Drechsel eingerichtet. Um eine gemeinsame hohe Halle ist es in drei individuelle Suiten aufgeteilt.

Alle drei bieten Unikate als anregendes Inventar, das kräftig zum ausgewählten indischen Designer-Mobiliar kontrastiert: moderne und alte indische Kunstwerke sowie Fotoserien, auch rustikale Möbel wie eine mächtige Baumscheibe aus poliertem Teakholz als Tisch. Die Badezimmer haben Öffnungen nach oben, auch sonst lebt man in großzügig geschnittenen Räumen mit überraschenden Durchblicken. So viele Lampen und Fans stehen zur Verfügung, dass man gern von der Übersichtskarte mit den Schalterfunktionen Gebrauch macht. Vom »Trinity« aus hat man einen schönen Ausblick auf die St.-Francis-Kirche und den »Parade Ground«, wo fast immer Kricket oder Fußball gespielt wird.

1 **Private Atmosphäre, stimmige Farben und Proportionen, unvermutete Raumlösungen – all das und mehr macht das »Malabar House« zum hochbegehrten Aufenthalt.** **2** **Wiedererstanden: das Herrenhaus aus holländischer Zeit.** **3** **Das traditionelle Fourposter-Bett in der Helle der Moderne.** **4** **Suite im »Trinity«.** **5** **Treppenspindel im »Malabar House«.**

******/***** The Malabar House** In bester Lage in der »Heritage Zone« von Fort Kochi, nahe am Meer. Restaurant »Malabar Junction« mit südindischer und westlicher Küche. Swimmingpool, Breitband-Internet, Leihfahrräder, Reisebüro. Musik- und Tanzdarbietungen, Kunstausstellungen, Konferenzräume. Kalari-Ayurvedic-Massage-Spa. Altstadtrundgangs-Faltblatt Fort Kochi. 17 individuell gestaltete Zimmer und Suiten.

1/268, 1/269 Parade Road, Fort Kochi, Kerala-682 001, Tel. 04 84-2 21 66 66, Fax: -2 21 77 77, E-Mail ID: info@malabarhouse.com, Website und Online-Buchung: www.malabarhouse.com und www.malabarescapes.com.

******/***** Trinity** Fast gleiche schöne Lage wie das »Malabar House«, dessen Restaurant und andere Einrichtungen genutzt werden können. Drei individuelle Suiten, Swimmingpool, Balkon, Breitband-Internet, Leihfahrräder, offene »Badegärten«. Im gleichen Haus im Erdgeschoss auch »Cinnamon«, einer der besten Design-Läden Indiens, mit Textilien, Schmuck, handgeschöpftem Papier und mehr. – Reservierung über »Malabar House«, siehe oben.

Opulentes Panorama

Taj Malabar

Weit und breit über Meer und Inseln ist es die dominante Landmarke. Im »Taj Malabar« auf Willingdon Island sind die Eckzimmer in den oberen Stockwerken mit 180-Grad-Blickwinkel besonders begehrt, weil es die höchsten Aussichtsplätze über Kochis Inseln, Küsten und Schifffahrtswege sind. Doch schon in der dritten oder vierten Etage überschaut der Gast in seinem luxuriös ausgestatte-

1

2

ten Quartier die Nachbarinsel Mattancherry mit Fort Kochi und blickt über den Vembanad-See zu den dicht besiedelten Inseln nach Vypeen und Vallarpadam. Das ist auch von den geräumigen Badezimmern des »Taj Malabar« aus möglich, dank wandgroßer Glasscheiben zwischen Wohn- und Baderaum.

Das komfortabel-wohlige »Taj«-Gefühl stellt sich ohnehin ein, kaum dass man in der Empfangshalle die Kassettendecke, die kannelierten Säulen und die gewichtigen Sessel wahrgenommen hat. Im Hintergrund glitzert auf leicht erhöhtem Podest die »Mattancherry Bar«. Wer nicht im Voraus gebucht hat, wird gleich gefragt, ob er/sie Komfort europäisch-modernen Stils oder doch nostalgisch-viktorianischen »Old World Charm« vorzieht. Im »Taj Malabar« heißt das, zwischen »New Wing«, auch »Tower Wing« genannt, und »Old Wing« wählen. Letzterer, einstöckig und lang gestreckt auf den Garten blickend, geht auf das Jahr 1935 zurück, als noch der britische Vizekönig Lord Willingdon regierte. Auf dessen Namen wurde »Willingdon Island« getauft.

Ob alter, ob neuer Flügel: Mit geübtem Fingerspitzengefühl sorgt das Management dafür, dass Geschäftsleute wie Urlauber alles Nötige vorfinden, ohne dass den einen das Ambiente zu nüchtern, den andern zu ferienbunt anmuten könnte. Erfreulich weit gespannt ist das kulinarische Angebot. Der »Thai Pavilion« serviert seine Köstlichkeiten als einziges authentisch thailändisches Restaurant Keralas; das unlängst renovierte Restaurant »Rice Boat« – mit seinem ins Gartengebäude integrierten *kettuvallam*-Bootsbug ein Design-Bravourstück! – spezialisiert sich auf Fisch, Meeresfrüchte und andere Kerala-Gerichte. Das »Water Café« ist gut für die gastronomische Auswahl von indischer bis zu kontinentaler Küche rund um den Tag.

An der Nordspitze von Willingdon Island gelegen, bietet das »Taj Malabar« viel Unterhaltsames und Sportliches – am, im und auf dem Wasser. Der Swimmingpool unter Palmen ist einer der schönsten, so angelegt, dass man über dem blau getönten Grund in

3

1 Zur Begrüßung weiße Handschuhe und ein Lächeln. **2** Der Pool, der mit dem Meer verschwimmt – schön zu allen Tageszeiten. **3** Unterhaltung zum Abend: Tänzerinnen vor der Kochi-Meeresbucht. **4** Drinnen locken die vorzüglichen Restaurants »Thai Pavilion« und »Rice Boat«, für die warmen Nächte ist ein Platz unter den hohen Baumwipfeln aber oft kaum zu übertreffen.

die offene See zu schwimmen scheint. Liebhaber der Geschwindigkeit mieten sich die »Cinnamon Coast«, eine Yacht mit Dreibettkabine. Allabendlich legt ein geräumiges Ausflugsboot zur »Sunset Tour« ab. Und die *Jetty Stations* für die Fährverbindungen nach Fort Kochi, Vypeen und Ernakulam sind fußnah zum »Taj Malabar« eingerichtet.

Gesundheitsbewusste stehen früh auf: von 6 Uhr morgens bis 9 Uhr abends sorgt das »Jiva Spa« für vielfältige Ayurveda-Behandlungen mit Naturstoffen. Das Jiva Spa wurde mit dem »Green Leaf«-Qualitäts-Zertifikat des Tourismus-Direktorats ausgezeichnet. Detailliert gibt darüber die Taj-Website Auskunft.

Weniger bekannt sind die Vorgeschichte des heutigen »Taj Malabar« und die Tatsache, dass Willingdon Island eine künstlich aufgeschüttete Insel ist. Sie existiert erst seit 1933, und unverzüglich wurde damals mit dem Bau eines neuen Hafens für Kochi begonnen. Die ersten Passagiere, die hier an Land gingen, fanden ein *port hostel* vor, ein Hafenhotel, das zur Kern- und Keimzelle des »Taj Malabar« wurde. Der Zweite Weltkrieg stellte die Insel in den Kriegsdienst: Willingdon Island wurde zu einer britischen Militärbasis, die Kriegsmarine ließ Landungsboote für eine Invasion Japans bauen und die Royal Airforce legte einen Flugplatz an. Im späteren Taj-Hotel wurden Offiziere einquartiert.

Nach dem Krieg und Indiens Unabhängigkeitserklärung 1947 konnte das »Taj Malabar« seinen internationalen Rang gewinnen. Willingdon Island blieb zum großen Teil Hafengelände. Noch heute sieht man auf der Zufahrt zum Hotel reihenweise die bunt bemalten Lastwagen warten. Pläne für einen modernen Containerhafen verdichten sich. Das »Taj Malabar« wird seine exklusive, meerzugewandte Lage behalten, die seine Gäste so sehr schätzen. Man wohnt auf halbem Wege zwischen Kochi und Ernakulam, lässt die umgrünten Verwaltungsbauten der nächsten Umgebung hinter sich, sobald der Wagen vorm Hotelportal hält – und genießt nebst allem übrigen Taj-Komfort die schönsten Ausblicke auf Keralas Inseln.

******* Taj Malabar** Spitzenlage auf Willingdon Island inmitten der Inseln und Halbinseln. Heritage-Flügel und moderner Hotel-Tower. Drei Restaurants, Bar, Swimmingpool. Ayurveda-Abteilung. Freizeit-Service von der Kinderbetreuung bis zum Schönheitssalon, von Autovermietung bis zum Blumenhändler. Kulturelle Darbietungen und Backwater-Exkursionen. Drei Bankettsäle. Geschäfts-Service vom Leih-Laptop und Leih-Drucker (tragbar) bis zum kabellosen Internet-Zugang, Konferenzräume. Doctor on call. 97 Zimmer, davon 9 Suiten. »Sunset Cruise«, »Speedboat«, ca. 30 km vom Flughafen Kochi.
Willingdon Island, Kochi, Kerala-682009, Tel. 04 84-2 66 68 11/80 11, Fax 2 66 82 97, E-Mail: malabar.cochin@tajhotels.com.
Gebührenfreie Reservierung in Deutschland:
Tel. 08 00-1-85 26 15. Website: www.tajhotels.com.

Mein Leben in »Gottes eigenem Land«

Jörg Drechsel

Anfang der 50er-Jahre reist Jörg Drechsel im Alter von 5 Jahren mit seinen Eltern das erste Mal an die Französische Riviera, der Beginn einer lebenslangen Reiseleidenschaft. 1970 kommt er das erste Mal nach Kerala. Nach unzähligen Reisen und einer Karriere als Ausstellungsfachmann zieht er 1995 mit seiner Frau Txuku Iriarte Solana nach Cochin. Sie begründeten, entwickelten und führen gemeinsam das »Malabar House« in Fort Cochin. Das »Malabar House« gewann mehrere Staatspreise und 2004 den Nationalpreis für Tourismus. Gegenwärtig arbeiten sie an der Entwicklung der »Malabar escapes«, einer Kette von kleinen und sehr privaten Villahotels an den schönsten Plätzen Keralas.

Alles begann in Schwarz-Weiß. Als Kind – ich war vielleicht 12 oder 13 Jahre alt – sah ich im Fernsehen eine Sendung. Nur undeutlich erinnere ich mich an Bilder von Kokospalmen, Stränden, Flüssen und Elefanten, an Worte über die weltweit erste gewählte kommunistische Regierung irgendwo im Süden Indiens, in einem Land namens Kerala.

Ich wusste in jenem Augenblick, dies war das Land, wohin ich irgendwann reisen wollte, aber wie so viele andere Bilder der Kindheit verblassten auch diese zu verschwommenen, traumähnlichen Erinnerungen. Mehr als zehn Jahre später, nunmehr ein junger Mann, der seine Grenzen ausloten wollte, reiste ich per Anhalter in einem jener bunt bemalten Lastwagen von Coimbatore nach Cochin. Es war meine erste Reise nach Südindien und meine erste Begegnung mit Kerala. Wir hielten an einem einfachen Straßenrestaurant für Fernfahrer. Ich aß zusammen mit dem Fahrer ein Thali, serviert auf einem Bananenblatt, als ein *mahout* mit seinem Elefanten vorbeizog. Und plötzlich waren sie wieder da – jene schwarz-weißen Bilder aus meiner Kindheit! Ich war angekommen.

Es war schon spätabends, als mich der Fahrer am Hafen von Cochin auf Willingdon Island absetzte. Den Koffer auf der Schulter, überquerte ich die alte Eisenbrücke nach Mattancherry. Ich lief den ganzen Weg bis Fort Cochin und nahm mir ein Zimmer in einer kleinen Lodge in der Rose Street. Am nächsten Morgen, während meines ersten Spaziergangs, war ich überwältigt vom Reiz und der vielschichtig greifbaren Präsenz dieser alten indoeuropäischen Stadt. Ich kehrte in die Lodge zurück und mietete das Zimmer für einen vollen Monat. Es ist nur knapp drei Gehminuten von meiner heutigen Wohnung entfernt.

Ich traf viele Menschen, fand Freunde. Noch immer erinnere ich mich an meine erste Einladung in eines jener weiß getünchten niederländischen Häuser mit einer breiten Teakholztreppe, die ins erste Stockwerk führte. Als ich den Raum betrat, saß mein Freund, ein gläubiger Katholik, zusammen mit zwei Männern beim Nachmittagstee. Er stellte mich seinen besten Freunden vor; einer Hindu-Brahmane, der andere Muslim.

Es war meine Einführung in eine Gesellschaft, in der Hindus, Christen und Muslime in einer gemeinsamen Welt leben, mit einer Kultur, die über Jahrhunderte hinweg Begriffe und Überzeugungen östlicher sowie abendländischer Kulturen aufsog, um diese mit der eigenen Identität zu verschmelzen. Heute wird Kerala als »God's own country« bezeichnet, ein Land, in dem jeder die Freiheit hat, seinem Glauben zu folgen. Ja, noch gibt es tatsächlich solche Orte, doch darauf möchte ich erst später zurückkommen.

Die Zeit verging: Familie, zwei wunderbare Töchter und eine Karriere, die Jahre flogen dahin. Ich blieb in Verbindung mit den Menschen, die ich in Cochin kannte. Gelegentlich kam ich auf einen Besuch vorbei, nicht zuletzt auch, um sicher zu sein, dass es den Traum noch gibt.

In den 1970er-Jahren fuhr ich auf dem Landweg nach Indien: über den Balkan nach Istanbul, durch die Türkei, dann Iran und Afghanistan. Der Khyber-Pass öffnete den Weg zu den Weiten des indischen Subkontinents, und nach dem Passieren der Grenze bei Amritsar waren es nur noch wenige Autostunden bis Delhi. Es war eine offene Welt mit verhältnismäßig durchlässigen Grenzen, voll Begegnungen mit Menschen, die von Ost nach West und von West nach Ost unterwegs waren.

Mitte der 1970er-Jahre begannen die Umwälzungen im Iran, der Afghanistan-Krieg brach aus, im Osten der Türkei verschärften sich die ethnischen Konflikte, und schließlich erfasste diese Welle ethnischer und religiöser Unruhen Ende der 1980er-Jahre den Balkan, den Vorhof Europas.

Eine Urlaubsreise mit dem Auto nach Griechenland endete bereits an der östlichen Grenze Österreichs. Entlang der Karawanenstraße meiner Wanderjahre wurden Menschen getötet, weil sie den »falschen« Glauben hatten oder einer »falschen« ethnischen Gruppe angehörten. Warum? Ich las zahllose Erklärungsversuche. Keiner half mir beim Versuch des Verstehens. Traurig und wütend zugleich sah ich Kerala in einem neuen Licht, einen Freiraum, in dem jeder seinem eigenen Glauben folgen kann.

Woher kommt diese Achtung für den Glauben des/der anderen? Welche Regeln ordnen das Leben einer Bevölkerung, die unterschiedlichen Religionen, ethnischen Gruppen und politischen Ideologien angehört? Wie funktioniert eine Gesellschaft, in der Toleranz eine Tradition hat?

Sind es die gemeinsame Geschichte und Sprache? Sind Erziehung und Bildung der ausgleichende Faktor? Sind es die Bürgerrechte und Freiheiten, gepaart mit häufigen Streiks und Demonstrationen? Oder entladen sich alle Spannungen schlicht im chaotischen Straßenverkehr? Viele Fragen, noch immer keine Antworten, aber eine funktionierende Wirklichkeit.

1994 waren die Kinder fast erwachsen, sie begannen allmählich ihr eigenes Leben zu führen. Für meine Frau und mich war die Zeit reif für eine neue Herausforderung. Wir kehrten nach Cochin zurück. Nichts schien verändert, als sei die Zeit stehen geblieben. Bei einem Spaziergang durch Fort Cochin führten uns die Freunde zum »Malabar House«, eines der imposantesten indoeuropäischen Herrenhäuser. Das herrliche Gebäude befand sich in einem desolaten Zustand; verlassen, Fenster und Türen vernagelt und von Pflanzen überwuchert. Ein einsamer Wächter hatte auf einer der Terrassen sein Lager aufgeschlagen. »Es ist zu verkaufen«, meinte unser Freund. Wir sahen uns das Haus an, blickten uns an – es war Liebe auf den ersten Blick.

Harmonie von Schiff, geschnitztem Bug und glitzerndem Meer – Jörg Drechsel ist auch Schiffsbauer.

Für ein Wohnhaus war es zu groß; was lag also näher, als es in ein kleines, aber feines Hotel umzuwandeln, einen Platz, der Fort Cochins Geschichte aufnimmt und widerspiegelt? Bis dahin lag allerdings ein weiter Weg vor uns. Wir mussten mit der Bank als der Eigentümerin des Hauses verhandeln, etliche rechtliche Hürden aus dem Weg räumen, diverse Genehmigungen, Lizenzen und Zustimmungen einholen. Ende 1995 war es schließlich so weit: Wir waren im Besitz des »Malabar House«.

Wir begannen mit der Planung der Umbau- und Renovierungsarbeiten. Da die Deutschen dafür bekannt sind, Prinzipien zu lieben, legten wir einige Arbeitsgrundsätze fest:

1. Der Erhalt von kulturellem Erbe ist ein notwendiges und lohnendes Ziel. Dies kann nicht erreicht werden, wenn man die Gegenwart vermeidet und die Zukunft ignoriert. Deshalb arbeiten wir an einer Synthese aus dem vielschichtigen lokalen Erbe und bewusst gestalteter Innovation.
2. Die Erneuerung ist inhaltsbezogen und kein modischer Zeitgeist.
3. Wir respektieren das gestalterische Vokabular des Gebäudes, arbeiten mit lokalen Materialien, lokalen Handwerkern und handwerklichen Lösungen.
4. Wir passen die Hotelaktivitäten dem Klima an, der Aufenthalt wird zur tropischen Erfahrung. Unser Garten wird ein Heim für die bedrohte Artenvielfalt, moderne Hybridpflanzen finden keine Verwendung.
5. Wir bekennen und verpflichten uns zu ökologischen und nachhaltigen Lösungen.

Hierauf basierend begannen wir mit unserem Gestaltungs- und Planungsprozess. Die Allgegenwart des tropischen Klimas erfordert ein adäquates, sensibles architektonisches Vokabular, bewusst differenzierte Lösungen in der Gestaltung und Nutzung der Innenräume und Außenräume. Dies schafft die Wechselwirkung und fließende Übergänge zwischen unterschiedlichen Raumqualitäten, zwischen Innenwelten und dem Draußen, zwischen privaten und öffentlichen Räumen und gestaltet eine Bühne für neue, persönliche Erfahrungen. Das Durchschreiten dieser Raumwelt wird zur Zeitreise, eine Erfahrung zwischen Vergangenheit und Zukunft, ohne dass das Hotel zum Schauplatz einer falschen Geschichte verkommt. Architektur, Kunstobjekte, Einrichtungsgegenstände und deren Arrangement erzählen Geschichte im Hier und Jetzt.

Dieses inhaltliche und auch emotionale Konzept muss in architektonische Entwürfe umgesetzt, Formen und Materialien müssen definiert werden. Wir studierten lokale Formen und Materialien, verschmolzen sie mit modernen Designlösungen und planten die Gestaltung der Räume und die handwerkliche Umsetzung. Es war unser Weg, unsere Vision zu verwirklichen: ein sinnliches Wohlgefühl zu schaffen, einen emotionalen Rahmen für die Selbstfindung. Die Entwürfe wurden in detaillierte Werkzeichnungen umgesetzt, von unzähligen Beratern auf legale und auszuführende Anforderungen geprüft, überarbeitet und neu gezeichnet. Schließlich konnten wir mit dem Umbau beginnen.

Die Sanierung des vorhandenen Bauwerks dauerte 22 Monate und zeitweilig arbeiteten bis zu 100 Menschen auf der Baustelle. Ein Umbau frisst Zeit; im Vergleich: der neu konzipierte Anbau mit fünf zusätzlichen Gästezimmern und Suiten wurde in nur neun Monaten bezugsfertig gestellt. Einschließlich des Dienstleistungsgebäudes, des Restaurants sowie der Landschaftsarchitektur und Gartengestaltung benötigten wir fast vier Jahre bis zur vollen Inbetriebnahme. Wir beschäftigten nur lokale Handwerker auf der Baustelle, und alle Gewerke wurden mit traditionellem Werkzeug ohne Baumaschinen ausgeführt. All dies brauchte einen langen Atem, verbunden mit einer Portion Leidenschaft!

Diese vier Jahre verbrachte ich überwiegend auf der Baustelle. Es war eine Zeit des Lernens und Verstehens. Die Arbeit mit Handwerkern, die in der Regel ihr Wissen vom Vater erworben hatten, eröffnete mir einen neuen Dialog zwischen Tradition und Innovation, zwischen Vision, hoher Handwerkskunst und dem Material. Täglich lernte ich mehr vom überlieferten Wissen über Klima, Pflanzenwelt, Licht, Raum, Baumaterialien, traditionelle Architektur und bautechnische Lösungen. Ich lernte, dass das handwerkliche Ringen um den Raum, seine Nutzung und Gestaltung reichere Strukturen schafft. Der Dialog mit den Handwerkern und der daraus resultierende Gestaltungsprozess richtet sich auf das Wesentliche, die Substanz ihres Wissens und Könnens. In diesem Kontext ist Minimalismus mehr als nur ein ästhetisches Werkzeug – er wird zum Auswahlkriterium für das, was einem wichtig und bedeutsam ist. Die Gestaltung der Umgebung muss einem sagen, wo man sich befindet.

1

Dieses Lernen und Verstehen war eine Offenbarung. Es war und ist meine stärkste Inspirationsquelle und prägt bis heute meine Arbeit an unseren neuen Projekten, den »Malabar escapes«, ein Netzwerk von kleinen Villahotels an wundervollen Orten Keralas.

Wir hatten uns einen Traum erfüllt; nun mussten wir ihn mit Leben erfüllen und die Art von Hotel schaffen, in der wir schon immer gern Gast sein wollten – eine Oase der Entspannung mit individuellem und professionellem Service, einer innovativen Wohlfühlküche und viel Liebe zum Detail.

Solches lässt sich nicht über Nacht umsetzen. Man muss die richtigen Menschen finden, den richtigen Mix schaffen zwischen erfahrenen Profis und enthusiastischen jungen Leuten. Man muss sie zu einem agilen Team zusammenführen. Die individuellen Erfahrungen aller müssen ins Team einfließen. Alle, uns eingeschlossen, mussten viel lernen. Wir kamen aus einer anderen Arbeitskultur und mussten uns damit vertraut machen, wie hier der Prozess der Entscheidungsfindung ablief. Oft wurden andere Wege begangen und diese führten zu anderen, häufig flexibleren Lösungen. Wir lernten bildlich gesprochen, wie man eine Umgehungsstraße um eine Umgehungsstraße baut. Dieser fortdauernde Lernprozess war unsere größte Herausforderung, zugleich aber auch die größte Quelle der Genugtuung und Freude. Bislang durften wir über 200 zumeist junge Menschen ausbilden und sie ins Berufsleben begleiten; häufig war dies der Beginn einer Karriere. Nicht wenige kehrten zurück, um wieder mit uns zu arbeiten. So halten es auch viele unserer Gäste, die unsere Art des Hotels als eine einzigartige Erfahrung schätzen.

Leben und Arbeit in einer neuen Umgebung und einer anderen Kultur unterscheiden sich natürlich von einem Urlaub oder Besuch. Man betritt eine neue Gesellschaft, knüpft Beziehungen, schließt Freundschaften. Man lernt seine eigenen Wege gehen, baut sein Netzwerk auf, eignet sich neue Werte an und hinterfragt seine bisherigen Auffassungen. Mittlerweile sind zehn Jahre vergangen und vieles, was in Europa einst wichtig war, ist verblasst. In vielem haben wir eine geprägte europäische Identität, in anderem sind wir nach der Meinung unserer Freunde in Cochin die »neuen Inder«. Je nach Anlass und Thema übernehmen »wir« Positionen, vertreten indische oder europäische Sichtweisen. Andere mag dies verunsichern, für uns ist es Bereicherung und Herausforderung.

1 Die »Discovery«-Spirale mit dem ins Weite vorstoßenden Pfeil – ein sehr persönliches Zeichen Jörg Drechsels. 2 Das Gutshaus inmitten einer großen Plantage wurde zum »Malabar Escape« Serenity.

Indien im Allgemeinen und Kerala mit seinem hohen Bildungspotenzial im Besonderen entwickeln sich in einem erstaunlichen und atemberaubenden Tempo. Freude, Wachstum und Optimismus herrschen vor. Lernen wird belohnt mit besseren Chancen, und diese wachsen täglich. Es erinnert mich zuweilen an die Zeit, als meine Kerala-Odyssee vor dem Schwarz-Weiß-Fernseher begann – an das deutsche Wirtschaftswunder meiner Kindheit.

Seither ist mehr als ein halbes Menschenleben vergangen – oft rastlos, stets voller Fragen. Ich bin zwar kein junger Mann mehr, habe mir aber meine Neugier bewahrt und lote immer noch gern meine Grenzen aus, nicht so sehr die körperliche Ausdauer, aber die Kraft des Verstehens.

Europas Tradition ist von der Ratio analytischer und skeptischer Begründung geprägt. Aus dieser kulturellen Abgrenzung heraus erklärt sich oft die Neigung, andere durch das Mittel des Kontrasts zu definieren: als exotisch und reizvoll oder bizarr und erschreckend. Amartya Sen, dem 1998 der Nobelpreis für Ökonomie verliehen wurde, widersetzt sich dieser eurozentrischen Sicht. In seinem Essay »The Reach of Reason« entgegnet er, dass die Werte von Toleranz und gegenseitiger Achtung nicht kulturspezifisch seien. Dies bringt mich zurück zu meinen eingangs gestellten Fragen. Die kulturelle Identität Keralas wird durch Malayalam geprägt, die gemeinsame Sprache. Innerhalb dieser Abgrenzung schuf Keralas Gesellschaft eine hohe Lebensqualität jenseits rein wirtschaftlicher Kriterien. Über 90 Prozent der Einwohner haben eine abgeschlossene Schulbildung. Es gibt zahllose Institutionen mit Weiterbildungsangeboten, keine Geschlechterdiskriminierung, eine durchschnittliche Lebenserwartung von 74 Jahren. Toleranz, gegenseitiger Respekt, offene Diskussion und das Recht auf eine andere Auffassung sind Teil eines verbindlichen und von allen geschätzten Wertesystems.

»Das Kernproblem gegenseitiger Achtung liegt darin«, um nochmals Amartya Sen zu zitieren, »welche Fähigkeiten und Möglichkeiten die Mitglieder einer Gesellschaft entwickeln können, um zu verstehen und zu schätzen, wie die anderen denken und handeln.«

Darin scheint eine mögliche Antwort auf meine eingangs gestellten Fragen zu liegen. Kerala hat diese Fähigkeit, seinen verschiedenen Religionen, ethnischen Gruppen und politischen Ideologien den nötigen Raum zu ihrer Entfaltung zu geben, um dann Teil einer gemeinsamen Identität zu werden. Kerala bietet auch uns, den »Immigranten« aus Europa, Raum zur Entfaltung, und wir sind stolz, Teil dieser Gesellschaft zu sein.

Zugleich gibt Kerala, *God's own country*, dem Gast eine einzigartige Möglichkeit, mehr zu entdecken als nur den exotischen Reiz der Tropen.

Auf dem Vembanad-See im Glanz eines Wolkenmorgens.

1

2

3

4

Im lockenden Hausboot-Labyrinth

Backwater-Touren zwischen Abenteuer und Meditation

Die Hausboote in den Backwaters haben Kerala verwandelt. Trotz seiner extrem schönen Strände lange im touristischen Abseits, wurde Kerala eines der höchstgeschätzten Ziele für Urlauber aus aller Welt.

Ein schottischer Autor und Wahlinder, Bill Aitken, begegnete im Herbst 2001 Babu Varghese und fand sich an Mr. Richard Trevithick erinnert. Der hatte die Hochdruckdampfmaschine und die erste Schienendampflokomotive erfunden, der Ruhm hierfür aber fiel James Watt zu. Babu Varghese, ein Keralit von ähnlicher Vision und technischem Genie wie Trevithick, verwandelte Lastkähne, *kettuvallams* in attraktive Hausboote für Keralas Backwaters. Das soll etwas Außerordentliches sein?, fragt vielleicht mancher.

Tatsächlich haben Babu Vargheses Backwater-Hausboote Kerala von Grund auf verwandelt. Bis dahin trotz seiner extrem schönen Strände von Touristen kaum besucht, ist Kerala heute ein Motor des Indien-Tourismus. Zehntausende von Gästen erleben Südindiens Vorzeige-Staat – höchste Alphabetisierung, höchste Lebenserwartung, religiöse Toleranz und Koexistenz von Hindus, Christen und Muslims – auf den Hausbooten, und das für einen Tag, Tage oder auch eine ganze Woche lang (abgesehen von den Urlaubern, die sich an Land und am Strand erholen). Dadurch wurden Zehntausende von neuen Arbeitsplätzen im Tourismus geschaffen, die Keralas – trotz hohen Bildungsdurchschnitts – viel zu hohe Arbeitslosigkeit mindern und Zehntausenden ersparen, in den Golfstaaten Arbeitsverträge zu unterschreiben, die sie jahrelang von ihren Familien und ihrer Heimat trennen.

Trotzdem, stellte Bill Aitken fest, findet man Babu Varghese, den Vater der Kerala-Hausboote, und seine entscheidende Rolle bei der Umnutzung der alten Lastkähne, nirgends in der offiziellen Literatur genannt. Zu Jahresanfang 2006 geriet Babu Varghese in eine schwere persönliche Krise, zurzeit der Drucklegung dieses Buches schwebte das gerichtliche Verfahren noch. Als er aus Frachtschiffen, die mit Reis und jederlei anderer Fracht durch die Flussläufe und Kanäle der Backwaters gerudert worden waren, komfortable Binnengewässer-Kreuzfahrtschiffe machen wollte, waren selbst die Leute auf den Werften skeptisch. Ihre Vorbehalte auszuräumen, war

1 Hausbootwerft. **2** Schulmädchen in den Backwaters in ihrer Schuluniform. **3** Lust am schönen Dekor: Muschelkränze um einen Spiegel in der Hausbootkabine. **4** So bizarr wie praktisch: Hausboot mit doppelstöckigem Aufbau aus leichten Bambusstäben und Geflecht. Beides verleiht dem Schiff mit dem sehr flachen Bootskörper zusätzliche Stabilität.

1

2

3

Babu Vargheses erste Aufgabe. Ohne ihn wären die rund 200 bis zu 30 Meter langen *kettuvallams*, die Anfang der 1990er-Jahre noch existierten, abgewrackt worden. Lastwagen sind schneller und für den Transport von Haus zu Haus praktischer.

Hohe Geschwindigkeit gehörte nicht zu diesen neuen Hausbooten, gerade im Gegenteil zeichnen sie sich durch gemächliche und geräuscharme Fahrt aus. Problematisch war aber beispielsweise die Instabilität, die durch die Aufbauten auf den flachen hölzernen Schiffskörpern mit geringem Tiefgang verursacht wurde. Als Frachtschiffe hatten sie bei voller Beladung einen niedrigen Schwerpunkt, das Dach und die Kajüten änderten das allerdings. Die Antwort auf dieses Problem war im Prinzip einfach, hieß »leichte Materialien für die Aufbauten«, brauchte jedoch viele Modellphasen von »try-and-error« bis zur definitiven Formfindung.

Die Formen der ersten Kerala-Hausboote muten bizarr, abenteuerlich, fantastisch an und werden gerade darum immer wieder nachgebaut. Wie überdimensionierte Hüte, wie Korbbündel kommen sie herangeschwommen. Eingestiegen wird an der Seite, je nach Wunsch backbord oder steuerbord. Den langen, meist schwarz gestrichenen Bootskörper schmücken geschwungene Bug- und Hecksteven, oft mit goldenen Emblemen. Die optische Verwandtschaft mit venezianischen Gondeln ist zwar nicht für jeden auf den ersten Blick zu sehen, aber auch nicht ganz zu verleugnen. Und gewiss nicht der Hauch von Hausboot-Luxus.

Was immer den Gästen die Backwater-Kreuzfahrt angenehm machen kann, ist berücksichtigt. Das fängt mit der Bewegungsfreiheit unter dem geräumigen Halbrund des Bambusdaches über dem Hauptdeck an und ist mit den bequemen Rattansesseln und den nach Kerala-Art auf Bananenblättern schön servierten, gut zubereiteten Mahlzeiten noch lange nicht zu Ende. Eine Überraschung hinter der messing-beschlagenen Tür beim Esstisch ist auf den besseren Booten das geräumige Schlafzimmer mit Doppelbett, Stuhl und Kommode. Je nach Schiffstyp hat man Fensterglas oder stattdessen Vorhänge, manchmal auch Moskitonetz und Fliegengitter. Eine zweite Tür führt in ein richtiges kleines Bad, samt Waschbecken, Dusche und WC, alles in guter Qualität.

Die Spitze des erreichbaren Hausboot-Luxus ist es, ein solches Boot samt dreiköpfiger Besatzung nur für seine Liebste oder seinen Liebsten und sich selbst zu chartern. Für den persönlichen Service ist ein sprachbegabter jüngerer Mann an Bord, wechselnd als Kellner und als Führer auf Landgängen mit Besichtigungen. Zweitens der Koch, dessen Kombüse oft nur außen an der Bordwand entlang auf schmaler Planke zu erreichen ist, ein winziger Raum. Der Skipper hockt meist am Steuer und versteht das Hausboot auch

1 Hausboottypen – hier von den umweltfreundlichen Hotels der cghEarth Gruppe ... – **2** ... und von TourIndia. **3** Wohltuende Ruhe verbreitet in seinem geometrischen Design und der geräumigen Ausstattung das Hausboot von Jörg Drechsel, »Malabar House«, ... **4** ...mit sehr komfortabler Kabine für die Nacht. **5** und **6** Innenleben des TourIndia-Boots: Schlafraum und Hauptdeck. **7** An Bord der »Vrinda«, des Oberoi-Motorschiffs.

durch schmale Kanäle zu bugsieren. Viele seiner Kollegen sind vor der neuen Hausboot-Ära schon jahrelang mit den *kettuvallams*-Lastbooten unterwegs gewesen. Wer könnte sich also besser auskennen als sie.

Was nicht zur üblichen gehobenen Ausstattung gehört, ist ein Fernsehgerät – das sowieso fehl am Platz wäre, lockt einen zur Hausboot-Tour à la Kerala doch voran das Schauen auf die wirklich existierende Welt: Über die weiten, grün umrahmten Flächen des Vembanad- und Ashtamudi-Sees, das Betrachten der langsam vorbeigleitenden Ufer, an denen die Dorfleute unterwegs sind oder die Frauen auf Ufersteinen ihre Wäsche waschen, morgens am Wasser Zähne geputzt werden und von früh bis spät unter Bäumen geplaudert wird. Nachts sind Sternenhimmel zu erleben, der Mond und mit ein wenig Glück auch die Musik von Tempelfesten, die übers Wasser herüberklingt.

Tags kann man die beschauliche Fahrt, wie schon erwähnt, mit Landgängen unterbrechen: Dorfbesuche, die zu einer christlichen Kirche oder zu einer Freiluftwerkstatt führen, in der Kokosfasern zu Seilen verarbeitet werden. Besonders interessant für Hausbooturlauber ist die Werftbesichtigung unter Kokospalmen. Man sieht, wie aus Bambusstäben, Bambusstreifen und Palmfaserstricken das dichte Geflecht des Bootsaufbaus entsteht, ohne Nägel und Metall. Dann wieder ein Dorfladen, Frauen in prächtigen Rüschenkleidern, die lächelnd in die Kamera schauen, Kinder, die nach *rupee, rupee!* oder nach *pen, pen!* fragen und sich riesig freuen, wenn jemand ein paar Kugelschreiber oder Malstifte übrig hat.

1 Bausand vom Seegrund auf schmalen Booten. **2** Der schwimmende Händler kommt. **3** Hausboot vor Palmen. **4** Beim Bootsbau. **5** Hausboot-Bugspriet mit goldglänzendem Schmuck. **6** Groß genug für eine Gruppe: die »Vrinda« von Oberoi mit Luxus-Ausstattung.

In jeder Saison sind Hunderte von Hausbooten unterwegs. An einigen Tagen aber, den Höhepunkten im Kerala-Kalender, richten sich aller Augen auf ganz andere Boote, die berühmten »Schlangenboote« nämlich. Mit »Snake Boat Races« feiert Kerala alljährlich einige seiner großen bunten *Onam*-Feste zur Erntezeit, und zwar vom Juni bis in den September, und zum Jahresschluss noch während des »Kochi Carnival« das »Indira Gandhi Boat Race« auf dem Ernakulam Lake.

Die großen Rennboote, *chundan vallam,* sind 15 bis 50 Meter lang, haben meist vier Steuermänner, 25 Sänger und 100 bis 125 Ruderer an Bord. »Schlangenboote« heißen sie wegen des auffallenden Bugschmucks in Gestalt einer Schlange mit erhobenem Kopf. Beim »Nehru Trophy Boat Race«, das bei Alappuzha auf dem Punnamada-See startet, gibt es sogar eigene Rennen für Frauen. Und bei allen Wasserfesten sieht man Farben über Farben – beim Festprogramm mit seidenen Sonnenschirmen, bei Wasser-Prozessionen mit Götterbildern, Kindern in bunten Kostümen und Zehntausenden von Zuschauern.

All das ist möglich dank Mutter Natur und der eigentümlichen Landschaftsgestaltung Keralas, dreigegliedert vom Meer zum Landesinnern. Das über 600 Kilometer reichende Tiefland ist im Norden viel schmaler als im Süden: nur 25 Kilometer im Norden, rund 100 Kilometer weiter im Süden. Im Norden sprechen die Geografen von einer »Strandwallzone«, hinter der sich in der Mitte Keralas eine Zone von Lagunen anschließt, die Backwaters. Sie entstanden

durch das Absinken des Landes unter den Meeresspiegel. Einschnitte in den Strandwällen und Kanäle verbinden die Lagunen mit dem Meer und untereinander. Die so entstandenen Schifffahrtswege sind gut geschützt vor der Meeresbrandung, auf den Feldern dazwischen leuchten Reisfelder, ein guter Teil wird für Gemüse und für die mit kartoffelähnlichen Knollen nahrhafte Maniokpflanze (Tapioka) genutzt.

Zweiter Teil der Dreigliederung sind die »Midlands«, Keralas dicht besiedeltes Hügelland mit eisenhaltigen, hartkrustigen Lateritböden und rotbraunen Lehmböden. Die Lateritfelsen reichen im Norden und Süden Keralas an manchen Stellen bis ans Meer, ragen dort als Steilküsten auf.

Den dritten Teil der Kerala-Landschaft bilden die Western Ghats und.die Gebirgsblöcke, von den Nilgiris (teils zu Kerala, teils zu Tamil Nadu gehörig) bis über die Anaimalai- und Palani-Hills und die niedrigeren Cardamom Hills.

Die Lust an der Backwater-Landschaft zwischen Meer und Binnenland breitet sich aus, ist neuerdings gar nicht mehr auf die Mitte und den Süden Keralas beschränkt. Tag und Nacht, Nacht und Tag ruhevoll durch die grüne Landschaft zu treiben, fast ohne Geräusch, doch auf immer andere Bilder und Szenen zu – wo kann man das so genussvoll wie auf Keralas Backwaters?

Backwater-Touren

Anreise und Reisezeit
Die wichtigsten »Tore« des Hausboot-Tourismus sind Kochi, Alappuzha und Kollam (siehe Seiten 20, 52, 80). Die Saison dauert von September bis März, Angebote gibt es auch später, jedoch nicht während schwerer Monsunregen.

Unterkunft
Je nach Dauer des Hausbooturlaubs, Personenzahl und Qualität der Boote ist das Preisspektrum sehr unterschiedlich. In den höherklassigen Hotels liegen in aller Regel Angebote für ein- oder mehrtägige Hausboot-Exkursionen bereit. Etliche

6

Hotels und Resorts, wie die von cghEarth, »Malabar escapes«, Somatheeram und Taj, verfügen auch über eigene Boote. Mit der modernen »Vrinda« von Oberoi werden Gruppenreisen veranstaltet (C-46/452 (II), Bristow Road, Willingdon Island, Cochin 682003, Tel. 04 84-2 66 95 95, Fax 2 66 93 93, Website: www.oberoihotels.com.

Sehen und erleben
Keralas einzigartige Backwater-Landschaft, Dorfleben, christliche Kirchen, Feste.

Ziele in der Umgebung
Vier der wichtigsten und ältesten »Snake Boat Races« (es gibt insgesamt wenigstens 20):
»Champakulam Moolam Boat Race«, bei Harippad (Alappuzha-Distrikt), in Erinnerung an die Überführung eines Krishna-Idols zum Tempel von Ambalappuzha;
»Nehru Trophy Boat Race«, auf dem Punnamada-See (Alappuzha-Distrikt), wurde vom ersten Ministerpräsidenten des unabhängigen Indien gegründet;
»Uthrattadi Vallamkali«, bei Aranmula (Pathanamthitta-Distrikt), nicht eigentlich ein sportlicher Wettbewerb, sondern eine bunte Wasserprozession (zweitägig);
»Payippad Jalotsavam«, bei Alappuzha, in Erinnerung an den Fund eines Götterbildes im Kayamkulam-See.
Daten der Rennen wechseln, bitte erfragen!

Auskunft
Kerala Tourism Information Counter, Park View, Thiruvananthapuram 695033, Tel. 04 71-2 32 11 32, Fax: 2 32 22 79, Website: www.keralatourism.org. – Siehe auch Touristen-Information in Kochi, Alappuzha und Kollam!

Kerala – ein Stück vom Paradies

Hans-Jörg Hussong

Hans-Jörg Hussong (*1947) kam 1981 als Journalist erstmals nach Indien – ganz gegen seinen Willen und mit allen möglichen Vorurteilen im Kopf. Schon nach wenigen Tagen war aus dem Saulus ein Paulus geworden, ein glühender Indienliebhaber. Viele Indienreisen folgten, ehe Hussong 1991 den Reiseveranstalter »Comtour« gründete. 1993 gab's die ersten »Comtour«-Hausboot-Kreuzfahrten auf den Backwaters von Kerala, die 1994 mit der allerersten »Goldenen Palme« von GeoSaison ausgezeichnet wurden. Im gleichen Jahr wunderte sich die renommierte indische Tageszeitung »Times of India« über Hans-Jörg Hussong, der in kürzester Zeit mehr für die Entwicklung des Tourismus in Kerala getan habe als die indischen Tourismusbehörden in 100 Jahren tun könnten. 1997 wurde Hussong von der Fachzeitschrift »Destination Kerala« als »Tourism Man of the Year« geehrt und 2004 von den Tourismus-Behörden als »Most Kerala friendly indvidual Overseas« gewürdigt. »Comtour« bietet heute Touren in ganz Indien an und gilt als Spezialist für Programme für Individualreisen und Kleingruppen.

Ankunft in Kovalam Beach – 20. November 1981, die Sonne ist seit zwei Stunden untergegangen – , letzte Station einer vierwöchigen Dienstreise durch Indien. Die zurückliegenden Strapazen verlangen ihr Recht. Morgen geht es über Colombo zurück nach Deutschland. Allzu früh am Morgen lockt seltsamer Singsang auf den Balkon – eine traumhafte Aussicht. Tiefblauer Himmel, türkisfarbenes Meer, endloser weißer Sand, grüne Palmen, so weit das Auge reicht. Unten am Strand holen Fischer in langen Reihen ihre Netze ein, der Rhythmus ihrer Lieder dirigiert ihre Handgriffe. Fast eine Idylle. Wenig später, auf dem Weg zum Flughafen, schockt ein anderes Bild: Frauen und Kinder am Wegesrand, auch sie in schier endlosen Reihen, klopfen Steine. Riesige Felsbrocken hier, winziger Granitsplitter dort. Die Hölle mitten im Paradies. Unbegreiflich. Dem muss bald nachgegangen werden.

Rund 25 Jahre und fast 70 Indienreisen später – immer wieder auch nach Kerala: Der Himmel ist immer noch tiefblau, das Meer türkisfarben, der Strand immer noch weiß, aber nicht mehr endlos, die Fischer holen zu den alten Liedern ihre Netze ein, aber der Fang lohnt nur noch selten. An den Straßenrändern klopfen noch immer Frauen und Kinder Steine, längst nicht mehr so viele wie einst, und die, die das Handwerk jetzt noch betreiben, haben dafür gestreikt, dass man sie nicht durch Maschinen ersetzte.

Kerala, damals noch nicht einmal ein Geheimtipp, ist heute *die* Boom-Destination Indiens. Immer mehr Hotels gibt es an den Küsten, zum Glück aber immer noch wenig genug, dass der Gegend die zweifelhaften Segnungen des Chartertourismus erspart geblieben sind. An den schönsten Backwaterplätzen macht sich ein Resort nach dem anderen breit, in den idyllischen Lagunen stauen sich die Hausboote. Ein seltsames Gefühlsgemenge greift um sich: schlechtes Gewissen, zu dieser Entwicklung beigetragen zu haben, aber auch etwas Stolz, denn anders als sonstwo hat hier der Tourismus wesentlich zur Verbesserung der Lebensqualität der einheimischen Bevölkerung beigetragen.

Und strenge Bauauflagen haben bisher eine rigorose Verschandelung der Landschaft eingedämmt. Alte Kulturtraditionen wie das *kathakali*-Tanzdrama und der *kalaripayattu*-Kampfsport wurden wiederbelebt, fast vergessene Handwerksfertigkeiten neu entdeckt – qualifizierte Arbeitsplätze für Tausende und die Lebensgrundlage für ungezählte Familien geschaffen. Schon mit den ersten Ideen waren Maßstäbe für einen umweltgerechten und nachhaltigen Tourismus gesetzt worden: der »Surya Samudra Beach Garden« am Chowara-Strand (erbaut um etwa 1985) wurde zum Modell für fast alle Hotelbauten in Kerala: Rückbesinnung auf den traditionellen Baustil Keralas – nicht nur durch den Wiederaufbau der klassischen Holzhäuser, sondern auch durch die Erinnerung an die klimagerechte Architektur bei Neubauten.

Hotelburgen finden sich allenfalls in den Städten, und nur an einer einzigen Stelle in den Backwaters stören Hochhäuser die Idylle: In Amritapuri, dem Ashram und Hauptquartier der weltweit verehrten Mata Amritanandamayi. Der Sinn für optische Harmonie scheint Amma, dem weiblichen Guru, abzugehen.

Die Hausboote (seit 1993), zunächst als spinnerte Idee belächelt, sind längst zum Symbol für den Erfolg des Tourismus geworden.

Noch immer ist eine Hausboot-Kreuzfahrt der Höhepunkt einer Reise durch den tropischen Süden Indiens, auch wenn so manches Boot eher einem schäbigen Seelenverkäufer als einem Traumschiff gleicht oder andere Betreiber die Grundidee mit Klimaanlagen und Bordfernsehen ad absurdum führen. Wer sich kundig macht, findet sie immer noch, die echten Hausboote, deren Kapitäne ihren Weg durch die engen Kanäle der Backwaters suchen, deren Köche die Gäste mit einheimischen Spezialiäten verwöhnen.
Ayurveda – auch so ein Pfund, mit dem in Kerala gut zu wuchern ist. Die Zahl der Resorts, die authentische Kuren im Sinne der traditionellen indischen Heilkunde versprechen, nimmt unüberschaubare Ausmaße an. Es braucht schon große Kenntnisse der Materie, hier die Spreu vom Weizen zu trennen. Mit der Beurteilung der Unterkunft und des Ambientes ist es nicht getan. Wesentliche Kriterien sind Erfahrungen und Qualität der Ärzte und Therapeuten und ein der Verfassung der Gäste angepasster Ernährungsplan. Wirklich gute Anwendungen können nicht wirklich billig sein, zu groß ist der Aufwand an qualifiziertem Personal, zu aufwändig und teuer die Herstellung der verwendeten Öle, Tinkturen und Heilmittel. Sparen kann eigentlich nur, wer keine allzu großen Ansprüche an den Standard der Unterkunft stellt.
Wer sich erstmals auf Indien einlassen will, ist richtig beraten, mit Kerala den Anfang zu wagen. Der kleine Bundesstaat im äußersten Südwesten des Subkontinents empfiehlt sich als »Indien für Einsteiger« – die Region ist überschaubar. Auf knapp 700 Kilometer in der Länge und maximal rund 100 Kilometern in der Breite ist Platz für ein abwechslungsreiches Kaleidoskop der Landschaften – Sandstrände und Felsenbuchten an der Küste, die Wunderwelt der Backwaters und ihr Wasserstraßennetz aus über 1200 Kilometern Flüssen, Kanälen, Seen und Lagunen. Dazu die fruchtbaren Reisfelder im tropischen Tiefland, die üppigen Plantagen im klimatisch begünstigten Hochland, wo auf Höhen bis rund 2700 Metern Kaffee, Tee, Kakao, Ingwer, Pfeffer und weitere wertvolle Gewürze gedeihen und wo in den letzten Urwäldern Indiens Elefanten, Tiger, Büffel und andere seltene Tiere eine Zuflucht gefunden haben.
Zeugen einer uralten Kultur finden sich überall, sind aber nicht die einzige Attraktion, sodass sich eine Reise nicht in einer Tempeltour erschöpft. Dass Fremde mit großer Herzlichkeit empfangen und verwöhnt werden, hat Tradition. Schon vor rund 3000 Jahren landeten von König Salomo ausgeschickte Handelsschiffe an den Küsten Keralas, 1000 Jahre später erreichte – so besagt eine frühe Überlieferung – der Apostel Thomas das Land, zugleich entstanden die ersten arabischen Handelsposten. Als der Portugiese Vasco da Gama am 20. Mai 1498 mit seiner Landung in Calicut als Erster den Seeweg von Europa um Afrika herum geschafft hatte, stellte er fest, dass hier Anhänger verschiedenster Religionen friedlich zusammenlebten – Hindus, Muslime, Christen und Juden. Bis heute hat sich daran wenig geändert – fundamentalistische Bewegungen haben hier kaum Zulauf, religiös bedingte Auseinandersetzungen zwischen den einzelnen Volksgruppen bleiben seltene Ausnahmen. Durchaus keine Ausnahmen sind dagegen Streiks, von denen immer wieder auch Touristen betroffen sind. Wenn das Transportgewerbe in den Ausstand gerufen wird, müssen schon einmal Reisepläne kurzfristig abgeändert werden. Starke Gewerkschaften und Linksparteien haben traditionell großes Gewicht in Kerala. Deswegen gibt es kaum Industrie. Dafür aber die beste Alphabetisierungsquote in ganz Indien – offiziell 99 Prozent – und ein großes Heer von gut ausgebildeten Fachkräften.

Ungezählten Indiengästen hat Hans-Jörg Hussong den Blick für Keralas Schönheiten geöffnet – hier das »Surya Samudra Resort«.

Eine ungewöhnliche Allianz brachte das zustande: Den *Maharajas* in Kerala war es schon früh ein Anliegen, ihren Untertanen eine gute Ausbildung zu verschaffen, sie förderten deshalb die Gründung christlicher Missionsschulen. Damit war bereits eine solide Grundlage für den Ausbau des allgemeinen Bildungssystems geschaffen, als Indien im Jahr 1948 die Unabhängigkeit erreichte. In Kerala, wo Bürgerliche und Linke einander von Wahl zu Wahl in schöner Regelmäßigkeit ablösen, drangen die Linken auf die Einhaltung der Schulpflicht. *Maharajas*, Missionaren und Marxisten ist es also zu verdanken, dass Kerala das höchste Bildungsniveau aller indischen Staaten aufweist.
Weil es jedoch in der Heimat viel zu wenig Stellen für hochqualifizierte Fachkräfte gibt, arbeiten viele als Spezialisten im Ausland – vor allem in den Golfstaaten. Dank der Petrodollars aus dem Oman, aus Dubai, Abu Dhabi und anderen Emiraten wuchs in ganz Kerala der Wohlstand. Und da der Tourismus auch in Kerala heute die am schnellsten wachsende Industrie ist, fließt viel von dem im Ausland verdienten Geld in den Ausbau von noch mehr neuen Hotels und Ferienanlagen.
God's own Country, so wirbt Kerala für seine Attraktionen. Auch wenn dieser Slogan ziemlich vollmundig erscheint, es ist schon was dran. Wer einmal diese schöne Ecke Indiens bereist hat, hat wirklich fast ein Stück vom Paradies gesehen.

1

2

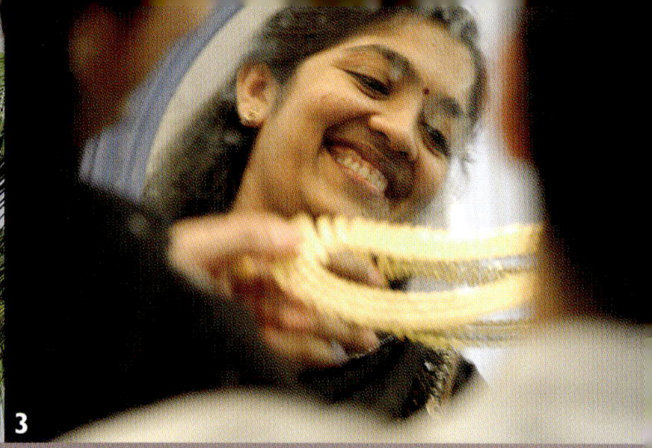

3

4

Fischer, Vögel, Sternennächte

Vembanad-See – Keralas größter See

Beachtliche 84 Kilometer lang, immerhin bis zu 15 Kilometer breit, streckt sich die grün gerahmte Wasserfläche von Kochi bis Alappuzha: das große Herz der Backwaters.

Merkwürdiges sieht man die Fischer tun: Sie stehen im seichten Wasser und schlagen es mit Palmzweigruten. Wenn die Männer Glück haben, ziehen sie gleich mehrere halb betäubte Fische aus dem See. Andere hocken am Ufer bei ihren Angeln, und die meisten sind mit ihren schlanken Booten unterwegs, werfen Netze aus. Der Vembanad-See ist enorm produktiv. Wenn man seinen Fischreichtum auch erst auf dem Markt zu Gesicht bekommt, zumindest die über-üppige Masse der Wasserhyazinthen fällt jedem auf, und man staunt, dass sich in ihrem blau blühenden, grünen Geschlinge nicht jede Schiffsschraube verfängt.

Nicht nur die Tage auf dem See sind ein starkes Naturerlebnis. Die Nächte, zumal die sternklaren, wirken sogar noch mächtiger. Am intensivsten ist die Vembanad-Nacht, wenn man von einem weitab vom Ufer ankernden Hausboot in den Sternenhimmel schaut. Manchmal klingt von fern Musik von einem Tempelfest herüber, hält einen wach.

Das Süßwasser des Sees fließt im Hafen von Kochi in breiten Strömen zum Meer, umgekehrt trägt die Flut Salzwasser in den See hinein. Keralas Flüsse sorgen dafür, dass der See nicht versalzt. Nicht weniger als sechs fließen in den Vembanad-See. An manchen Stellen sollen auch Wassertore helfen, das Gleichgewicht von süß und salzig zu erhalten. Über Flüsse und Kanäle ist der See so vielfältig mit dem Netzwerk der Backwaters verbunden, dass die Großstadt Alappuzha (früher: Alleppey) mit ihren Kais am Fluss zum meistbenutzten Startplatz der Hausbootflotten wurde.

Der Alappuzha-Kontrast: Lärm, Gewühl und Abgase an der N 47, der Nationalstraße, auf der sich der Haupttross von Keralas Nord-Süd- und Süd-Nord-Verkehr mühsam durch die Stadt zwängt. Aber friedlichste Stille ein paar Straßenzüge weiter, ostwärts zu den Backwater-Kanälen und zum Vembanad-See oder westwärts zum Meer hin, wo Häuser sich in Gärten und Baumgrün betten und ein breiter, kahler Strand weltvergessen auf Badelustige wartet. Die Verkehrsdirektoren und Tourismus-Manager, die so gern jedem

1 Gott Vishnu lächelt – am Tempel Ettumanur. **2** Uralt, vielfach umgebaut: Marienkirche in Champakulam, wo die »Schlangenboote« gebaut werden. **3** Beim Juwelier: Goldschmuck löst Glückslächeln aus. **4** Jörg Drechsels »Discovery« beim »Malabar Escape Privacy«.

1 Noch eine Probe der reichen Wandbilder von Ettumanur aus dem 16. Jahrhundert: Krishna hat die Kleider der badenden Milchmädchen versteckt. **2** Ein *Avatar* (= Erscheinungsform) Vishnus: der Eber. **3** Das Goldgeschäft blüht in Kottayam. **4** Beichtstühle in der Marienkirche Champakulam. **5** Fischfang im seichten Vembanad-See.

Platz der Welt den Namen eines berühmten anderen zulegen möchten, haben Alappuzha schon längst zu Keralas »Venedig des Ostens« erklärt. Wegen seiner Kanäle natürlich, die doch in ihrer tropisch-grünen Gemächlichkeit gar nichts gemein mit Venezias steingesäumten Wasserwegen haben. Im 18. Jahrhundert vergrößerte ein Travancore-Herrscher den Hafen, im 19. etablierten sich Kokosfaser- und andere Industrien. Trotz allem: Alappuzha zeigt sich bis heute mit seinen Ladenstraßen und Tempeln als eine typische südindische Mittelstadt – in der nur eben bald 300 000 Menschen wohnen.

Wer Indisches kaufen möchte, findet dutzendweise Gold- und Juwelenläden, ungezählte Gewürzhändler, schöne Textilien, zum Beispiel in einem preisgünstigen *Khadi Gandhi*-Laden und mehr.

Von Alappuzha kann man per Schiff nach Kumarakom gelangen, aber auf Straßen auch in einem Bogen die südlichen Ufer des Sees umrunden – mit einigem Abstand vom See, weil überall Landwirtschaft sich ausbreitet. Kuttanad heißt diese fruchtbare, ebene Region. An ihr haben die beiden heutigen Distrikte Alappuzha und Kottayam teil, die den Großteil des Vembanad-Sees umrahmen (nur im Norden gehört er zum Distrikt Ernakulam). Kuttanad gilt als »Keralas Reisschüssel«.

Wären nicht die Schilder und Tafeln der noblen Resorts um das einst bescheidene Fischerdörfchen Kumarakom, man führe unversehens vorbei, so abgeschirmt von lauter Baum-, Busch- und Pflanzenfülle haben sie sich in ihren geräumigen Arealen am See eingerichtet. Jedes zeigt eigenen Entwurf und Stil, keines behelligt in zu kurzer Distanz seine Nachbarn – und jedes öffnet schöne Ausblicke auf die sonnenblinkende Wasserfläche, die sich hier im Süden am weitesten öffnet. Heute nennt man Kumarakom die »Königin des Vembanad-Sees«. Die »Königin« hat außer den Stätten exquisiter Gastlichkeit – und einigen weniger aufwändigen, doch auch angenehmen Unterkünften – ein Vogel-Schutzgebiet direkt am See zu bieten. Zeitig am Morgen kommen, mit oder ohne Führer, aber möglichst mit einem guten Fernglas, um einige der zuzeiten weit über 100 Arten nah vors Auge zu rücken!

Auch ein »Driftwood Museum« kann man kennenlernen, doch stammt das Treibholz nicht etwa aus dem Vembanad-See, sondern von den fernen Inseln der Andamanen und Nikobaren im Indischen Ozean. Ein pensionierter Lehrer schnitzte die Fundstücke zu Tier- und Menschengestalten, manches wird zum Kauf angeboten.

Spannender, anrührender kann die Begegnung mit den Gotteshäusern der Region werden. Reist man die kurze Strecke zur Distrikthauptstadt Kottayam, findet man dort in zentraler Lage den Thirunakkara-Mahadeva-Tempel, bei einem alten Banyan-Baum. Der Mahadeva-Tempel gilt als beispielhaft für die frühe Tempelarchitektur Keralas. Als Tempelstätte wohl mehr als 500 Jahre alt, entstand der gegenwärtige Bau um 1800 (geschlossen von 12–17 Uhr).
Auf sehr frühe Zeit – um 1550 – geht »St.Mary's Knanaya« auf einem nahen kleinen Hügel zurück, eine Kirche syrischer Christen mit imposanten alten Steinkreuzen. In und um Kottayam – Zentrum der Christen in Kerala – sieht man Hindu-Tempel und Kirchen christlicher Konfessionen in großer Zahl, seltener Moscheen. Eine der traditionsältesten ist die aus Teakholz erbaute Juma Masjid am Meenachil-Fluss, im nahen Thazathangadi-Viertel.
Außerhalb von Kottayam (10 km nördlich) in Ettumanur schmückt ein neuerer dreistöckiger, schlanker Torbau den Shiva-Tempel aus dem 16. Jahrhundert. Das Tempelinnere ist Hindus vorbehalten, doch die großartigen Wandbilder an der Innenseite und im Torgang sind die kurze Fahrt allemal wert. Vielleicht treffen Sie in der Vorhalle auch gerade das Tempelpersonal, wie es Abertausende von Pilgermünzen zählt und die Summen in Folianten verbucht. Dieser Tempel steht im Ruf größten Reichtums.

Vembanad-See und Alappuzha

Anreise und Reisezeit
Über den National Highway NH 47 von Kochi und Thiruvananthapuram zu erreichen, ostwärts über die Western Ghats mit dem Periyar-Nationalpark und mit Madurai in Tamil Nadu verbunden. – Nächster Internationaler Flughafen: Kochi. Beste Reisezeit: September bis März.

Unterkunft
**** ***Coconut Lagoon***, ****/**** ***Kumarakom Lake Resort***, ****/***** ***Taj Garden Retreat Kumarakom***, **** ***Marari Beach***, ****/***** ***Serenity und Privacy*** siehe folgende Doppelseiten.
** ***Waterscapes (KTDC)*** direkt am Vembanad-See, architektonisch originell: 40 Cottages auf Stelzen, mit Swimmingpool, Restaurant, Beer Parlour, Satelliten-TV. www.ktdc.com.

5

* ***Tharayil Tourist Home*** mit zehn Zimmern, teils AC und TV, Veranda, Restaurant, Punnamada Road, Tel. 2 23 35 43.

Sehen und erleben
Backwaters-Hausboote, Kumarakom-Vogelschutzgebiet.
Ruder-Wettbewerbe:
»Alappuzha Nehru Trophy Boat Race« (Schlangenbootrennen, Punnamada, August),»Pulinkunnu Rajiv Gandhi Boat Race« (August), »Payippad Boat Race« (am 3.Tag nach dem *Onam*-Fest, August/September).

Ziele in der Umgebung
Kottayam (Kirchen und Tempel). Ettumanur (Shiva-Tempel). Changassanery – schon im 12. Jh. ließ ein Hindu-König hier einen Tempel, eine Kirche und eine Moschee bauen, bis heute sind die frommen Rituale und Prozessionen miteinander verbunden. 18 km südlich Kottayam.

Auskunft
Alappuzha, District Tourism Promotion Council, opp. Canara Bank, Boat Jetty Road, Tel. 04 77-2 25 33 08, 2 25 17 96, Website: alappuzhatourism.com
Inditravel, im *Taj Garden Retreat Kumarakom*, 1/404, Kumarakom, Kottayam 686563, Kerala, Tel. 04 81-2 52 43 77, Fax: 2 52 43 71, E-Mail: tgripl.kmr@tajhotels.com
Website: www.keralatourism.org

Im Gleichgewicht mit der Natur

Coconut Lagoon Heritage Resort

In Kerala erzählt man sich von Kuttanad, dem »Wunderland«, es habe lange Zeit unter dem Meeresspiegel gelegen, bis sich der Ozean endlich zurückzog und Kuttanad ans Tageslicht kam. Wer einmal die Meeresmuscheln gesehen hat, die in Mengen auf dem Boden der Backwaters zu finden sind, wird dieses Stück Schöpfungsgeschichte nicht für abwegig halten.

Doch rund anderthalb Jahrhunderte schon existiert dieses Haus, man weiß, dass es 1860 erbaut wurde und bis 1993 einer Brahmanenfamilie gehörte. Ähnlich ist auch das Restaurant ein imposantes Zeugnis traditioneller Baukunst, ein *ettukettu*, also ein Gebäude mit zwei Atrium-Öffnungen unter dem Dach und mit einer Vielzahl schlanker Säulen – sehr fotogen!

»Heritage«, Erbe früherer Zeiten, sind nicht nur diese beiden Gebäude, sondern ebenso alle Häuser der Gäste. Nämlich entweder »Mansions« mit einem weiteren Stockwerk über dem Erdgeschoss oder »Heritage-Bungalows«. In den »Mansions« hat man das Schlafzimmer oben, teils mit bester Aussicht auf den Vembanad-See. Schon in der ersten Hälfte der Neunziger Jahre des 20. Jahrhunderts, einige Zeit vor dem Boom des Kerala-Tourismus,

Nur auf dem Wasserweg erreicht der Gast das »Coconut Lagoon Heritage Resort«, einen besonders schönen Winkel des Landes Kuttanad. Und wenn nach gut zehn Minuten Fahrt das Boot an der Mündung des Kavanar-Flusses in den Vembanad-See ankommt, die sonnige Weite des Sees sich dem Blick offnet, atmet man unwillkürlich tief durch: welch Glanz der Natur! Mit dem Schiff anzukommen hat immer seinen eigenen Reiz. Nicht draußen am Rande des Resorts wird angelegt, man fährt wie durch ein hohes Tor in das Palmen-areal ein bis unmittelbar vor die Empfangshalle. Gleich wird es Begrüßungskränze und einen kühlen Trunk für die Gäste geben. Das Empfangsgebäude ist ein echtes *nalukettu*, ein Haus aus alter Zeit, angenehm luftig mit dem für Kerala typischen offenen Innenhof. So gepflegt ist das Teakholz und jedes Detail der Schnitzerei an den Säulen und Dachbalken, dass mancher es für neu halten mag.

sammelten die Dominic-Brüder diese historischen Häuser (*tharawads*) aus den Dörfern, wo sie zu verfallen drohten. Zimmerleute, die sich noch mit den kunstvollen Holzbauten im Stil des *thachu shastra* auskannten, wurden von den Dominics beauftragt, jedes einzelne zu zerlegen und an der Coconut Lagoon wieder zusammenzusetzen. Wer sich professionell dafür interessiert, erkundigt sich nach Bhaskaran Ashari, dem Chef des Teams.

Palmwipfel über sorgsam gepflegten Rasenflächen, schmale Wasserläufe mit gewölbten Brücken, steinerne Skulpturen – und am Ufer eine Promenade mit schönsten Ausblicken auf den See: Entscheiden Sie, ob Sie eine Bank oder eine Hängematte vorziehen! Für einen Schmetterlingsgarten hat sich auch noch Platz gefunden. Der ist aufmerksamen Mitarbeitern zu verdanken. Denn denen fielen die *butterflies* auf, die sich über dem feuchtwarmen Laub wohl-

1 Restaurierte »Heritage-Bungalows«, die in Einzelteilen aus anderen Regionen zum Vembanad-See gebracht und hier wieder aufgebaut wurden. **2** Der Vembanad-See wird nicht zum Baden empfohlen, stattdessen ein großzügig bemessener Swimmingpool. **3** Junggast beim Trommelversuch. **4** Ein *Toddy Tapper*, zu deutsch Palmsaft-Zapfer.

fühlten und von einer bestimmten Blütenpflanze angezogen wurden. Also ein friedlicher Platz! Ja, es ist friedlich, doch nicht immer herrscht Stille und Schweigen. Stille, liest der Gast in einer Eigenbeschreibung der »Coconut Lagoon«, sei nicht die Art der Natur. Und man erinnert ihn an das »Kumarakom Bird Sanctuary«, das Vogelschutzgebiet gleich gegenüber, auf der anderen Seite des Flusses; geräuschvolle Nachbarn wohnen dort!

Mit den Vögeln, fanden wir, lässt es sich auskommen, und als Zuflucht vor dem Lärm der Verkehrs- und Maschinenwelt gibt es nicht viele Plätze so schön wie diesen. Das Reisemagazin »Condé Nast Traveller« wählte unlängst die weltweit besten »Getaways« aus und nahm die »Coconut Lagoon« unter die ersten 25 auf. Die Dominic-Brüder nennen ihre »Coconut Lagoon« einen Versuch, »die Erfahrung Kerala in einer Essenz einzufangen und dem Gast in einer einzigartigen Gestalt anzubieten – ohne irgendetwas hinzuzufügen, was nicht schon dazugehörte«. Das kann man mit allen Sinnen wahrnehmen, von den Kerala-Spezialitäten der Küche bis zu der Kerala-Architektur, in der man wohnt, von der Musik bis zu den Tanzdarbietungen und immer wieder an der lebendigen Natur, an Gras und Baum, See und Wind, Vogel, Fisch und Schmetterling.

*****/****Coconut Lagoon Heritage Resort** (cghEarth). Fern vom Autoverkehr am Vembanad-See, mit 14 »Heritage-Mansions« und 28 »Heritage-Bungalows«, *ettukettu*-Restaurant und »Fort Cochin«-Seafood-Restaurant, Swimmingpool, Schmetterlingsgarten, Ayurveda-Zentrum, Tanz- und Theateraufführungen, Hausboot-Exkursionen, Kunsthandwerksladen. Ausflugstipp: Philipkutty's Farm, auf einer Insel.
Buchung: cghEarth, Casino Building, Willingdon Island, Kochi, Kerala, India-682003, Tel. 0484-2668221, -2668821, Fax 2668001, Zentrale Buchung: Tel. 0484-3011711
Website: www.cghearth, E-Mail: contact@cghearth.com

… und vor Ihrer Tür der Pool

Kumarakom Lake Resort

Sie suchen das Besondere, Exquisite? Auch wer schon in sehr viele Swimmingpools getaucht ist, hat einen wie diesen wahrscheinlich noch nie genossen. 250 Meter lang schlängelt er sich durch die Villen-Landschaft des »Kumarakom Lake Resort«. Dieser gepflegte, reine Wasserlauf macht's möglich: aus der Glastür seiner »Pool Side Villa« auf einen privaten schattigen Ruheplatz hinauszutreten und gleich in das kühlende Nass zu steigen, mit einer Bewegungsfreiheit jenseits aller herkömmlichen Swimmingpool-Erfahrung. Ein Luxuserlebnis der erfrischendsten Art.

1

2

3

Das »Kumarakom Lake Resort«, um die Jahrtausendwende eröffnet, hat sich rasch bei den Spitzenadressen Keralas platziert. Pool-Side-Villen sind da nur eine der drei Wohnmöglichkeiten. Das 25 Acre-Gelände – also mehr als 100 000 Quadratmeter – hat Platz genug für insgesamt 50 Villen, auch *Cottages* genannt. Davon sind 22 einzeln stehende »Heritage-Villen«, *illams*, ehemalige ländliche Gehöfte, heißt es, die aus verschiedenen Dörfern Keralas hierher gebracht, genauer, mit aller Sorgfalt dort abgebaut und im »Kumarakom Lake Resort« wieder errichtet wurden. Sie zeigen die typischen dreieckigen Giebelabschlüsse unter frisch hellrötlichen Ziegeln, die schön geschmiedeten Messingriegel alten Designs an den Türen, eine Fülle historischer Schmuckelemente und Mobiliar aus geschnitztem und poliertem Holz. Moderne wandhohe Fenster öffnen Ausblicke, großformatige Bilder vergegenwärtigen Szenen der alten Hindu-Epen.

Noch mehr Luxus und Eleganz? Für höchsten Komfortanspruch und für die wirklich groß dimensionierte Urlaubskasse hält das »Kumarakom Lake Resort« zwei Präsidenten-Suiten bereit, jede eine opulente Villa mit eigenem Swimmingpool und fast schon riesiger überdachter Terrasse, vis-à-vis der weiten Wasserfläche des Vembanad-Sees.

Luxuriös und schön zu wohnen ist der eine Reiz des »Kumarakom Lake Resort«. Ein ganzes Bündel anderer Verlockungen kommt noch hinzu, hier nur einmal mit Stichworten aufgezählt: die gute, auf hohe Ansprüche vorbereitete Küche (Shrimps und Hummer!), die heilsamen, verjüngenden Ayurveda-Kuren, die Exkursionen in die Backwater-Kanäle und zum Angeln im Vembanad-See. Dazu noch etliche weitere Aktivitäten, vom Radfahren bis zum Fitnesstraining im Health Club, vom Töpfern bis zum Billardspiel. Auch für Kinder ist mit einer kleinen Halle voller Spiele gesorgt.

Wer den Kontakt mit der Welt im Internet nicht missen möchte, findet ihn mühelos dank »Wireless Internet Connectivity« (Wi-Fi),

1 Originell: ein Wasserlauf als Swimmingpool. **2** Nach Mustern der klassischen Tempelbilder Indiens: Hindu-Legenden in Gastzimmern. **3** Zuständig fürs Kulinarische: ein Koch aus Nepal. **4** Schmiedekunst an Schloss und Riegel. **5** Ayurvedischer Spezialguss.

das in allen Villen zu haben ist, zu bezahlbaren Gebühren. Sogar für richtiges Arbeiten ist das »Kumarakom Lake Resort« mit einem Konferenz-Zentrum eingerichtet.

Der glückliche Urlauber darf all die Möglichkeiten neuester Kommunikationstechnik ignorieren und sich auf die erneuernden und erfrischenden Möglichkeiten des »Kumarakom Lake Resort« einlassen. Dazu kann schon eine Reihe ruhiger Tage inmitten der grünen Landschaft am See überaus förderlich sein, ob in Tageshelle genossen oder im Mondschein. Speziell empfehlen sich jedoch die Ayurveda-Kuren, die im »Lake Resort« an einem besonderen, traditionellen Ort geboten werden: im »Ayurmana«, dem kostbarsten Heritage-Gebäude des Resorts. Das »Ayurmana« stand ursprünglich in einem Kerala-Dorf namens Puthenhav und wurde schon vor einem Jahrhundert von einer weithin berühmten Heilerfamilie bewohnt.

Dieses historische Gebäude ist an einem stimmungsvollen Platz unmittelbar am Seeufer wieder aufgestellt worden. Unter seinem breiten Giebeldach wirkt es langgestreckt, denn es ist ein Vier-Flügel-Komplex, ein sogenanntes *nalukettu*, das um einen Innenhof gebaut ist. Mit den jahrtausendealten Behandlungsmethoden modern geführt, wurde das Ayurveda-Zentrum des »Kumarakom Lake Resort« von Keralas Regierung mit dem »Green Leaf« ausgezeichnet. Jede Ayurveda-Behandlung beginnt hier übrigens mit Atemübungen. Zahllose »Lake Resort«-Gäste erinnern sich gerne an die frühen Morgenstunden, in denen sie mit dem Blick auf den See atmend die Arme zum Himmel hoben.

**** **Kumarakom Lake Resort** Mitglied der »Small Luxury Hotels of the World«. Direkt am Vembanad-See auf sehr großem Grundstück, mit Heritage-Villen (22), mit Pool Side-Villen (26) an einem 250 Meter langen mäandernden Swimmingpool und mit zwei Präsidenten-Suiten. Garten-Bäder unter freiem Himmel. Zwei Multi-Cuisine-Restaurants, Ayurveda-Zentrum »Ayurmana«, Töpferei, Handicraft-Laden, Health-Club, Billard, Konferenzraum, drahtloser Internet-Anschluss. Wassersport, Backwater-Touren und Angel-Exkursionen. Vom Kochi International Airport rund 70 km entfernt, nächster Bahnhof Kottayam (14 km).

Kumarakom North Post – Kottayam, Kerala India 686 566,
Tel. 0481-2524900, 2524501, Fax 0481-2524987,
kostenlose Reservierung 1600445530 (in Indien),
E-Mail: klresort@ vsnl.com, Website: klresort.com

Tropenflora zum Träumen

Taj Garden Retreat Kumarakom

Wasser und Land gehen am Vembanad-See kaum merklich ineinander über, und das Taj-Management macht gästefreundlichen Gebrauch davon. Eine einstige Lagune verwandelte sich in einen kleinen See oder auch groß geratenen Teich, heute heimelig

1

2

umrahmt von Spazierwegen und reichem Gartengrün, aus dem Villen und Cottages hervorschauen. Ein Hausboot liegt am Ufer oder in seinem Bootshaus, zuweilen nimmt es Fahrt auf. Wer die weiten Ausblicke vorzieht, die Wolkenspiele über dem Vembanad-See genießen möchte und Bootsausflüge, ist zu Fuß in wenigen Minuten am Ufer. An einem soliden Steg schaukelt ein stattliches Taj-Hausboot in sanfter Dünung, messinggolden glänzt der Steven.

Erst vor kurzem entstanden direkt am See Taj-Luxusvillen vom Feinsten, mit privatem Pool samt Jakuzzi-Wasserspaß. Vor den großen Glastüren zwischen Zimmer und Veranda erstreckt sich die Wasserlandschaft des Vembanad-Sees bis zu den grünen Küsten, ein Prachtpanorama. Andere Luxusvillen und Luxuszimmer mit traditionellem Kerala-Dekor blicken auf Garten, Seerosenteich oder den 2005 erneuerten Swimmingpool.

Tatsächlich gehört das »Garden Retreat Kumarakom« zu den Taj-Hotels mit historischer Architektur. Das Haupthaus ist sogar älter als Indiens berühmtestes Hotel, das »Taj Mahal«-Hotel in Mumbai (Bombay). Das »Taj Garden Retreat« strahlt mit seinen Restaurants und Salons nostalgischen Charme aus, es wäre noch immer eine stimmige Location für die Verfilmung eines viktorianischen Indien-Romans. Damals allerdings, hören wir beim Dinner auf der Veranda, beherbergte das um 1880 erbaute Giebelhaus keine Hotelgäste, sondern war der Wohnsitz des Henry Baker, eines britischen Missionars. Der erwarb vom Travancore-*Maharaja* das umliegende Areal aus Kokospalmwäldern und Paddy-Feldern (das sind die leuchtend grünen Reisfelder), rund 1200 Hektar. Der Besitz wurde von Generation zu Generation vererbt. Doch nach der Gründung des Bundesstaats Kerala 1956 galten unter der kommunistischen Regierung neue Gesetze, eine Bodenreform gab den abhängigen Bauern eigenes Land. Großgrundbesitzer wurden zum Verkauf genötigt, mehr als sechs Hektar sollten niemandem gehören. »Baker's Villa« wurde Regierungsgästehaus und endlich 1996 zum Taj-Hotel.

Seither ist das »Garden Retreat«, wie wir von Besuch zu Besuch beobachten konnten, immer noch attraktiver geworden. Der herrliche alte Baumbestand forderte die Gärtner heraus, und im Laubschatten, unterstützt vom hinreichend feuchten Boden schufen sie eine arten- und üppig blütenreiche Komposition aus Büschen und Bodenpflanzen. Kleine Schildchen stellen den botanisch Interessierten die Flora mit lateinischen und/oder englischen Namen vor. Mindestens ebenso dankenswert: Die Doppel-Cottages sind so geschickt mit Grünwuchs umgeben, dass sich die Bewohner auf

3

4

5

6

1 Komfort-Bungalows mit Blick auf den hauseigenen See. **2** Das Haupthaus mit Restaurant, einst *Maharaja*-Besitz, dann von einem britischen Missionar erworben. **3** Viele Vögel sind hier heimisch, die Bungalows heißen nach ihnen. **4** Schönheit am Wege! **5** Ruhesitz – ungestört im Grünen. **6** Gästetreff vor und nach den Mahlzeiten.

den überdachten Terrassen ganz privat fühlen können und kaum bemerken, dass sie Nachbarn haben.

Natürlich sind die Gäste tagsüber auch öfters außer Haus – wer in den Backwaters urlaubt, möchte die Seen und Kanäle erkunden, auf dem Hausboot oder mit eigener Kraft per Ruder- oder Paddelboot. Hochgeschwind geht es mit dem *Jet scooter* oder beim Wasserski. Andere Taj-Angebote: Radausflüge in die Dörfer, wo man sich »Toddy«, den Kokosnuss-Schnaps, zu Fischcurry und Tapioka schmecken lassen kann, Rundgänge in den Städten Alappuzha – am Meer – und in Kottayam im Hinterland, Angeln bei Tag oder Nacht, Exkursionen zu Keralas Kunst und Literatur, zu Tempeln oder zum Dorf Ayyamanam, Schauplatz des weltberühmten Romans von Arundhati Roy, »The God of Small Things«, 1997 erschienen. *Kathakali*-Theater und die traditionelle Kampfkunst *kalaripayattu* werden vorgeführt. Noch mehr? Das Ayurveda-Zentrum steht bereit, ebenso das Fitness-Zentrum, Indoor Games, Bibliothek und Töpferei, Kinderprogramme samt Baumhaus.

Erholsame Abende runden solche erlebnisreiche oder auch ruhige Tage ab, immer genießt man die kühlere Nachtluft. Und mancher Abend glänzt unvergesslich, wenn alle Giebel und Dächer Girlanden mit Lämpchen tragen und sich die Lichter im Wasser spiegeln.

****** Taj Garden Retreat Kumarakom** Ein britischer Missionar des späten 19. Jahrhunderts war erster Bauherr, jüngst wurde wieder renoviert. Bungalows, Cottages und moderne Luxusvillen um einen künstlichen See, Gärten im Baumschatten, Swimmingpool, Haus- und Sportboote. Restaurant »Baker's Dining Room«, »Sunset Bar«, Fitness-Zentrum, Kinderbetreuung, Mietwagen, Ayurveda, Exkursionen. Geschäftsservice (Breitband-Internetanschluss).
Vom Kochi Airport etwa 70 km entfernt, nächster Bahnhof Kottayam etwa 14 km.

1/404 Kumarakom, Kottayam, Kerala-686563, Tel. 0481-2524377 und 2525711-6, Fax: 2524371, E-Mail: retreat.-kumarakom@tajhotels.com, Website: www.tajhotels.com

Lust auf Strand, Meer und Palmen

The Marari Beach

So weit man nach Norden schaut, so weit man nach Süden blickt: sonnenheller Strand, fast menschenleer, nur die dunklen Boote der Fischer liegen da und dort im warmen Sand. Das ist heute kaum anders als vor Jahrzehnten, als die Dominic-Brüder der cghEarth- die damals noch »Casino-Group« hieß – an der Malabar-Küste

1

Ausschau hielten und hier den Standort für das »Marari Beach«-Resort fanden. Nun lässt die Arabische See ihre glitzernden klaren Wellen unabsehbar weit ans Ufer rollen, ebenso unabsehbar erstreckt sich die Front der Palmenwipfel am Strand, spendet mit ihren breiten Blattrispen den erwünschten Schatten. Warum also errichteten die Dominics gerade hier ihr Resort?

Die Gründe, die damals für diesen traumschönen Platz sprachen, gelten bis heute. Da ist vor allem die so günstige Lage: Die Doppelstadt Kochi-Ernakulam – mehr als eine Million Einwohner – ist weit genug entfernt, um die grüne Natur nicht einmal mit ihren Ausläufern zu beeinträchtigen. Vom internationalen Flughafen Kochi sind die Gäste aber schon nach einer guten Stunde an ihrem Ziel. Wer von Keralas Hausboot-Zentrum Alappuzha (früher: Alleppey) zu

2

einer Backwater-Tour aufbrechen will, braucht von »Marari Beach« nur etwa eine Viertelstunde.

In »Marari Beach« sind die Gäste aus aller Welt ungestört, jedoch auch nicht isoliert vom indischen Leben. Seinen Namen hat »Marari Beach« von dem benachbarten Fischerdorf Mararikulam. Täglich rudern die Fischer hinaus. Man kann zuschauen, wie sie nach nächtlichem Fischfang am Morgen durch die Brandungswellen zurückkehren, von den Frauen am Strand erwartet, und wie sie ihre Boote an Land ziehen, mit Gesängen, die bereits Generationen vertraut sind. Fährt oder radelt man von »Marari Beach« zum National Highway NH 74, kann man durch ein bunt bemaltes Tor in das Areal des Hindu-Tempels eintreten. Oder bei einem Dorfbesuch die Handwerker beobachten, beim Juteweben oder beim Verarbeiten der Kokosnussfasern zu Seilen.

Respekt und Rücksichtnahme bei der Begegnung mit den Fischern und Dorfbewohnern ist erwünscht. Am morgendlichen Strandmarkt der Fischer und ihrer Frauen – die in bodenlangen Kleidern kommen – haben wir schon erlebt, wie sich Europäerinnen im Mini-Bikini herandrängten, offensichtlich völlig blind für die anderen Lebensgewohnheiten der Dörfler und die Peinlichkeit ihres eigenen Auftritts. Kerala ist nicht Mallorca, Nacktbaden offiziell verboten. Übrigens hat das »Marari Beach«-Management ins »Service Directory« einen guten Rat gesetzt: »Never ever, stray too far from the resort in your beach attire – or other scanty clothing ...

1 Teils unter freiem Himmel: Badezimmer. 2 Geräumig-komfortable Bungalows, mit Elefantengras gedeckt. 3 Ayurveda-Dampfbad: hitzig bis zum Hals. 4 Naturnahes Resort mit breitem Strand und sehr großem Swimmingpool. 5 Rustikaler Wegweiser. 6 Freude an frischen Blüten!

Protect their culture and you're protecting yourself.« Kleinigkeiten sind oft so wichtig, können entscheiden, ob man sich inmitten aller tropischen Natur rundum wohl fühlt oder nicht. In den Marari-Beach-Cottages kann der Gast jederzeit nicht nur seinen Kaffee oder Tee bereiten, er hat auch einen Kühlschrank mit Trinkwasser, Säften und Bier. Vom Zimmerservice kann er sich ihn mit allem auffüllen lassen. Übrigens sind Kaffee und Tee im Restaurant gratis, nur wenn vom Zimmerservice gebracht, erscheinen sie auf der Rechnung. Auch braucht sich niemand in seiner Urlaubsruhe stören zu

lassen, es genügt ein Kärtchen »Don't disturb« respektive »Please make my room« an die Tür zu hängen.
Jeden Marari-Morgen empfanden wir schon beim kurzen Weg vom Cottage durch den lichten, hochstämmigen Palmenwald zum Strand starke Freude. Man ist um diese Zeit meist noch allein, bis auf einen Strandwächter. Ein Stück planetarische Weite zwischen Meer und Himmel ist zu erleben. Und am Abend steigern feurige Sonnenuntergänge das Erlebnis. Gerade jene Tage, an denen man keine Exkursion, keine Backwater-Erkundung vorhat, stehen in bester Erinnerung: So angenehm stimmig ist das weitläufige Resort-Gelände, so gut das Restaurant, so erholsam die Veranda des eigenen Cottage.

******Marari Beach Resort** Gehört zur Hotelgruppe cghEarth. Beim Dorf Mararikulam. 52 Villen mit Air-Condition (Garden Villas, Garden Pool Villas und Deluxe Pool Villas), mit Kerala- und internationaler Küche, Bar und Strandbar. Ayurveda-Zentrum *(resident doctor)*, Yoga und Meditation. Sport: Tennis, Tischtennis, Volleyball. Leifahrräder. Umkleidemöglichkeit und Duschen am Swimmingpool. Strandwächter am Meer, Floß, Hängematten. Exkursionen. Laden mit Kunsthandwerk, Büchern, Textilien und mehr. 90 Kilometer vom Flughafen Kochi, 60 Kilometer von der Stadt Kochi, 17 km von Alappuzha.

Buchung: cghEarth, Casino Building, Willingdon Island, Kochi, Kerala, India-682003, Tel. 04 84-2 66 82 21, -2 66 68 21, Fax 2 66 80 01, Zentrale Buchung: Tel. 04 84-3 01 17 11
Website: www.cghearth, E-Mail: contact@cghearth.com

Grünes Glänzen zwischen See und Gebirge

Serenity und Privacy

Die gewichtigste Anwohnerin liebt den Schatten und gibt sich schweigsam. Von Neuankömmlingen wird sie erst einmal übersehen. Doch spontan entschließen sie sich dann, einige Stunden oder gar einen ganzen kostbaren Kerala-Tag mit ihr zu verbringen. Wir sprechen von einem Landhaus inmitten von Plantagen und Bergwäldern, von einem »Escape« abseits aller Hast und Unruhe, von »Serenity«. Dies bedeutet übersetzt Heiterkeit, Gemütsruhe, Gelassenheit. Und wir reden von der gewichtigen Lady namens »Lakshmi«, die als eine Elefantenfrau von 30 Jahren solche Eigenschaften auch zeigt und darum aufs Beste geeignet ist, »Serenity«-Gäste durchs benachbarte Dorf und die Plantagen zu tragen.

1

2

3

4

Vijay, der ein recht eigenes Englisch sprechende *mahout*, der Elefantenführer, half rasch über anfängliche Zweifel hinweg, ob man ohne *howrah*, den hölzernen Elefantensitz, auf dem breiten grauen Rücken Halt fände und wie denn allein schon der Aufstieg zu bewältigen sei. Als wir am Ende wieder abstiegen – Vijay hatte uns zu Fuß mit seinem Stöckchen begleitet –, waren wir uns sicher: Man kann sich auf keine andere Weise geruhsamer und erholsamer durch diese paradiesisch reichen Pflanzungen von Gummibäumen und Kokospalmen, von Ananas, Papaya und Bananen, von Pfeffer und Kardamom bewegen. In einer *howrah* sitzend, hätten wir zudem nicht so unmittelbar bei jedem Schritt Lakshmis Kraft in ihren Elefantengliedern und Gelenken gespürt.

Auch »Serenity«, wie es sich heute darbietet, ist ein Design-Werk Jörg Drechsels (siehe Seite 38). Das geräumige, vor nicht ganz 100 Jahren errichtete Gebäude – Erdgeschoss, Obergeschoss, ziegelgedecktes Giebeldach – hat sich mit dem Einzug frischer pastellener Farben verjüngt. Mit ausdrucksstarken indischen Kunstwerken – einigen respektabel antiken wie etlichen erst jüngst geschaffenen – hat jeder Raum ein eigenes Gesicht bekommen. Zur Einrichtung gehört kein Kleinkram, keine Nippes! Bequeme moderne Möbel dominieren oder auch ein hohes geschnitztes Four-Poster-Bett, mit einem Fußbänkchen davor, das den Einstieg erleichtert. Nur sechs Gästezimmer sind vorhanden, das kommt der köstlichen Ruhe der als »Kannam Estate« bekannten Plantage zugute.

Vom frühen Morgenlicht bis in die sternenglitzernde Nachtkann man diese »Escape«-Abgeschiedenheit genussvoll erleben. Auf der breiten Veranda wird zum Tagesbeginn Kaffee und Tee, Toast und Ei und ein üppiger Obstteller serviert, am Abend genießen die Seafood-Liebhaber bei Kerzenlicht Prawn-Suppen und Riesen-Prawns in ihren roten Panzern. Tagsüber finden fotografierende Blumenfreunde kein Ende. Zur Abkühlung ist der Swimmingpool gleich vor der Tür. Man plaudert, liest, unternimmt Rundgänge, schaut in das Dorf, wo fast alle Christen sind. Oder man macht gar nichts, lauscht den Vögeln, gönnt sich eine Traumzeit.

Wollen Sie romantisch ganz allein mit Ihrem oder Ihrer Liebsten sein oder niemanden außer Ihrer Familie um sich haben? Da ist »Privacy« genau das Richtige für Sie: Der Tisch wird Ihnen auf Wunsch direkt am Ufer des Vembanad-Sees gedeckt, noch vor der Terrasse, und in Ihrem Schlafzimmer – ein großes rustikales Bett mit Spiegeln, dazu moderne Beleuchtung – hören Sie den leichten Wellenschlag. Es gibt ein zweites Schlafzimmer. So kann eine Familie einziehen oder Freunde, doch kein fremdes Paar. Die Qualität

5

von Service und Küche entspricht dem Malabar-Anspruch, ein Boot kann man mieten. »Ideal, um stadtmüde Seelen zu verjüngen«, lobte die Zeitschrift »Design Today«. Wer länger bleibt und sich auch einmal in Kochi umsehen möchte, ist mit einem Leihwagen in einer knappen Stunde dort.

Als Alternative zu diesem »Privacy« lädt seit 2006 unter gleichem Namen ein sorgsam renoviertes historisches Kerala-Haus ein, ebenso komfortabel, eine Suite mit zwei Schlafzimmern und mit hinreichendem Abstand zum oben beschriebenen Bungalow.

6

1 Schöne Natur, in klare Architektur gefasst – bis hin zum Ruheplatz über Wasserpflanzen: »Privacy«. **2** Ein Gutshaus von großzügiger Raumgliederung: »Serenity«. **3** Lotosblüte. **4** Obstteller. **5** In »Privacy« leben. **6** Bananenstärkung für den Haus-Elefanten.

**** **Serenity** Aus dem Gutshaus einer Gummibaumplantage in ein Hotel verwandelt. Vorzügliche Küche mit Bioprodukten, auch Kochkurse. Swimmingpool, Fitness-Raum, Musik- und Theatervorführungen, Elefantenritte, Spaziergänge durch Gewürzplantagen, Ausflüge im antiken Ochsenkarren, Leih-Mountainbikes, Exkursionen. Ayurveda-Massagen, Yoga-Programm (*shivananda yoga vedanta*), geleitet von Sri Narayanyji. Nur sechs Gastzimmer. 110 km von Kochi, 90 km vom Periyar-Nationalpark, 30 km von Kottayam, günstiger Abstecher von der Route Kochi-Periyar.

**** **Privacy** Direkt am Vembanad-See, gegenüber von Kumarakom, eingebettet in Kokospalmen und Rasenflächen. Mit angenehmem Service und guter Küche, mit Boot und Auto erreichbar, Leih-Mountainbikes, traditionelles Rennboot mit geräuschlosem Elektroantrieb, Startpunkt für Backwater-Fahrt mit Hausboot »Discovery«. 45 km von Kochi, 65 km vom Flughafen Kochi. Buchungen über »Malabar House« (Seite 35).

Millionen Zeitungen auf Malayalam

V. K. Soman

Jetzt 30 Jahre im Journalismus. Begann die Laufbahn mit »Veeksham«, dem Blatt der Congress-Partei. Wechselte dann zu »Malayala Manorama«, Indiens Tageszeitung mit der höchsten Auflage (1 100 000). Begann mit investigativen und Human-Interest-Storys. Für einen Artikel über Geisteskranke ließ er sich in Thiruvananthapuram in der Nervenheilanstalt als Patient aufnehmen, ohne seine Identität zu nennen; sein Artikel brachte ihm einen Nationalpreis. Ein anderer Erfolg war seine Story über Rajiv Gandhis Mörder. Zum politischen Korrespondenten befördert, stürzte er zwei Ministerien. In den letzten vier Jahren war er Direktor des »Instituts für Journalismus« in Thiruvananthapuram. Er machte TV-Sendungen, u. a. eine berühmte über den Banditen Veerappan. Jetzt arbeitet er als freier Journalist und Medienberater im In- und Ausland.

Er ist Eigentümer des Kalappuram-Farmhauses, mit neuem Konzept für Heritage- und Öko-Tourismus und Direktor von COMINDIA, dem indo-deutschen Tourismusunternehmen.

Die erste Erwähnung Keralas, des meistgenannten Bundesstaates auf dem indischen Subkontinent, ruft ein wohltuendes Bild hervor. Ein Alphabetisierungsgrad von 91 Prozent, der damit der höchste in ganz Indien ist und dem der USA entspricht, ein ausgebautes Gesundheitssystem, politisches Bewusstsein und religiöse Toleranz machen Kerala zu »Gottes eigenem Land«, wie es gemeinhin genannt wird. Die mystische Schönheit und die zauberhaften Reiseziele lassen den Besuch Keralas zu einem denkwürdigen Erlebnis werden. Dies und vieles mehr geschieht jetzt und auch künftig dank der Schlüsselrolle der Medien.

Längst vergangen sind die Zeiten des »Rajyasamacharam« und des »Paschimodayam«, der von Dr. Hermann Gundert 1847 (siehe Seite 168) gegründeten ersten Zeitungen Keralas. Diese Periodika, die Beiträge zur Geografie, Geschichte, den Naturwissenschaften und sogar zur Astrologie brachten, können keinem Vergleich mit den Hightech-Magazinen und Zeitungen unserer Tage standhalten. Die Malayalam sprechenden Menschen verfügen heute über rund 1140 Tages- und Wochenzeitungen sowie Monatszeitschriften mit einer Gesamtauflage von über 10 Millionen Exemplaren. Größte Tageszeitungen sind »Malayalam Manorama« (ca. 1 100 000 Auflage), »Mathrabhumi« (1 000 000 Exemplare) und »Kerala Kaumadi« (135 000 Exemplare). Überraschend ist die Kontinuität der ältesten Zeitungen Keralas. So erscheint das zweisprachige Wochenblatt »Satyanadam« seit 1876 und »Deepika Daily« wurde 1887 gegründet.

Allen zugängliche Kanäle

In der Welt der Hörfunk- und TV-Kanäle sowie der visuellen Medien entfaltet sich eine weitere Geschichte. In dem sich verstärkenden Konkurrenzkampf folgen die Sender von Kerala dicht auf die in Hindi sendenden Kanäle. Gegenwärtig gibt es in Kerala 13 Fernsehsender, und ihre Zahl wird sich erhöhen, wenn finanzstarke Unternehmen wie Malayala Manorama Group ihre Sender MMTV, Yatra Group aus Thiruvalla, Powervision u. a. starten. Kerala rühmt sich, der indische Bundesstaat mit den meisten Fernsehsendern zu sein. Wichtigster Sender ist Doordarshan mit etlichen Tochtergesellschaften wie Asianet, Asianet Plus, Asianet Global, Surya, Kiran, Kairali, People, DD-4 usw.

Was die Hörfunkkanäle betrifft, so verteilen sich auf ganz Kerala sieben Zentren des All India Radio (AIR) – Thiruvananthapuram, Alappuzha, Thrissur, Kozhikode, Kannur, Kochi FM und Devikulam. Außerdem gibt es ein Produktions- und Sendezentrum in Lakshadweep, das vor allem in Malayalam sendet.

Die große Vielfalt an Hörfunk- und TV-Programmen sowie an spezialisierten Periodika und Zeitungen ist umstritten. Jeder Medientyp ist bestrebt, ein höchstes Maß an »Infotainment« zu bieten und sucht sich im »Überlebenskampf der Stärksten« durchzuschlagen. Es gibt spezielle Programme und Beiträge für Kids ebenso wie für Senioren, für die »Rund um die Uhr fleißige Hausfrau« ebenso wie für die Durchschnittshausfrau. Die »Schlacht der Wörter« setzt sich dort fort, wo jedes Medium uns ständig und umfassend zu beeindrucken versucht. Angesichts des Quotenzwangs führen die Medien Tombolas, Geschenkcoupons und Sonderangebote ein, um eine leichte Erweiterung der Leser- oder Zuschauerschaft zu ihren Gunsten zu erreichen. Sie lassen nichts unversucht, sich wie Blut-

In Kerala wird allerorten Zeitung gelesen, wenn's gerade passt, nimmt der *mahout* unter seinem Elefanten Kenntnis vom Neuesten.

egel an Ihre Haut zu heften. Neben den traditionellen Medien haben sich die »neuen Medien« oder, genauer gesagt, das Internet als das jüngste Medium in Kerala etabliert. »Akshaya Kendra«, ein unternehmerisches Projekt, das unter anderem auch Einführungsprogramme in die PC-Welt veranstaltet, erhob den Bezirk Malappuram zu seinem ersten Zentrum und zu Keralas erstem »Bezirk für elektronische Medien«. Nächstes Ziel ist es, dieses Projekt auf sieben weitere Bezirke des Bundesstaates Kerala auszuweiten. Das Projekt will vor allem Computer-Kompetenz ausbreiten, es unterstützt aber auch soziale Unternehmer.

Hier tritt aber eine Frage auf: Sind die Medien, die bis jüngst noch ein Marketinginstrument waren, im Begriff, sich zu einem Produkt zu wandeln? Die Antwort für die im Sozialdienst engagierten Menschen ist leider ein eindeutiges Ja. Die Rolle der Medien wird beherrscht von Fragen des Wachstums und der zunehmenden Wahrnehmung sich verändernder Stile, Trends und Gesundheitsprogramme. Der Tourismus erzielten die Glorifizierung Keralas nur mit der Unterstützung durch die Medien. Welche Macht von ihnen ausgeht, das belegt ihr großer Einfluss auf die kulturelle Identität. Ihre Tätigkeit beschränkt sich heute nicht auf den Verkauf von Produkten und die Förderung des Anzeigengeschäfts. Als Teil der Medienwelt müssen sich Hörfunk- und TV-Kanäle sowie die Presse selbst bemerkbar machen und verwandeln sich damit selbst in Produkte. Heute spricht man in den Medien von Sendezeiten und Sendeplätzen, die bereits von Werbefachleuten reserviert sind.

Das politische Bewusstsein der Menschen in Kerala ist bemerkenswert. Kerala sprudelt über von Hyper-Aktivität an der politischen Front. In Kerala befinden sich dank des hohen Anteils an lese- und schreibkundiger Bevölkerung die ersten zehn Städte Indiens mit den meisten Lesern von Printmedien pro 1000 Einwohner (den ersten Rang nimmt Kochi mit 901 Lesern ein, während Guruvayoor mit 840 Lesern auf dem zehnten Platz liegt). Kerala ist schon immer ein Ort nicht enden wollender politischer Debatten gewesen. Geleitet vom Anspruch, »die Stimme der Namenlosen« und »die wahren Vertreter der Massen« zu sein, tauchen immer neue TV-Kanäle auf, jeder mit einer anderen politischen Plattform. Eine andere Frage stellt sich: Ist die durch Zunahme der Medien vermehrte Aufmerksamkeit nur ein Symptom des Zusammenpralls von Ansichten und Meinungen oder handelt es sich, wie sie alle sagen, um zwei Seiten ein und derselben Münze?

Wem können wir vertrauen?

Die Medien waren einst ein Instrument sozialer Verantwortung und ein Forum für Agitation. Sie waren die Stimme des Volkes. Heute jedoch erzählen sie eine Geschichte. Sie sind nicht nur ein Medium, mit dem sich die Massen Gehör verschaffen, sondern wirken als Stimulus, der die Massen veranlasst, auf eine bestimmte Weise zu denken und zu sprechen. In »Gottes eigenem Land« vermehren sich die Medien sprunghaft. Zuschauer und Leser nicht nur der regionalen Medien, sondern auch der englischsprachigen Zeitungen, Magazine und anderer Kanäle belegen eindeutig, dass Kerala der beste Markt für alle ist. Der Durchschnittsbürger unterhält sich über Gründe für veränderte Börsenkurse, den Absturz von Subventionen oder diskutiert über die Todesstrafe; er bewundert auch die neuesten Kreationen der Modewoche in Paris …

Wem können wir vertrauen? Abgesehen von den vielfältigen Rollen der Medien als Lehrer, Begleiter und Unterhalter liegt anderes noch verborgen. Im Rückblick auf den April 2006, als die anstehenden Wahlen für ein neues Parlament in Kerala das beherrschende Thema waren, beobachten wir, wie die Medien auch in die Rolle politischer Propaganda und Wahlhilfe schlüpfen. Als die politischen Schlammschlachten in den Medien ausgetragen wurden, wurde die Glaubwürdigkeit der Medien fragwürdig. Die Frage »Wem können wir vertrauen?« bleibt nach wie vor offen. Darauf kann es nur eine je individuelle Antwort geben.

1

2

3

4

Am Morgen zu den Elefanten

Der Periyar-Nationalpark – Keralas beliebtester

Ein britischer Ingenieur und ein Maharaja von Travancore gaben die ersten Impulse – aber ihre Visionen zielten weder auf einen Nationalpark noch geradezu auf das Wohl Keralas.

Es war um die Mitte der 90er Jahre des 19. Jahrhunderts. In Deutschland erfand gerade Rudolf Diesel einen Motor, der heute weiter verbreitet ist als je zuvor, in Paris wurde der stählerne Turm des Ingenieurs Gustave Eiffel zum neuen Wahrzeichen der Stadt. Ein britischer Ingenieurskollege in Südindien, Colonel J. Pennycuick, fand damals eine Patentlösung für den Wassermangel in Keralas Nachbarstaat Tamil Nadu.

Der Periyar-Fluss, einer der größeren unter den rund 40 Flüssen Keralas, wurde an der Grenze zum Nachbarstaat aufgestaut, und ein 180 Meter langer Tunnel nach Tamil Nadu gebohrt. Durch diesen strömte Periyar-Wasser nach Madurai, der altehrwürdigen, doch unter Wassermangel leidenden Tempelstadt Tamil Nadus, statt durch Kerala in die Arabische See.

Der *Maharaja* von Travancore, einer jener Fürsten, die von den Briten mit beschränkter Souveränität auf ihrem Thron belassen wurden, stellte in den folgenden Jahren große Waldgebiete unter Schutz, um sich Jagdreviere zu erhalten. Beide Aktionen, der Bau des Staudamms, der viele Quadratkilometer Wald im Periyar-See versinken ließ, ebenso wie der fürstliche Waldschutz, kommen nun dem Periyar-Nationalpark zugute. Der entstand in den 30er Jahren des 20. Jahrhunderts und umfasst 777 Quadratkilometer einschließlich ehemaliger fürstlicher Jagdreviere und des Sees, auf dem Periyar-Besucher sich so gern im Kreis der Familie auf bunten Booten herumfahren lassen.

Immer wieder gibt es auf den Uferstreifen Elefanten beim exzessiven Blätterverzehr, Languren-Affen und Wildschweine zu beobachten. Ein »Königreich der Tiere« hat man den Periyar-Park genannt. Sogar für Liebhaber von exotischen Flugtieren ist er eine gute Adresse. Das Flughörnchen mit einer Gleitflughaut zwischen den Gliedmaßen, die »Fliegenden Frösche« mit ihren Zehen-Schwimmhäuten und ebenso die schwarzgelb gemusterten »Fliegenden Schlangen« mit ihren roten Rosetten sind allesamt imstande, sich

1 Anfahrt zum »Lake Palace«. **2** Natur beobachten! Der Periyar-Park hat sehr viele indische Gäste. **3** Melonensaft zum Frühstück im »Lake Palace«, wo sich allemal gute Ausblicke in den National Park bieten. **4** Elefantenfamilien schätzen die grün überwachsenen Seeufer, das gibt vom Oberdeck der Ausflugsschiffe aus beste Fotochancen.

1

2

3

auch über nicht ganz kurze Strecken in der Luft zu bewegen. Was da kreucht und fleucht im Periyar-Park, kennen am allerbesten die *adivasis*, die Ureinwohner Indiens, die heute noch in Stammesgemeinschaften leben. Hier sind es die Stämme der *Mananan* und *Ooralis*. Mananen können zum Beispiel exzellent klettern, sie sammeln Wildhonig in den Nestern der großen »Hügelbienen« ein, und zwar nachts, weil das Risiko, von den Bienen gestochen zu werden, dann geringer ist. Unter den *adivasis* hat die Nationalparkverwaltung auch beste walderfahrene Männer als Parkführer gefunden und ausgebildet. Mit dem erwünschten Nebeneffekt, dass die ehemaligen *poacher* zu Naturschützern geworden sind. Sie helfen heute, kriminelle Wilddiebe vom Park fernzuhalten. Früher haben sie die Jagd, die ihnen bereits zu britischen Zeiten verboten war, ohne schweres Unrechtsbewusstsein betrieben – waren sie etwa nicht im Wald zu Hause, schon immer?

Wie oft sind wir selbst schon im Periyar-Park gewandert? Jeder Reise nach Kerala fehlt etwas, wenn wir uns nicht in dieser großen, von keiner Bewirtschaftung entstellten Wald- und Naturlandschaft wiederfinden – ausgenommen Schiffsrundfahrten und die beiden KTDC-Hotels im Zugangsbereich. Die Führer bieten ihre Begleitung zu Tages- wie zu Nachtzeiten an, auch für mehrere Tage. Dann ist auch ein Koch dabei sowie mehrere Führer und Helfer, und einer ist mit einem Gewehr ausgerüstet, man weiß ja nie, ob sich zum Beispiel in der Nähe einer Elefantenherde einer der Gäste regelwidrig verhält, etwa plötzlich Lärm verursacht. So mächtig groß wie sie sind, können Elefantenmütter doch schreckhaft aggressiv reagieren, weil sie eine Situation falsch, nämlich als gefährlich für ihren Nachwuchs, einschätzen. Gefährlich wird's dann für alle anderen.

Unsere Erfahrungen im Hügelgelände des Periyar-Parks sind friedlicher, ob im morgendlichen Sonnenlicht, unter Wolken oder bei einer Nachtwanderung, wenn man die Tierwelt kaum mehr mit den Augen, nur mit den Ohren wahrnimmt, sich aber zugleich daran freut, wie die Augen sich so weit an das Dunkel gewöhnen, dass man ohne Lampe den Boden vor seinen Füßen erkennt und sich selbst im Wald nicht ständig den Kopf an der Natur stößt. Dazu die nächtlichen Vogelrufe, der Glanz von Sternen, die Gerüche der Pflanzen – ein Erlebnis der besonderen Art, vor allem für Menschen, in deren Dasein wirkliches Nachtdunkel eine große Seltenheit ist, weil allnächtlich die elektrischen Lichter leuchten.

4

5

6

7

1 Die langen Bergzüge der Western Ghats, gesehen vom »Paradisa Plantation Retreat«. **2** Blütenpracht. **3** Eine Otter-Familie wachsam unterwegs. **4** Ausflugsschiff auf Rundfahrt, mit einer Steuerkabine wie von einem Lastwagen. **5** Expertin im Pfeffer-Sortieren: Die weißen Körner sind die Mühe wert. **6** Kaffeestrauch. **7** Pfeffer am Baum.

Rund 900 Elefanten leben um den Periyar-See, auch etwa 40 Tiger. Wie es da sehr plötzlich zu dramatischen Begegnungen kommen kann, erlebte ein deutsches Ehepaar. Vor zwei Jahren waren Heidi und Werner Veit-Schäfer – nicht mehr die Jüngsten, doch äußerst reiseerfahren – auf dem »Tiger Trail« unterwegs, begleitet von einem *forest guard*, Köchen und Trägern. Am zweiten Tag nachmittags, so schreiben sie in ihrem Reisetagebuch, »überquerten wir mit einem Floß den Fluss und trafen auf eine riesige Gruppe von Bisons. Vom Waldrand aus, unter einem hohen Baum, beobachteten wir die rund 50 Tiere, darunter drei große schwarze Bullen und auch drei Bisonbabys. Es war friedvoll, wie sie alle ästen, trotzdem lag eine Spannung in der Luft. Die drei Bullen entfernten sich von der Herde, was uns alle sehr verwunderte, deshalb gingen wir vorsichtig in eine andere Richtung. Doch da kamen uns Elefanten entgegen. Wir mussten zurück.

Dann geschah etwas Unglaubliches! Ein furchtbares Gebrüll ertönte, die Erde bebte. Jetzt passiert es, dachte ich, und hörte nur noch, wie der *guard* sein Gewehr entsicherte. Fassungslos sahen wir, wie einer der drei Bisonbullen in unsere Richtung jagte, dicht vor sich einen Tiger. Der Tiger sah uns und änderte blitzartig seine Richtung, gefolgt vom Bisonbullen. Beide verschwanden im Wald. Wir waren wie erstarrt und dann so begeistert, dass wir Luftsprünge machten und uns in die Arme fielen.«

1 Ein Schiff der Schlichtklasse, gut besetzt. **2** Exklusiv in Lage und Ausstattung ist dagegen das »Lake Palace« mit nur sechs Zimmern. **3** Komfort inmitten der Nationalpark-Landschaft. **4** Erinnerung an die lang vergangenen Zeiten der Tigerjagden. **5** Stilvoll übernachten.

Nein, bei aller Lust am Abenteuer, man tut besser daran, auf solche Erlebnisse bei einem Periyar-Besuch nicht zu spekulieren. Nicht bloß deshalb, weil sie doch einmal schlechter für alle Beteiligten ausgehen könnten. Vor allem aber, weil sich die Tiger in Indiens südlichstem Tiger-Reservat nur selten den Menschen zeigen und sich die meiste Zeit im *core* aufhalten, in der Kernzone des Schutzgebiets. Selbst erfahrene Führer bekommen oft jahrelang keinen Tiger zu Gesicht.

Trotzdem ist die Anziehungskraft des Periyar-Nationalparks so groß, dass sich nicht nur der Ort Thekkady, sondern auch das Nachbarstädtchen Kumily mit einer Vielzahl von Hotels aller Kategorien, mit Cafés, Restaurants und Läden entwickelt haben. Man kann anspruchsvoll oder einfach wohnen, mitten im touristischen Leben oder ruhig am Rande. Etliche Gewürz- und Teeläden konkurrieren um Kunden, man findet aber ebenfalls gut bestückte Buch- und Musikläden, kann seltene Antiquitäten entdecken, Teppiche und Schmuck erstehen – und immer wieder in die Natur eintauchen.

Neben anderen Exkursionen – zu Gewürzplantagen oder einer Teefabrik – gibt es in den Bergen auch ein Ziel für Besucher, die am christlichen Leben interessiert sind: Beim Dorf Murinjapuzha hat der Theologe Xavier Koodapuzha (siehe Seite 78) vor wenigen Jahren ein Kloster gegründet.

Es ist das einzige Männer-Kloster, das nach der kanonischen Überlieferung der Syrischen Malabar-Katholiken geführt wird, unter Leitung des Gründers. In stimmungsvoll schöner Landschaft gelegen, in etwa 1000 Meter Höhe mit Fernblick auf die Arabische See, lädt es zu Einkehr, Gebet, Kontemplation und Studium, samt Kapelle und guter Bibliothek. Eine Landschaft, in der die Seele die menschlichen Grenzen hinter sich lässt, zur Kontemplation des Göttlichen. Es gibt Übernachtungsmöglichkeiten, Besucher sind willkommen, die spirituelle Erfahrungen suchen.

Keralas meistbesuchter Hindu-Pilgerort Sabarimala liegt südwestlich vom Periyar-Park in den Bergen. Bis zum Ort Pampa am Fluss gleichen Namens führt eine Straße, den Weg weiter hinauf nach Sabarimala ersteigen die Pilger – Frauen dürfen es erst ab 50 Jahren – zu Fuß, um Ayappa zu verehren, einen Nachkommen Shivas. Der Tempel, wohl der drittreichste Indiens, wird alljährlich in der Zeit von November bis Januar (Hauptfesttag ist der 14. Januar) von etwa 1,7 Millionen Hindus und Gläubigen anderer Religionen aufgesucht.

Periyar-Nationalpark

Anreise und Reisezeit
Nächster Flughafen Kochi (ca. 185 km). Busstation Kumily/Periyar an der Strecke Ernakulam–Madurai. Etwa sechs Stunden von Ernakulam. Mit Leihwagen von Kochi etwa vier Stunden.
Beste Reisezeit: September bis März.

Unterkunft
****Spice Village*** (cghEarth), in Thekkady und ****Paradisa Plantation Retreat*** in Murinjapuzha, 37 km von Thekkady, siehe folgende Doppelseiten.
****/********Taj Garden Retreat*** Traditionelle Kerala-Architektur im üppigen Garten einer ehemaligen Plantage, schöne Ausblicke, Swimmingpool, 32 Zimmer. Amalambika Road, Thekkady, Kerala-685536, Tel. 0 48 69-22 24 01, E-Mail: retreat.thekkady@tajhotels.com

5

****Lake Palace*** (KTDC) Im Nationalpark, erbaut 1889 für den *Maharaja* von Travancore und seine Jagdgäste. Kühle Noblesse, das Sechs-Zimmer-Schlösschen in bester Gartenlage über dem See ist nur per Boot erreichbar (20 Min.). Buchung über KTDC (Kerala Tourism Development Corporation) oder beim **/**Hotel Aranyanivas*** (KTDC). Beim Anlegeplatz zu den Schiffsrundfahrten im Nationalpark gelegen, geräumig und neuerdings gut renoviert, mit Restaurant, Swimmingpool und Parkplatz. 26 Zimmer, Tel. 0 48 33-9 22 20 23. E-Mail: aranyanivas@sancharnet.in
****Shalimar Spice Garden*** 20 Cottages in romantischem Waldtal, eine glückliche Mischung aus sensibel modernem Design und grüner Natur. Gutes Multi-Cuisine-Restaurant, Swimmingpool, Yoga und Massage. Murikkady P.O., Idukki Distr., Kerala-685535, Tel. 0 48 69-22 30 22, Website www.shalimar.com. Buchung auch über ***Surya Samudra Hotel***, Chowara Beach, Seite 99).

Sehen und erleben
Ein ganzes Bündel von Aktivitäten im Nationalpark: Bootsrundfahrt, Nacht-Trekking, Bambus-Rafting, Exkursionen (auch mehrtägig: »Periyar Tiger Trail«, mit Camping, maximal fünf Gäste; bewaffnete Parkaufseher zur Begleitung, zum Schutz vor aggressivem Großwild.) – In Kumily Kunsthandwerk-, Antiquitäten-, Juwelier-, Textil- und Gewürzläden.

Ziele in der Umgebung
Mangaladevi-Tempelruine (auf rauer Jeep-Route 14 km östlich). Besichtigung der »High Range Tea Factory« (19 km nördlich, abseits der Straße nach Madurai).

Auskunft
Tourist Office, im Hotel ***Aranyanivas***, Thekkady-685536, Tel. 04 86-3 22 20 23 und in Kumily am Abzweig von der Hauptstraße nach Kumily, Tel. 2 32 26 20. Park-Information auch im *Spice Village*, siehe folgende Doppelseite.

Das Dorf der hundert Bäume und Gewürze

Spice Village

Kinder, die schon etwas größer sind, tun es gern und erfolgreich: mit der Faltkarte »Explore the Treasures of Spice Village!« durch den Park laufen und die Namen von den botanischen Täfelchen sammeln – von Aloe und Arabian Coffee bis zu Teak, Vanilla und Wild Tobacco. Beim Biologen des Resorts erhalten sie dafür ein Überraschungsgeschenk, und Eltern staunen über ihren kundigen Nachwuchs.

Der Park ist das Dorf, das Dorf ist der Park, und beides entspricht der Natur und dem Geist Keralas. Elefantengras deckt die Dächer der Cottages, statt der Klimaanlage gibt es den Ventilator an der Zimmerdecke, zum Dinner spielen Musiker auf. Warum sich irgendjemand für den Fernsehapparat in der Empfangshalle inter-

essieren sollte, weiß das Management des Resorts nicht recht zu sagen. Es ist sich ja nicht einmal sicher, ob »Spice Village« mit »Resort« richtig bezeichnet wird, ob es weniger als ein Resort ist oder vielleicht doch mehr.

An guten Dingen von hervorragender Qualität mangelt es keinesfalls. Die Küche ist exzellent, bereits die Auswahl der Köstlichkeiten zum Frühstück ist fünfsterne-verdächtig opulent, vieles davon *homemade*. Der Swimmingpool zählt zu den größeren seiner Art, die »Woodhouse Bar« ist mit ihren historischen Fotos ein Unikat auf dem indischen Subkontinent; in Erinnerung an A. W. Woodhouse, einen schon legendären *forest ranger*. Der »Tiger Room« dient als so etwas wie eine Außen- und Informationsstation des Periyar-Nationalparks, allabendlich kann man sich eine Bilderschau vorführen lassen. Kein Zufall, dass Achtung für die Natur und Bewahrung der Ressourcen im »Spice Village« wie im Resort »Coconut Lagoon« (siehe Seite 56) eine Hauptrolle spielen: beide

2

wurden von den Dominic-Brüdern und cghEarth gegründet, das »Spice Village« bereits 1992.

Wer sich zu einer Ayurveda-Kur mit Verjüngungseffekten dem *resident doctor* anvertrauen mag und für acht Tage »nach Möglichkeit«, wie es höflich heißt, auf Fleisch, Alkohol und Zigaretten verzichtet, ist im »Spice Village« bestens aufgehoben. Manche Gäste kommen allein deshalb Jahr um Jahr. Auch alterstypische Beschwerden, etwa Schmerzen in Gelenken, pflegen zumindest deutlich gelindert zu werden, und die Beweglichkeit verbessert sich auch damit.

Geradezu fantastisch mutet an, wie unterschiedlich ein Aufenthalt im »Spice Village« aussehen kann, je nachdem, ob der Gast eine Oase der Ruhe sucht oder das intensive Erleben der Berglandschaften, der Cardamom Hills, mit Exkursionen zu den Gewürz-, Kakao- und Gummiplantagen und in die Dörfer der »Tribals« oder mit Trekking im großartigen Periyar-Nationalpark.

3

1 Bambusgehölz, undurchdringlich dicht und von imposanter Höhe. **2** Kochschule für die Gäste des »Spice Village«. **3** Kleine Gewürzausstellung: links grüner Kardamom, schwarzer Pfeffer und bräunlichroter Zimt, rechts Sternanis. **4** Im Park der Gäste-Bungalows.

Nicht zuletzt ist der Doppelort Kumily-Thekkady seit jeher auch eine Raststation auf dem Weg von der Küste bei Alappuzha und Kochi zu den Tempeln von Madurai und Thanjavur. Die Straße, die den Händlern, Abenteurern, Söldnern und Kriegsherren gehörte, ist heute für Wirtschaft und Tourismus unentbehrlich. Entsprechend rasch sind Kumily und Thekkady gewachsen, sind straßenweise ein großer Basar geworden, für vielerlei Bedarf und speziell touristisch für Gewürze, Textilien und Schmuck.

Das »Spice Village« liegt zentrumsnah in Thekkady und zugleich an der Straße zum Periyar-Nationalpark mit seinen Elefanten, Tigern, Affen und zahllosen Vögeln. Zu Fuß ist man in kaum einer Viertelstunde am Parkeingang, noch rascher an Kumilys Hauptstraße. Wie kann es da eine Oase der Ruhe sein?

Die Antwort heißt vor allem: Wie bei jedem von »cghEarth« entworfenen Resort ist für reichlich Raum gesorgt, das Gelände umfasst rund acht Acre, also etwa 32 000 Quadratmeter. Es liegt leicht ansteigend an einem Waldhügel und rundum ist es von einer dicht begrünten hohen Mauer umgeben. In dieser kleinen Kerala-Welt aus den Händen geschickter Landschaftsgärtner dominiert das Grün: vom kurz gehaltenen Elefantengras auf dem Boden bis zu den belaubten Wipfeln hoher Bäume. Dazwischen glänzt in immer wieder anderen Perspektiven das klare Weiß der Cottage-Fassaden auf; ihre breiten Dächer sind mit Bambusstreifen und Elefantengras gedeckt. Wären da nicht die dezenten Wegweiser zu den nummerierten Cottages, verliefe sich wahrscheinlich sogar mancher.

Den weiten ruhigen Raum um sich zu haben, gehört zum Charme des »Spice Village«. Und immer neu begeisternd schön ist der Anblick der Bäume, darunter auch Riesenbündel dicht an dicht wachsender Bambusstämme, wohl an die 30 Meter hoch.

Spice Village Gehört zur Hotelgruppe cghEarth. Im Ort Thekkady gelegen, doch ruhig, mit 52 Cottages, zum Teil mit eigenem Gartenhof. Multi-Cuisine-Restaurant und Woodhouse-Bar, Swimmingpool, attraktiver Laden, Tennis und Tischtennis, abendliche Kochkurse. Ayurveda-Zentrum. Musikvorführungen. »Tiger Room« mit Infos zum Periyar-Nationalpark. 130 Kilometer vom Flughafen Kochi, 145 Kilometer vom Flughafen Madurai entfernt.

Kumily Road, Thekkady, Kerala-685536, Tel. 0 48 69-22 45 14-5 23, 22 23 14-3 16, Fax: 22 23 17, E-Mail: spicevillage@cghearth.com, Buchung: cghEarth, Casino Building, Willingdon Island, Kochi, Kerala, India-682003, Tel. 04 84-2 66 82 21, -2 66 68 21, Fax: 2 66 80 01, Zentrale Buchung: Tel. 04 84-3 01 17 11
Website: www.cghearth, E-Mail: contact@cghearth.com

Wunschort, wo die Straßen enden

Paradisa Plantation Retreat

Inmitten weiter Waldgebirge spiegelt sich das Blau des Himmels heiter in Flussbetten. Wie von Riesenhand geschleudert liegen rundliche Steinblöcke im strömenden Wasser. Aus tiefen Talgründen steigen in zahllosen Serpentinen und Haarnadelkurven schmale Straßen bergan. Wasserfälle stürzen nach den sommerlichen Monsunregen und noch im Herbst an den Felswänden hinab. Pfeffer, Tee und Kaffee gedeihen prächtig an den zahlreichen Hängen. *Idukki* heißt diese Landschaft, zu Deutsch »enge Schlucht«, und erstreckt sich doch weiträumiger als alle anderen Distrikte Keralas, während sie zugleich dünner besiedelt ist als der Rest. Wenn die

1

Seele sich Ruhe erhofft, finden sich hier die Plätze, wo sich ihr Wunsch lustvoll und in reiner Luft erfüllen kann.

Wer das »Paradisa Plantation Retreat« erfunden hat, kannte sich mit Wünschen aus. Angefangen mit der Auswahl eines Ortes, der heimelig in Grün gebettet ist und gleichzeitig Fernblicke schweifen lässt. Auf Geländeterrassen ein wenig unterhalb der Berghöhe wurden freistehende Häuser in klassischer Kerala-Tradition aufgestellt mit breiten Holzbalken, offenen, von stattlichen Säulen getragenen Vorbauten und ziegelgedeckten Dächern. Überraschenderweise erinnern reich geschnitzte Schmuckbalken mit Pfauenreliefs und Blättergirlanden an den europäischen Art-nouveau-Stil. Vom Rasenvorplatz geht es wenige Stufen zur Terrasse hinauf, und jeder Gast kann sich wie in einem privaten Sommerhaus fühlen.

Was Wände, Fenster und Türen samt ihren aus einem Stück geschnitzten Türangeln bei genauerem Hinblicken vermuten lassen, bestätigt Mr. C. P. Simon, der Erfinder und Eigentümer des »Paradisa«, gern. Es sind mitnichten neu gebaute, sondern historische Häuser aus verschiedenen südindischen Dörfern, die er, ein Freund des Schönen mit einem unbändigen Verlangen nach Perfektion, hat zerlegen und in ihrer ursprünglichen Form wieder aufbauen lassen. Geschäftsmann aus alter Kerala-Brahmanenfamilie sei er und Architekt – dies nicht mit Diplom, aber von Beruf. Eigentlich hatte er eine Pflanzung unweit einer ehemaligen Sommerresidenz der Könige von Travancore erworben. Der Legende nach liegt nur wenige 100 Meter entfernt »Panchalimelu«, wo die fünf heroischen Pandava-Brüder im »Mahabharata«-Epos eine Rast eingelegt haben sollen. Mr. Simon ließ eine Privatstraße herrichten, baute sich ein Haus und lud Freunde ein. Diese genossen den Platz derart, dass sie ihm zuredeten, ein »Retreat« zu gründen.

»Retreat« bedeutet Rückzug, im Hotelfach jedoch ist es ein Ort, um Ruhe und aus dem Abstand vom Alltäglichen neue Kraft zu finden. Zur Perfektion des »Paradisa Plantation Retreat« gehört die stimmige Harmonie von Landschaft und Bauwerk, wie sie aus den richtig gewählten Proportionen und Abständen wuchs. Zum

2

1 Wer Bergpanoramen liebt, wird sich an den Ausblicken von »Paradisa« nicht sattsehen können. 2 Baden und schauen, schauen und baden (für den Swimmingpool ist eine Vergrößerung geplant). 3 Die geschnitzten Giebel faszinieren »Heritage«-Kenner. 4 Beilage zu einem kleinen Fischgericht. 5 Gern isst man gesund und bunt.

3

5

außergewöhnlichen »Retreat«-Erlebnis, weiß Mr. Simon, gehört aber auch, dass der Gast seine Tage je nach Lust und Laune kontemplativ oder aktiv verbringen kann.

Stets aufs Neue zauberisch-schön ist das Bergpanorama der »Paradisa«-Terrassen, sind die Zen-Stimmungen des Astwerks über den geschwungenen Dächern, ob im Morgennebel oder im Mittagslicht. Wer sich von diesen Bildern losreißen kann, findet eine Vielzahl von Erlebnismöglichkeiten im Umkreis: Naturerkundung auf Waldspaziergängen und Trekking-Touren, Kletter- und Abseilübungen am Fels, Besuche in den Plantagen und im nahen christlichen Kloster Nallathanny – das erst jüngst gegründet wurde. Oder ein Tag im Periyar Tiger Reserve, nur eine gute Autostunde entfernt. Mancher »Paradisa«-Gast schwebt am Gleitschirm über die Bergwälder, auch motorisierte Gleiter (»Microlight flying«) werden zur Verfügung gestellt. Außerdem hat man die Möglichkeit, bei einem je nach Wetterlage fünf- bis zehntägigen Aufenthalt ein Zertifikat dafür zu erwerben.

Ayurveda, Astrologie, Akupunktur – im »Paradisa« lassen sich Termine mit Experten verabreden. Oder man kann im nur vier Kilometer entfernten Sahyadri Ayurveda Hospital die Hilfe von namhaften Ärzten in Anspruch nehmen. Um Geist und Körper in Harmonie zu bringen, kann man Yoga üben. Im originell geformten »Paradisa«-Swimmingpool lässt es sich wie in der Fußspur eines Giganten baden. Abends, wenn sich der Ausblick vom Restaurant im Nachtdunkel verliert, glitzern wenige Lichter aus den Walddörfern herüber. Dann mögen unter dem Runddach brillante Tänzerinnen oder Musiker ihren Auftritt haben – und »Paradisa«-Gäste dem Verstehen des Tanztheaters *kathakali* näher kommen.

Kein Wunder, dass das Gästebuch von Besucherlob glänzt, mit Dank für exzellenten Service, himmlische Ruhe, unvergessliche Gastlichkeit. Die Reporter des Tatler-Reisehandbuchs »Abercrombie & Kent Travel Guide 2004« platzierten das »Paradisa Plantation Retreat« gar unter die 101 besten Hotels weltweit!

*****Paradisa Plantation Retreat** Heritage-Architektur in idealer Waldgebirgs-Landschaft. Yoga, Ayurveda, Theater, Tanz, Wandern. Paragliding. 37 km vom Periyar Tiger Reserve, 140 Kilometer östlich von Kochi International Airport, nächste Bahnstation Kottayam.

Murinjapuzha P.O., Idukki District, Kerala–685532,
Tel. 04869-288119, Buchungen : 0469 – 2602828, 2701311,
Fax:- 2602828, Email info@paradisaretreat.com,
paradisa@rediffmail.com, paradisaretreat@yahoo.co.in,
Website: www.paradisaretreat.com

Christentum in Kerala

F. Xavier Koodapuzha

F. Xavier Koodapuzha wurde 1934 in Nallathanny im Idukki-Distrikt geboren – dort, wo er nun vor wenigen Jahren ein Kloster gründete. Er studierte in Indien und in Rom, wurde Professor der Theologie und Gemeindepriester und arbeitete in wichtigen Verwaltungspositionen. Prof. Koodapuzha spricht sieben Sprachen. Im Zeichen seiner vielen pädagogischen und karitativen Aktivitäten war er Präsident der »Eastern Theological Association of India« und ist Mitglied der »Internationalen Römischen Kommission für den Dialog zwischen römisch-katholischen und orthodoxen Kirchen in Indien«. Unter seinen preisgekrönten Büchern sind seine »History of Christianity in India« und seine »History of the Church«.
E-Mail: xaviours@sancharnet.in

Besucher, die Kerala noch nicht kennen, dürfte der Anblick der zahlreichen Kirchen unterschiedlichster christlicher Konfessionen verwundern. Mancherorts stehen Kirchen, Moscheen und Hindu-Tempel sogar in engster Nachbarschaft. Die Glaubensharmonie besitzt in der jahrhundertealten Geschichte Keralas eine einzigartige Tradition. Die Einheit in der Vielfalt zeigt sich nicht nur in der Topografie Keralas, sondern tritt auch in den religiösen Traditionen eindrucksvoll zutage.
Die Angehörigen der frühchristlichen Gemeinden Indiens sind als Thomas-Christen bekannt, die ihre Gottesdienste ursprünglich auf Syrisch (Aramäisch) hielten, das zu Jesu Zeiten gesprochen wurde. Heute verwenden sie im Allgemeinen die Übersetzungen der syrischen Texte ins Malayalam. Ihre »syrisch« genannte Kirche spielt heute eine überaus aktive Rolle im religiösen, politischen, sozialen, kulturellen, wirtschaftlichen und landwirtschaftlichen Leben. Ihr gehört auch ein erheblicher Teil der Bildungsinstitutionen. Die Kirche in Indien ist so alt wie das Christentum selbst. Sie entspringt der lebendigen Tradition um den Thomaskult: Danach unternahm der heilige Thomas, einer der zwölf Apostel Jesu Christi, eine Missionsreise nach Indien und gründete die ersten christlichen Gemeinden an sieben Orten im Küstenbereich von Kerala sowie in Nilackal, einem Ort in den Bergen.

Die Kirchen der Thomas-Christen

Die Einführung des Syrischen oder Aramäischen als offizielle Liturgiesprache erinnert uns an die vorchristliche Handelstradition Keralas. Kerala, berühmt für seine Gewürze, wurde häufig von Schiffen aus dem Mittleren Orient angelaufen. Die jüdischen Kaufleute waren Pioniere dieses Handels. Nach alten Überlieferungen begleitete der heilige Thomas nach dem Kreuzestod Jesu jüdische Kaufleute auf ihrer Reise nach Kerala.
Die indischen Thomas-Christen gehören heute unterschiedlichen Kirchen mit jeweils eigenen Zentren an, dazu zählen: die Syro-Malabarische Kirche (Ernakulam), die Syro-Malankara Katholische Kirche (Trivandrum), die Malankara Orthodox-Syrische Kirche (Kottayam), die Malankara Syrisch-Jakobitische Kirche (Puthenkurisu bei Ernakulam) und die Mar Thoma Kirche (Thiruvalla). Die zahlenmäßig größte Gemeinschaft bilden die 4,5 Millionen Mitglieder der Syrisch-Malabarischen Katholischen Kirche (einschließlich der Syrisch-Malabar-Emigranten im Ausland). »Malankara« ist ein anderes Wort für Malabar. Ferner gibt es noch eine Vielzahl kleinerer Gemeinschaften.
Die Anfänge der römisch-katholischen Kirche gehen auf das 16. Jahrhundert zurück, als die ersten europäischen Missionare Indien erreichten. Die Vorreiterrolle spielten dabei die Portugiesen. Francis Xavier (1506–1552), der seine letzte Ruhe in Goa fand, ist einer der Begründer der römisch-katholischen Kirche in Indien.

Der Bund der Protestanten

Protestantische Kirchen: Church of South India (CSI). In Kerala haben auch die Anglikaner, Lutheraner, Methodisten, Baptisten und die Pfingstbewegung ihre Gotteshäuser. Im September 1947 schlossen sich die Anglikaner, Presbyterianer, Kongregationalisten und Methodisten zu einem Kirchenbund, der Church of South India (CSI), zusammen. 1971 trat der Föderation auch die Syrische Mar Thoma Kirche bei. Ihr für begrenzte Zeit gewähltes Oberhaupt wird »Moderator« genannt. Die vier CSI-Diözesen zählen in Kerala über 230 000 Mitglieder. Entsprechend schlossen sich einige der nordindischen protestantischen Kirchen 1970 zur Church of North India (CNI) zusammen.
Indisch in der Kultur, christlich im Glauben und orientalisch in der Liturgie! Die frühchristliche Gemeinde, deren Angehörige gemeinhin als Thomas-Christen bezeichnet werden, folgen der liturgischen Tradition der Ostkirchen und sind tief verwurzelt in der indischen

Kultur. Einst unterschieden sie sich von anderen durch ihre Namen, ihre Kleidung et cetera, doch heute tragen auch die Frauen Sari und Churidar. Bei den Herrschern und Hindu-Großgrundbesitzern standen die Christen wegen ihrer Treue, Loyalität und Hingabe bei der Ausübung ihrer Pflichten in hohem Ansehen. Vielerorts in Kerala entdeckt man Thomas-Christen, die in unmittelbarer Nachbarschaft zu Hindu-Tempeln leben.
Wenn nach hinduistischer Tradition bestimmte Dinge oder Orte – im übertragenen Sinn – befleckt wurden, erlangten sie durch die Anwesenheit oder Berührung durch Thomas-Christen wieder ihre Reinheit. Äußerlich ähnelten die christlichen Gotteshäuser den Hindu-Tempeln, doch zierte ein Kreuz das Dach des Gebäudes. Durch den starken Einfluss der westlichen Kultur und religiöser Bräuche folgen die Kirchen heute in Grundriss und Bau dem westlichen Vorbild.
Das Thomaskreuz: Die Thomas-Christen Indiens haben ein eigenes Kreuz von hohem Symbolwert entwickelt. Sie verwendeten nie das abendländische Kruzifix, sondern ihr eigenes Kreuz, das für sie ein Symbol des auferstandenen Christus war. Nach ihrer Tradition ist das Kreuz kein Symbol des Leids, sondern Sinnbild der Hoffnung, Barmherzigkeit und des Sieges über das Böse. Der Heilige Geist, dargestellt auf der Kreuzspitze in Gestalt einer Taube, erfüllt die Kirche der Thomas-Christen auch heute mit Leben.

Religiöser Kolonialismus

Die portugiesischen Missionare begannen für den westlichen Kreuztyp, das Kruzifix und die dazugehörenden Andachtsübungen zu werben. 1972, anlässlich der Feiern zum 1900. Jahrestag des Martyriums des Apostels Thomas, gab die indische Regierung jedoch eine Sonderbriefmarke heraus, auf der im gemeinsamen Einvernehmen das Thomaskreuz abgebildet war.
Dennoch verbreitet sich weiter der westliche Kreuztyp auch in der Syro-Malabarischen Kirche. Das Unvermögen, das eigene Erbe zu schätzen, wie auch der Drang, westliche Traditionen nachzuahmen, sind Folgen des religiösen Kolonialismus in Indien.
Religiöse Toleranz: Gegenseitige Achtung und Treue gegenüber dem eigenen religiösen Erbe gehören zur religiösen Kultur Keralas. Hindu-Lehrer waren in christlichen Schulen und Bildungseinrichtungen tätig. Der Verfasser dieses Beitrags erinnert sich eines Hindu-Lehrers in der Konfessionsschule seines Geburtsortes, der zugleich auch den Katechismus unterrichtete.
Das Abendland kann diese religiöse Kultur Keralas oft nicht begreifen. Als die Portugiesen im 16. Jahrhundert Kerala erreichten, hatten sie kein Verständnis für diese religiöse Zusammenarbeit, die doch eine uralte Tradition der Christen in Kerala war. Die Portugiesen stellten die Thomas-Christen unter die Hoheit des portugiesischen Königs (Padroado-System). Fast 300 Jahre, von 1599 bis 1896, herrschten die Portugiesen über die Thomas-Christen. 1653 kam es mit dem »Koonan-Kreuz-Schwur« (Koonan Cross Oath) zum offenen Protest und zur verhängnisvollen Spaltung der bis dahin geeinten Kirche. Dennoch gelang es den indischen Christen über lange Zeit, die verbotene Zusammenarbeit unter Einschränkungen fortzuführen.
Die alte indische Gemeinde hatte ein Verwaltungssystem entwickelt, das tief in der frühchristlichen Tradition und in der herkömmlichen Dorfversammlung (*manram*) der Draviden verwurzelt war. Die Bischöfe der Thomas-Christen hatten mit der Verwaltung der Kirche nichts zu tun. Dem Vorbild der fernöstlichen und indischen Heiligen und Weisen folgend, lebten sie ein spirituelles Dasein, das aus Gebet, Studium, Fasten und anderen asketischen Praktiken bestand. Ganz anders die römisch-katholische Kirche sowie die Ostkirchen, die sich auf dem Gebiet des Imperium

Professor F. Xavier Koodapuzha vor dem Altar des von ihm gegründeten Klosters Mar Thoma Sleeha – mit dem Kreuz der Thomas-Christen.

Romanum entwickelt hatten: Sie begannen die Privilegien der Staatsreligion zu genießen. Andererseits ist das Kirchensystem der indischen Thomas-Christen von einzigartiger Bedeutung, da es sich – fernab von Rom – in seinem eigenen religiösen, sozialen, politischen und kulturellen Umfeld entwickelte.
Das Kloster Mar Thoma Sleeha in Nallathanny: Indien ist seit ältesten Zeiten weithin für seine Heiligen, Weisen und Mönche bekannt. Das einfache Leben der Mönche war stets eine Quelle der spirituellen Inspiration für die Völker Indiens, unabhängig von ihrem jeweiligen Glauben. Das fernöstliche Mönchstum wird als Seele der Ostkirchen bezeichnet. Der indischen und frühchristlichen Tradition folgend gründete der Autor dieses Textes ein Kloster in Nallathanny, am Westhang der Sahya Hills im Herzen Keralas. (vgl. Seite 73).

1

2

3

4

Heilig: ein Ort, ein Guru und Amma

Varkala und Kollam – für Pilger und Touristen

Ein Hindu-Mythos erzählt, Varkalas Gründung sei einem Teich zu verdanken, von Gott Vishnu gespendet. Pilger kamen seit jeher nach Varkala, heute zieht die Stadt auch Touristen aus aller Welt an.

Am liebsten gehen wir durch das große, märchenhaft schöne Gartenareal des »Taj«-Hotels hinunter zum Wiesengrund, wo sich um einen kleinen Teich seit Jahren ein Café und ein bescheidenes Restaurant im rundum Grünen etabliert haben. Von dort sind es nur wenig mehr als 100 Meter zum Strand, und doch genießt man seinen Tee oder sein Fresh Lemon Water ganz ungestört. Denn die nächste Straße verläuft jenseits der Wiese und gehört, weil am Strand als Sackgasse endend, zumeist den Fußgängern und Radlern, seltener den Scooterfahrern. Gebremste Geschwindigkeit, verminderter Lärm, das sind Varkala-Vorzüge.

Ein anderer Vorteil: Glücklicherweise hat die Arabische See zwischen den roten Steilklippen und dem Salzwasser einen Streifen Strand gelassen, der gerade breit genug fürs Urlauberleben in Sand und Sonne ist, aber sicher nicht für einen Autokorso. Und wem es da zu umtriebig werden sollte, der kann zu der raueren Küste unter der Nordklippe oder noch weiter ausweichen.

Varkala ist völlig anders, viel ruhiger als das berühmte Kovalam, auch darum, weil es nicht nur zehn Kilometer von der Hauptstadt entfernt ist, sondern rund 55. Und weil die große Nord-Süd-Trasse NH 47 das grüne Hügelland, in das Varkala auf seiner Landseite eingebettet ist, in einem Bogen landeinwärts umfährt. Vor allem aber ist Varkala anders als der Touristenmagnet Kovalam, weil es wegen des Guru Narada für Hindu-Gläubige ein heiliger Ort ist.

Es geht in der Erzählung vom Guru Narada um ein menschliches Missverständnis im Kreis der Götter und um das in Indien bis heute sehr wichtig genommene, korrekte Verhalten gegenüber Höherstehenden. Der weise Narada war auf dem Weg zu Brahma, gefolgt von Gott Vishnu, der aber vor Brahmas Götterwohnung in einem Blitz verschwand – und von Brahma mit einer respektvollen Verbeugung begrüßt und zugleich verabschiedet wurde. Darüber lachten die um Brahma versammelten Bettelmönche, weil sie meinten, Brahma habe sich vor Narada verbeugt. Voller Zorn verbannte Brahma sie sofort auf die Erde. Die Mönche baten Narada um

1 Varkala, auch ein Ort der Fischer. **2** Kinder aus Christenfamilien am Strand. **3** Ein *kathakali*-Schauspieler, reich geschmückt. **4** *Theyyam*-Tänzer. Aus dem Norden Keralas kommen *Theyyam*-Gruppen und finden auch im Süden Publikum für ihre Vorführungen (siehe Seite 172).

1 Die Varkala-Strände unter der Steilküste. **2** Alles strömt zum Janardhanan-Tempelfest (auch Nicht-Hindus dürfen in den Tempel eintreten). **3** Bootsvergnügen in Varkala. **4** Ein Kaufhaus speziell für junge Eheleute, mit »Traumwagen«. **5** Im Janardhanan-Tempel.

Hilfe. Der warf sein *valakam*, ein als Kleidung getragenes Stück Rinde. Sie sollten Buße tun, wo das *valakam* niederfiel. Es war der Strand zwischen Varkalas beiden Kliffs, der heute »Papanasham« heißt, zu Deutsch »Erlösung der Sünden«. Pilgern gelten der Strand und das Meer davor als geheiligt, dort werden *pujas* (Reinigungszeremonien) für Verstorbene vollzogen. Beim Tempel Janardhanaswamy aus dem 12. Jahrhundert, östlich vom Strand, ist der von Vishnu gespendete Teich ein Pilgerziel (Chakrathirtam).

Zu Tausenden besuchen Varkala-Pilger auch einen neueren Gedenkort namens Shivagiri Mutt, etwa 2,5 Kilometer östlich von Varkala am Kanal Thiruvananthapuram-Shornu: um Sri Narayana Guru (1856 – 1928) zu verehren, einen großen Sozialreformer Keralas, Wandermönch und Schulgründer, der sich für die niedrigen Kasten und Kastenlosen einsetzte, zu einer Zeit, als in Kerala noch extreme »Kasten-Tyrannei« herrschte. Am Gedenkort findet man auf einem weitläufigen Wiesengelände ökologische Farmwirtschaft und einen Tempel, der Saraswati, der Göttin des Wissens und Lernens gewidmet ist.

Nächste größere Stadt ist Kollam, einst ein reicher Hafen, der bereits Phöniziern und Römern bekannt war. Marco Polo berichtete mit Bewunderung von diesem Ort. Kollam (früher: Quilon), hat eine Altstadt mit engen Gassen und Monumente aus holländischen und britischen Kolonialzeiten – voran den über 100jährigen Leuchtturm. Besucher dürfen ihn ersteigen und gewinnen einen imposanten Rundblick. Landeinwärts erstrecken sich kilometerweit Villen und dörfliche Siedlungen mit schmalen Durchfahrten im Kokospalmenwald – bis an den Ashtamudi-See.

Wie ein Puzzleteil liegt der Ashtamudi-See mit seinen vielfachen Ausbuchtungen und Wasserarmen in der grünen Landschaft. Den

»achteckigen See« hat man den Ashtamudi-See darum auch genannt, der natürlich ebenso zu den enorm weitläufigen Backwaters gehört. Bootslinien verbinden kleine Uferorte mit Kollam. Es gibt Resorts und Homestays an den Ufern und auf den Halbinseln. Eine Aura von Verehrung ist noch ein Stück weiter nördlich an der NH 47 zu erleben. In einem vielstöckigen Komplex beim Dorf Amritapuri ist das Zentrum des karitativen Netzwerks untergebracht, das eine Frau vom Dorf, Mata Amritanandamayi, aufgebaut hat, kurz »Amma« genannt. Ungezählte Tausende wallfahren zu ihrem Ashram Amritapuri. Amma umarmt die Pilger, die in langen Wartereihen diesem Augenblick des Trostes entgegenhoffen. Das geschieht in Amritapuri und in aller Welt – wenn »Amma« zu ihren Anhängern reist. Einer Mutter Teresa gleich, lässt sie von Spendengeldern Wohnungen für die Armen bauen, ein 800-Betten-Krankenhaus, ein Waisenhaus für 500 Kinder. Jeder kann den Ashram besuchen und einige Tage dort wohnen. Der »Mata Amritanandamayi Math«, ein eingetragener karitativer Verein, soll in ganz Indien mit über 200 Zweigstellen aktiv sein. Eine Öko-Organisation des Vereins sind die »Green Friends«. Beispielsweise ihr Waldprojekt (»Amrita Vanam«) hilft alljährlich mit 10 000 Baumsetzlingen bei der Aufforstung. »Ammas« Botschaft ist die Ehrfurcht vor dem Leben – von Menschen wie von Tieren und auch von Pflanzen.

Varkala und Kollam

Anreise und Reisezeit
Varkala ist rund 50 km, Kollam rund 70 km vom Flughafen Thiruvanantapuram entfernt.
Beste Reisezeit: September bis März.

Unterkunft
Varkala:
/****Taj Garden Retreat*** siehe folgende Seite.
*/*****Preeth Beach Resort*** südlich vom Papanasham-Strand auf dem Kliff unter Kokospalmen, mit Garten und 25 Bungalow-Zimmern, unterschiedliche Preise. Varkala, Kerala-695 141, Tel. und Fax: 04 70-2 60 09 42.

5

Website: www.preethbeachresort.com. In Varkala viele »Paying Guest«-Angebote von Familien.

Bei Kollam:
******Ashtamudi-Resort*** Direkt am gleichnamigen See gelegen, mit 20 Zimmern in Chalets und zwei Cottages, Restaurant. Ayurveda-Arzt in dritter Generation. Chavara South, Kerala-691584, Tel. 04 74-88 22 88, Fax: 88 24 70, Website: www.ashtamudiresort.com

Sehen und erleben
Varkala: Beste, meist nicht überlaufene Strände beim Südkliff. Janardhanaswamy-Tempel (südlich der Beach Road, landeinwärts, 12. Jh.).
Kollam ist ein Backwater-Zentrum mit reizvollem Ashtamudi-See. Reste eines portugiesischen, später holländischen Forts am Hochufer im benachbarten Thangasseri.

Ziele in der Umgebung
In Amritapuri der Ashram von Mata Amritanandamayi (»Amma«), mit seinen Hochhäusern keineswegs landschaftsgemäß, aber mit hoher karitativer Aktivität. Website: www.amma.de

Auskunft
Varkala: Tourist Information am Ende der Beach Road, nah am Strand.
Kollam: Tourist Information Centre nah beim KSRTC-Bus-Terminal und am Bahnhof.

Ein Schlösschen über Park und Meer

Taj Garden Retreat Varkala

1

2

3

4

Die meisten Hotels der Taj-Gruppe sind deutlich größer, sind ihrer Art nach Hotelpaläste oder komfortable Resorts, mit sorgsam in die Landschaft eingebetteten Cottages und Bungalows. Der Reiz des Taj-Hotels in Varkala dagegen liegt gerade in seinen rasch überschaubaren Dimensionen: ein heller Bau mit zwei Flügeln rechts und links von Auffahrt und Rezeption. Wer erstmals in den Bade- und Pilgerort kommt, tut gut daran, der Ausschilderung des »Taj Garden Retreat« durch den weitläufig über Tal und Hügel ausgebreiteten Ort zu folgen. So schön und ruhig mit so viel grünem Naturfreiraum umher wird er kein anderes Hotel finden. Wer dann noch die Qualitäten des Parks entdeckt, gleich unterhalb und zuseiten der Sonnenterrasse des Hotels, beglückwünscht sich erst recht zu seiner Wahl. Und freut sich am Blick hinüber zur Arabischen See, den man von den meerseitigen Zimmern wie auch von der Fensterfront des Restaurants her genießt.

Dieser Talgrund öffnet sich zum Meer, unterbricht damit die Geländestufe, die Reihe roter Klippen und ihrer Steilwände, auf deren Höhe Varkala sich ausbreitet. In wenigen Minuten ist man vom Hotel drunten am Strand. Auch der Janardhanaswamy-Tempel ist leicht zu Fuß erreichbar. Wer lieber auf einem Elefanten unterwegs ist – bitte, das »Taj Garden Retreat« wird seinen Wunsch erfüllen. Oder möchte jemand Bootsplanken unter den Füßen spüren? Hinaus aufs Meer fahren, um einen der grandiosen Sonnenuntergänge zu erleben? Bei Kappil auf dem See dicht hinter der Küste könnte man zwischen Tretboot, Motorboot oder einem Wasserski-Versuch wählen. Oder doch gleich beim Hotel Tennis spielen. Wer seinen Körper mit System in Bestform zu halten entschlossen ist, reserviert wohl zumindest eine halbe Stunde für das Fitness-Center des »Taj Garden Retreat«.

Genussmenschen freuen sich an den gastronomischen Künsten, die ihnen das »Retreat« vom Terrassenfrühstück bis in die Nacht anzubieten hat, mit ein paar nicht überlangen Pausen zwischen den Hauptmahlzeiten. Deren Schauplatz ist das Restaurant »Cape Camorin«. Hohe Glaswände, Glastüren öffnen sich zur Terrasse, zeigen den Gästen mit einem Blick Garten, Meer und Himmel, das ganze Panorama der Arabischen See – eine Freude für Augen und Herz. Die man übrigens auch mitten im Swimmingpool haben kann, der in großzügig entworfener Form dicht am Hang über dem Talgrund angelegt ist. In den Pool versenkt: eine Bar zum Plaudern

5

6

1 Palmenwipfel ums Hotel. **2** »Meen Moily«, Spezialität syrischer Christen, mit Kokosmilch zubereitet. **3** Öllampe mit Deckel, im Blatt- und Blütendekor. **4** »Meen Pollichatu«, gewürzter, in Bananenblatt gewickelter Fisch mit Kruste. **5** Gartenausblick. **6** Chefkoch.

beim Cocktail – und wieder mit dem großen Westküsten-Ausblick. Die zweite Bar, im Trockenen, heißt »Sunset Lounge«.

Unter dem halben Dutzend Taj-Hotels in Kerala ist das »Taj Garden Retreat Varkala« mit seinen 30 Zimmern das kleinste. Small is beautiful – das spürt man, wenn man von der Gartenseite auf den leichten Bogenschwung der Hotelfassade schaut. In den Zimmern begegnet man dem eleganten und zugleich praktischen Komfort, für den die Taj Hotels ihren weltweiten Ruf haben.

Auch das Ayurveda-Zentrum ist nicht groß, aber mit dem »Sowparnika Green Leaf« in seiner Qualität bestätigt.

*****Taj Garden Retreat Varkala** Bestlage auf der Höhe über dem Strand. Komfortabel mit Swimmingpool, Fitness-Center, großzügiger Garten- und Baumparkanlage, Restaurant und zwei Bars. Ayurveda-Zentrum (»Sowparnika Green Leaf«).

Janardhanapuram, Varkala-695141, Kerala. Tel. 0470-2 60 30 00, Fax: 2 60 22 96, Website: www.tajhotels.com, E-Mail: retreat.varkala@tajhotels.com

1

2

3

4

Hightech, Kunst und Luxus

Königsstadt Thiruvananthapuram und Kovalam-Küste

Ihre Abseitslage so tief im Süden Indiens kann Keralas Hauptstadt einen Mehrwert an Lebensqualität einbringen – weil der Modernisierungsschub später einsetzt und Bausünden der Megastädte unterbleiben konnten.

Der neue, in Wirklichkeit aber alte Name der Hauptstadt ist ein Zungenbrecher. Oder sagen Sie doch mal gleich: Thiruvananthapuram! Das Silbengestrüpp bereitet nicht nur manchem Europäer Mühe, auch Keraliten weichen noch immer gern auf die Kurzform »Trivandrum« aus. Mit ein wenig Übung kommt jedoch selbst Touristen der Siebensilber »Thiruvananthapuram« bald locker über die Lippen. Hindus kennen selbstverständlich die heilige Bedeutung des traditionsreichen Stadtnamens. »Thiru-ananthapuram« heißt »die Stadt des Herrn Anantha«, nämlich des Gottes Vishnu, mit anderem Namen Padmanabha, der auf der Weltenschlange ruht.

Unter den Königen von Travancore, des Reichs im Süden Keralas, verstanden sich einige besonders gut darauf, ihre Frömmigkeit zu politischem Vorteil auszuspielen. Aus der alten Hauptstadt Padmanabhapuram im Süden – wo der Palast aus Teakholz und Granit heute eine Hauptsehenswürdigkeit ist – verlegte König Rama Varma seine Residenz 1795 nach Thiruvananthapuram. Damals gewann britisches Militär die Vorherrschaft über die Reiche Travancore und Kochi. Die Travancore-Könige wurden nicht von ihrem Thron verjagt, mussten sich aber der britischen Kontrolle unterwerfen. Schon zuvor hatten sie sich zu »Dienern« Vishnus/Padmanabhas erklärt und ihr Königreich samt Palästen formell dem Padmanabha-Tempel in Thiruvananthapuram übereignet. Ihre Nachfahren üben seit der Gründung des Bundesstaats Kerala 1956 keine politische Macht mehr aus, halten jedoch daran fest, kein persönliches Eigentum an Palästen und Tempeln zu besitzen. Zum Vorteil ihrer Steuerpflicht, wie man sich in Thiruvananthapuram erzählt. In dieser Stadt mit ihrer runden Million Einwohner vollzieht sich jüngst eine rasante Entwicklung. Noch in den 1990er Jahren eher schläfrig, fast ohne moderne Hotels und Restaurants, blieb Keralas Hauptstadt vom Touristenstrom nahezu unberührt. Wer auf Thiru-

1 Am stadtnächsten Strand von Thiruvananthapuram. **2** Blütenfülle. **3** Das Lächeln des Bananenträgers. **4** Prestigebau unter Giebelfülle: der Napier-Palast, den der britische Architekt Robert Chisholm im Auftrag des Travancore-Maharajas im 19. Jh. entwarf. Heute Museum, zeigt der Palast unter vielem anderen eine exzellente Sammlung von Bronzen.

1

2

3

vananthapurams bescheidenem Flugplatz landete, machte sich in der Regel unverzüglich zu den Stränden von Kovalam auf. Bewunderer klassischer indischer Kunst besuchten allenfalls das Napier-Museum auf seinem Hügel im königlichen Parkgelände. Ein Maharaja hatte den Museumsbau 1855 gestiftet. Der britische Architekt Robert Chisholm entwarf ihn mit einer unglaublichen Zahl von ziegelgedeckten Dachgiebeln, halb Missverständnis der Kerala-Architektur, halb Märchenburg. Aber was für kostbare Kunstwerke aus klassischen Zeiten entdeckt man unter den lebensgroßen und überlebensgroßen Bronzefiguren im Napier-Museum!

Heute lädt die Hauptstadt in ihren neuen Technopark, einen der größten Indiens, und meldet zukunftsstolz, schon seien über 150 000 Quadratmeter bebaut, mehr als ein halbes Hundert IT-Firmen seien eingezogen, sogar amerikanische, und mehr als 5000 IT-Spezialisten seien an der Arbeit. Die Bundesstaaten Südindiens konkurrieren nach dem Beispiel Bangalores um Internet und neue Technologien, parallel mit Thiruvananthapuram auch Hyderabad in Andhra Pradesh und Chennai (Madras) in Tamil Nadu.

Zugleich plant Thiruvananthapuram den Modernisierungsschub des Fernverkehrs: mit erweitertem Flughafen und neuen Bahnanlagen. Dabei werden Einfallsstraßen aufgerissen und verbreitert, auch wenn Hunderte von kleinen Läden, die sich jenseits der Bebauungsgrenze vorgeschoben haben, diesen Plänen zum Opfer fallen. Wie wird die kommerzielle Hauptachse der Stadt in fünf Jahren anzusehen sein, die MG-Road (Mahatma Gandhi Road), die den Autofahrern auf ihren zwei Fahrbahnen stets neue Staus beschert und nur unter Gefahr zu überqueren ist?

4

5

6

1 Tempelwärter wie Riesen vor dem Sri-Padmanabhaswamy-Tempel (Eintritt nur für Hindus, aber sehenswerter siebenstöckiger Tempelturm). **2** Im Basar nahe beim Tempel. **3** Moderne Skulptur im Veli-Park. **4** Geduldsprobe: Kokosnüsse entkernen. **5** Gutes vegetarisches Leben. **6** Keralas Kommunisten sind anders und werden gewählt.

Wir sind da zuversichtlich, weil wir Thiruvananthapuram auch abseits der MG-Road kennen: Im Zentrum gibt es stattliche, klassizistisch anmutende Fassaden der Regierungs- und Verwaltungsbauten, angenehme Wohnviertel mit teils so schmalen Straßen, dass sich jedes Fahrertemperament mäßigt. Dazu noch Museen und die ausgedehnten Parks, wie etwa der »Veli Tourist Park« am Meer, in dem große Skulpturen des Bildhauers Kanai Kunhiraman ihren Platz haben, ausdrucksstark und originell in der Formfindung. In vielen Stadtvierteln trifft man auf herrlichste große Bäume.

Verschlossen bleibt den Nicht-Hindus allerdings der im 18. Jahrhundert mit prächtigem, turmhohem *gopuram* (Torturm und Zugang zum Tempel-Areal) erbaute Sri-Padmanabhaswamy-Tempel samt seinen 365 Granitsäulen und seinem Vishnu-Götterbild. Das besteht, hört man, aus massivem Gold. Der benachbarte, nahezu ebenso alte »Puthe Maliga Palace« der Travancore-Herrscher – reich an feinem Schnitzwerk – ist dagegen zu besichtigen. Und wer genug Stadtluft geatmet hat, findet am Stadtrand, zum Beispiel bei Poozhikunnu, eine liebenswerte ländliche Umgebung mit kleinen Tempeln, dörflichen Anwesen, frischen Bächen. Man kommt indischem Leben näher, quartiert man sich dort und nicht in einem Strandresort ein.

Die meisten Urlauber zieht es aber unaufhaltsam zum Meer. Der Kovalam-Strand ist seit Jahrzehnten berühmt, nur 15 Kilometer von

1 Dachkonzert im »Ambad« Guesthouse am Stadtrand. **2** Nach Hausboot-Art: Dachkonstruktion über dem »Ambad«-Guesthouse. **3** Am Kovalam-Strand: KTDC-Hotel »Samudra«. **4** und **5** Fröhlich im Veli-Park.

der Stadt entfernt und hügelan mit einer Vielzahl von Hotels und »Guesthouses« versehen. Fischer behaupten ihre Rechte am Strand trotzdem, sichern damit dem Strandleben ein Stück Ursprünglichkeit. Von der Höhe der Kovalam-Hügel sieht man sowohl das Meer als auch die Kokospalmenwälder, die sich bis zum Horizont erstrecken. Die Stadt Thiruvananthapuram scheint sehr fern, wie in einer anderen Welt.

Drunten am Meer gliedert sich die Strandlandschaft um das Felskap, auf dem der Architekt Charles Correa schon vor Jahrzehnten viel Beton in ein »Ashok«-Hotel verbaute: Im Norden des Felskaps liegen die »Kovalam Beach« und »Samudra Beach«, südlich vom Kap die »Hawah Beach« (auch als »Eve's Beach« bekannt), dann noch südlicher, zwischen dem »Sunset Point« von Edakallu und der Landmarke des Leuchtturms, die viel besuchte »Lighthouse Beach«. In den Wintermonaten drängen sich Sonnensucher, fliegende Händler und Netze flickende Fischer. Wer eher auf Ruhe und Naturerlebnis aus ist, zieht noch weiter südwärts (siehe Seite 95). Oder lässt sich bei entsprechendem Kontostand in einem der beiden neuen Fünf-Sterne-Hotels verwöhnen: Das »Taj Green Cove« (siehe Seite 92 ff.) wie das »Leela Kovalam Beach« eröffneten erst im 21. Jahrhundert, ein Indiz für das Vertrauen in die Wachstumskraft Thiruvananthapurams als Zentrum für Wirtschaft, Wissen und Politik.

Opulente »Leela«-Hotels entstanden schon in Mumbai, Goa und Bangalore, immer mit zukunftsgewissem Ausblick auf Indiens wach-

5

sende Rolle sowohl in der globalen Wirtschaft wie im globalen Luxustourismus. Das »Leela Kovalam Beach« ist die Neugeburt des erwähnten Charles-Correa-Ashok-Hotels. Dessen düstere Empfangshalle wurde völlig umgebaut, der Gast tritt in eine lichte Architektur aus Glas und hellem Holz, blickt auf ein Schwimmbad, das scheinbar ins Meer übergeht, und weit hinaus auf die weiß schäumende Brandungslinie der Palmenküste – Kovalam vom Schönsten!

Thiruvananthapuram und Kovalam

Anreise und Reisezeit
220 km südlich von Kochi, 4 – 5 Stunden Fahrzeit. Zahlreiche Flug- und Bahnverbindungen.
Beste Reisezeit: September bis März.

Unterkunft
Taj Green Cove Kovalam. Siehe folgende Doppelseite.
****/***** ***The Leela Kovalam Beach Kerala*** 194 Zimmer und Suiten, Restaurant, Café und Bar, zwei exklusive Strände, Fitness-Center und anderer Sport (Tauchen, Speedboat). Thiruvananthapuram-695527, Tel. 04 71-2 48 01 01, Fax: 2 48 15 22, Website: www.theleela.com
*** ***Muthoot Plaza*** Modernes Stadthotel mit empfehlenswertem Restaurant. Punnen Road, Thiruvananthapuram-695039, Tel. 04 71-2 33 77 33, Fax: 2 33 77 34. Website: www.sarovarparkplaza.com /www.sarovarhotels.com

6

/* ***Samudra Hotel*** (KTDC) In Kovalam direkt an einer Strandbucht, mit Restaurant und Beer Parlour, Swimmingpool, Ayurveda-Zentrum. Thiruvananthapuram-695 725.
Tel. 04 71-2 48 14 12, Fax: 04 71-2 48 02 42,
Website: www.ktdc.com/Samudra.htm
* ***Ambadi Guest House*** Am dörflichen Stadtrand in Poozhikunnu, 12 Zimmer, teils AC, gute Kerala-Küche. Thiruvananthapuram-695019, Tel. 04 71-2 49 37 12,
Fax: -2 49 37 13, E-Mail: ambadigh@vsnl.com

Sehen und erleben
Museen, Paläste und Parks, *kathakali*- und *kalaripayattu*-Vorführungen in der Hauptstadt, in Kovalam jederlei Strandleben.

Ziele in der Umgebung
Padmanabhapuram-Königspalast (65 km südlich, in Tamil Nadu), Südkap Kanyakumari mit Tempeln und Vivekananda-Memorial (auf Felsinsel, Überfahrt mit Barkassen). Vivekananda war Philosoph und Erneuerer des Hinduismus (1863–1902).

Auskunft
Tourist Reception Centre (KTDC), Park View (gegenüber dem Napier-Museum), Tel. 04 71-2 32 11 32, Fax: 2 32 22 79, Website: www.keralatourism.org
Tour India Holidays Ltd., 163, MG Road, Tel. 04 71-2 33 15 07, Fax: -2 33 14 07, Website: www.tourindiakerala.com

Glück in genial gestalteter Landschaft

Taj Green Cove Resort Kovalam

Keralas Hauptstadt ist nur rund 20 Kilometer entfernt. Hier draußen am Meer könnten es auch 200 Kilometer von Thiruvananthapuram und seinen 600 000 Einwohnern sein, man würde nicht mehr davon spüren. Die besondere Lage Kovalams – die

1

Gäste können vom Hotel aus auf schneller neuer Straße in einer halben Stunde in der Hauptstadt sein, sich aber zugleich fernab aller Hektik an einer der schönsten Kerala-Küsten im »Taj«-Luxus verwöhnen lassen – hat sicher zu der Entscheidung für den Bau des neuen, südlichsten Taj-Hotels in Kerala an dieser Stelle, am Ortsrand von Kovalam, beigetragen.

Dazu passt die andere Entscheidung, kein großes, dominantes Bauwerk in die Hanglandschaft des Kokospalmenwaldes zu stellen, sondern mehrere Häuser und Cottages mit jeweils nur wenigen Zimmern und Suiten. Erst im Jahr 2004/2005 wurde das »Taj Green Cove« errichtet. Die Landschaftsgestalter bewiesen hervorragendes Können: Noch bei der Anfahrt ist der Hotelkomplex im Palmenwald kaum wahrzunehmen.

Geht man aber in der umfriedeten Anlage des Hotels spazieren, empfindet man immer neu den Wechsel: Eben umfängt einen bergendes Gartengrün, wenige Schritte weiter öffnen sich Ausblicke über die hügelige Waldlandschaft oder über das Meer – und beide, die Kokospalmen wie die Meereswellen, reichen bis an den Horizont. Den Strand nimmt man in seiner Ausdehnung besonders wahr, wenn man eine kurze Strecke an die Küste hinunterfährt; für

2

raschen Transport hin und her ist gesorgt. Architektonisch dominiert Keralas Bautradition: Die Bruchsteinmauern, die mit Elefantengras gedeckten Giebeldächer, die freundlich mit naturfarbenem Holz vor das Mauerwerk gesetzten Balkons und die farblich abgestimmten, hellen Kachelböden laden zum genussvollen Wohnen ein. Durch die natürlich wirkende Gliederung des Geländes in Terrassen und die optimal geglückte Landschaftsgestaltung hat jeder Gast seine private Atmosphäre.

Die größte Terrasse – auf der auch der großzügig bemessene, schön geformte Swimmingpool samt seiner Umrahmung mit blühenden Büschen und komfortablen Liegen sowie die Außen-Tische des Restaurants »Curries« hinreichend Platz haben – bietet den opulentesten Panoramablick. Den Köchen der Taj-Hotels und ihrer Qualifikation haben die Gäste schon oft genug Lob ausgesprochen, doch eigens zu erwähnen ist im »Green Cove« die Auswahl an maritimen Köstlichkeiten – und die originelle Darbietung des Weinkellers. In den letzten zwei Jahrzehnten haben Indiens Winzer und Kellermeister ihre Reben und Kreszenzen bedeutend verbessert. Das spricht sich unter Indienbesuchern nur langsam herum, weil indische Weine nicht überall zu haben sind. Was nicht jeder weiß, wird im »Green Cove« vor Augen gestellt: nämlich in einem gekühlten und begehbaren gläsernen Weinschrankkubus mitten im Restaurant. Wie entsprechend in Europas südlichen Ländern oft üblich, werden auch Rotweine hier kühler serviert. Im Coffee-Shop werden asiatische, italienische, mexikanische Küchenkreationen gezaubert. Und sogar eine Bar fehlt nicht, »Neera« heißt sie.

Eine ganz besondere Einrichtung ist der Meditationsraum, der im »Green Cove« ein Innen und ein Außen hat, nur von einer hohen Glasscheibe getrennt – draußen stürzt ein klarer Wasserfall zwischen lauter Pflanzengrün in ein Teichbecken, drinnen strahlen Göt-

terbilder und die Innenarchitektur Ruhe aus. Man braucht kein Hindu-Gläubiger zu sein, um in diesem Ambiente Abstand zum Alltäglichen und zu sich selbst zu finden.

Noch mehr, noch andere Spezialitäten: Das tropische Spa und das schwimmende Ayurveda-Zentrum auf der Lagune bieten Massagen, Ayurveda-Behandlungen, einen Schönheitssalon und außerdem einen Spa-Laden.

»Cove« bedeutet »kleine Bucht«, auch »ruhiger Winkel« und »Höhle«. »Green Cove« ist also ein eher bescheidener Name für dieses neue, südindische Taj-Hotel, gehört doch nicht nur die luxuriöse Ausstattung dazu, sondern ebenso die Freude an der Landschaftsweite und am großen Meer. Nicht allein Bootsfahrten sind beliebt bei den Gästen, auch die abendlichen Treffs auf der Landzunge zwischen Meer und Lagune, wo das Hotel eine schlichte Hütte aufgestellt hat. Dort bekommt man Getränke sowie kleine Imbisse, und an manchem Abend wird Theater und Tanz veranstaltet. Ein Platz heiteren, festlichen Lebens in schöner Natur ist dieses »Green Cove«! Ein traumschöner Platz zur Erfrischung von Geist, Körper und Seele – und schon in einer kleinen Viertelstunde vom Flughafen zu erreichen.

*****Taj Green Cove Resort Kovalam** Keralas Hauptstadt ist schnell, der Flughafen noch schneller zu erreichen von dieser beispielhaft schön im Grünen und direkt überm Strand erbauten Anlage. Mit allem Komfort, Feinschmecker-Restaurant »Curries«, Coffee-Shop »Jasmine Bay«, Strandrestaurant »Chemmeen« und Bar »Neera«, dazu Ayurveda-Zentrum und Spa, Swimmingpool. 57 Cottages, 56 Zimmer und Suiten, 1 Präsidenten-Suite.

G.V. Raja Vattapara Road, Kovalam, Thiruvananthapuram, Tel. 0471-2 48 77 33, Fax: 2 48 77 44, E-Mail: greencove.kovalam@tajhotels.com, Website: www.tajhotels.com

1 Swimmingpool mit Bauminsel. **2** Aus dem Meditationsraum, einem inspirierenden Bereich der Stille, geht der Blick auf einen Wasserfall. **3** Vor der Rezeption eine wohltemperierte Lounge. **4** Begehbarer Weinschrank inmitten des Restaurants »Curries«. **5** Taj-Mitarbeiter.

1

2

3

4

Strände vom Schönsten

Am Chowara-Strand und auf der Poovar-Insel

So weltweit berühmt wie Keralas nördlich anschließender »Kovalam Beach« wird die Chowara-Küste nie werden. Doch für Liebhaber von Sand, Fels und Meer ist sie ein Sehnsuchtsort.

Erinnern wir uns einen Augenblick an die Sonnenschirme der italienischen Adria. In acht oder zehn Reihen gestaffelt und exakt ausgerichtet beschatten sie den Strand und die Tausendschaften der eng aneinander gedrängten Touristen – und wir atmen um so freudiger auf, wenn wir in heller Tageswirklichkeit in Kerala sind und auf die Chowara-Küste blicken. Still bis auf den Schlag der Brandungswellen, naturbelassen und oft noch menschenleer erstreckt sie sich, keine 20 Kilometer von der Hauptstadt Thiruvananthapuram entfernt. Ein Wunder möchte man's nennen, dass so viel Ursprünglichkeit erhalten blieb, nah benachbart dem umtriebig belebten, dicht bebauten Badeort Kovalam. Von dessen Nachbarort, dem Fischerdorf Vizhinjam, reicht das ruhige Ufer rund zehn Kilometer weit südöstlich bis zum Fischerdorf Poovar und zur Poovar-Insel. Dort ist man nicht weit entfernt von der Südgrenze Keralas zum Bundesstaat Tamil Nadu.

Um es genau zu sagen: Bei Vizhinjam gibt es keinen breiten Strand, nur wenig Raum zwischen dem Hochufer und dem Meer. Steil führen die Waldstraßen hinab zur Küste. Das hohe Ufer lässt nur windgeschützte kleine Sandbuchten zu, die mit ihren Felswänden romantische Winkel darbieten. Eine dieser Buchten gehört zum »Thapovan Hotel«, das ein Deutscher erbauen ließ und samt Garten und Ayurveda-Zentrum sehr angenehm ausgestattet hat (siehe Seite 100 ff.). Schon früher hatte ein anderer Deutscher, Dr. Klaus Schleusener, auf einem Plateau und einem Hang über der nächsten Bucht das Hotel »Surya Samudra« geschaffen. Es besteht fast ganz aus authentischen Kerala-Häusern, die Bauherr Schleusener andernorts abbauen und über dem Chowara-Strand originalgetreu wieder errichten ließ. Weil das Gelände vor der Planierung rau war, wollte niemand außer ihm an das Gelingen glauben. Doch das Unternehmen glückte, und »Surya Samudra« – das heißt etwa »Sonnenmeer« – zog und zieht viele Gäste an, auch seit es vor einigen Jahren von indischen Eignern übernommen wurde.

1 Fröhliche Sandspiele. **2** Am breiten Strand von »Nikki's Nest«: christliches Gebet. **3** Rückblick auf die Hauptstadt Thiruvananthapuram: der *gopuram* des Padmanabhaswamy-Tempels. **4** Landmarke am Kovalam-Strand: die eindrucksvolle Moschee mit ihren vier großen umd kaum noch zählbaren kleineren Minaretten.

Nur einige 100 Meter weiter, gut auf einem Pfad über anderen schönen Buchten und dem meerumspülten Felsgestein zu erreichen, erhebt sich direkt über dem Meer ein ummauerter Hindu-Tempel. Wegen seines Alters noch bemerkenswerter ist in Vizhinjam ein Felstempel, der aus dem 8. oder 9. Jahrhundert stammen soll, aus der Zeit der Pallava-Pandya-Herrscher. Zu finden ist er ein Stück landeinwärts bei der Abzweigung von der küstenparallelen Hauptstraße zum Meer.

Ob man süßes Nichtstun vorzieht, sportliche Aktivität oder philosophische Ruhe, Exkursionen nach Thiruvananthapuram oder in die Berge des Hinterlands, mit Ayurveda-Behandlungen etwas für seine Gesundheit oder seine Schönheit tun will –, der Chowara-Strand lässt die unterschiedlichen Wünsche wahr werden. So individuell sich die Anlagen der Hotels voneinander unterscheiden, gemeinsam ist fast allen der breite Strand und die Nachbarschaft der Fischer.

Südlich vom Hindu-Tempel tritt das Hochufer zurück, gibt dem feinsandigen Saum der Küste noch mehr Raum, 50 Meter und mehr misst der Strand in der Breite. Zum Festland hin rahmt ihn eine immergrüne Wand von Palmwipfeln ein, die hinauf zur oberen Geländestufe wächst und den Häusern der Fischer und anderer Dorfbewohner ihren Schatten schenkt. Dazwischen haben sich seit den 1990er Jahren die Resorts angesiedelt, in meist nur einstöckiger Bauweise und darum aus der Ferne unsichtbar. Traditioneller Kerala-Stil mit dunklem Holz, Giebeldächern und großzügigen Veranden fügt sich stimmig in die Landschaft. Treppen führen hinab zum Strand, bei Bedarf werden ein paar Liegestühle und Sonnenschirme aufgestellt. Einige Hotels stellen auch Strandwächter an, um Badeunfällen zuvorzukommen.

Wo das Meer der große Nachbar ist und die Küste sich so unbebaut wie an dem Chowara-Strand erstreckt, verschwindet alle Erinnerung an Enge, atmet man tiefer und bewusster. Planetarisches Empfinden mit jedem Atemzug: Nahe dem Südkap der rund 3000 Kilometer langen Westküste Indiens zu stehen, vor sich die Arabische See, die westwärts wiederum rund 3000 Kilometer bis zum Horn von Afrika reicht, eine ozeanische Weite, aus der sich die vergleichsweise mikrobenhaft winzigen Koralleninseln und Atolle der Lakshadweep (siehe Seite 176) und der Maldiven erheben. Einige tausend Inseln und Inselchen sind es zwischen Nördlichem Wendekreis und Äquator, Seefahrerstationen schon in der Antike auf dem Weg vom Roten Meer zur Malabarküste. Über die Nutzung dieser maritimen Verbindung zwischen Indien und dem östli-

1 Der Charme des Chowara strands im nördlichen Bereich: felsumrahmte Buchten mit Sandstrand. Aber Vorsicht beim Schwimmen! **2** und **3** Einheimische und Touristen vertragen sich: Kinder und Erwachsene, Fischer und Hotelgäste. **4** Einbaum in der Lagune bei Poovar Island. **5** Wellenspiel. **6** Feiner Dreiklang aus: Meer, Strand undKokospalmen.

chen Mittelmeerraum sind in neuerer Zeit einige Erkenntnisse publik geworden. Nach Schriftfunden im 19. Jahrhundert – am spektakulärsten die »St. Thomas-Akten« im Katharinenkloster in der Sinai-Wüste – waren es im 20. Jahrhundert die Archäologen, die Zeugnisse für einen mehr als 2000 Jahre alten Schiffsverkehr über die Arabische See vorweisen konnten. Der Brite William Dalrymple (»In Xanadu«, »City of Djinns« »The Age of Kali«, »White Mughals«) hat diese Funde zitiert und kommentiert. Er erzählt von den Christen in Südindien, von den Gemeinden, die ihre Existenz vom Apostel Thomas herleiten. Der sei nach Jesu Kreuzigung als Missionar über die Arabische See gereist und habe wohl im Jahre 52 n. Chr. die Malabarküste erreicht. Oder zumindest sei nun sicher, dass er oder andere Missionare diese Reise gemacht haben könnten.

Gerade zu St. Thomas' Lebzeiten, so bezeugen Dokumente, habe die Nutzung der Monsunwinde die Reise vom Roten Meer nach Indien auf 40 Tage verkürzt. Bei dem Historiker und Geografen

1 Chowara Beach weiter südlich: so breit weitet sich der Strand. **2** Kreuzfahrtschiffe sind vor dieser Küste noch selten. **3** Aus den Anfängen des Chowara-Tourismus: das sehr beliebte »Surya Samudra«. **4** Fischerboote in der blauen Weite. **5** Willkommener Schulausflug.

Strabo (63/64 v. Chr.–23 n. Chr.) fand man die Aussage, jährlich segelten etwa 200 römische Schiffe nach Indien. Reste einer römischen Handelsstation und Münzfunde sprechen dafür, dass gerade im 1. Jahrhundert n. Chr., zur Zeit der Cäsaren Augustus und Nero, auf diesem Schifffahrtsweg am intensivsten Gewürzhandel betrieben wurde. Älter noch als die römischen scheinen die arabischen und jüdischen Handelsbeziehungen mit Indien gewesen zu sein.
Dalrymple, unermüdlicher Erforscher indischer Vergangenheit, stieß in Kerala auf einen katholischen Priester namens Jakob Vellian. Seit 1973 bemüht sich Vellian um das, was in der europäischen Romantik Philologen wie die Brüder Grimm taten: Er sammelt, was in mündlicher Überlieferung an alten Liedern und Balladen bei den letzten *ashans*, den Dorfbarden, noch Vers um Vers lebendig ist. Von der nächsten Generation werden diese christlichen Gesänge, ob kurze und sehr lange, kaum mehr gelernt (wie der »Gesang des Weges«, »Song of the Way«). Einige wenige sind in Bruchstücken auch auf alten Palmblatt-Manuskripten erhalten, noch aus der Zeit vor Vasco da Gamas Ankunft an der Malabarküste.

Der Chowara-Strand ist ein guter Ort, über das Leben der Europäer und Palästinenser nachzudenken, die lange vor einem selbst an dieser Küste friedlich landeten. Damals – vor bald zwei Jahrtausenden – ging es um Gewürzhandel oder Seelenheil, heute kommen aus dem Westen viele mit der Hoffnung, ihre körperliche Gesundheit und ihr stressramponiertes Nervensystem mit Hilfe von Ayurveda wiederherzustellen. Eben dies wünschen sich übrigens etliche der indischen Gäste aus den Megastädten ihres Landes, wo der Stresspegel gleichfalls weit über Normalhöhe pendelt. Die Chowara-Küste ist auch für solche Sehnsüchte ein geeigneter Platz, mit der Ruhe der Landschaft und den Ayurveda-Abteilungen, die von fast jedem Resort angeboten werden. Das »Somatheeram« betont mit Stolz, die seine sei als Erste eröffnet worden.

Die drei Resorts der Poovar-Insel, lediglich wenige Kilometer weiter südlich, haben ebenfalls solche Angebote. Die Ruhe dort ist gar noch stiller, denn statt Automotoren ist dann und wann nur das gemächliche Tuckern von Bootsmotoren zu hören. Auf einem verträumten Wasserlauf reist man unter Baumwipfeln an, findet eine geschützte Bucht, eine lang gestreckt vorgelagerte Sandbank mit Ausfahrt zum Ozean, Gärten, Swimmingpools und zum Abend Musik und manchmal das exotisch maskenbunte *kathakali*-Theater. Dies ist der tiefste Süden Keralas.

Chowara-Strand und Poovar-Insel

Anreise und Reisezeit
Flughafen Thiruvananthapuram. Pre-paid Taxis. Thiruvananthapuram ist per Bahn mit allen Zentren verbunden. Zum Südkap Kanyakumari rund zwei Stunden (87 km), nach Varkala im Norden 45 Minuten (65 km).
Beste Reisezeit: Sept. bis Mai, ab Februar ist es oft heiß.

Unterkunft
Thapovan, Nikki's Nest, Somatheeram, Estuary, Poovar Island: siehe folgende Doppelseiten.
/* ***Surya Samudra Beach Garden*** Heritage Resort und Ayurveda Spa mit 22 traditionellen Kerala-Häusern und Cottages, Meerblick, Telefon und Kühlschrank, Swimmingpool und

5

zwei Stränden. Pulinkudi, Mullur P. O., Thiruvananthapuram, Kerala-695 521, Tel. 04 71-2 48 04 13, 2 26 73 33, Fax: 2 26 71 24, Website: www.suryasamudra.com

/* ***The Travancore Heritage*** Um einen renovierten historischen Palast, 45 Villen in einem rund 4000 qm großen Baum- und Grüngelände überm Chowara-Strand; Internet, Bibliothek und Swimmingpool; Zimmer mit Kühlschrank, Kaffeemaschine, Kabel-TV. Chowara P.O., Thiruvananthapuram, Kerala-695 501; Tel. 04 71-2 26 28 28 bis 2 26 28 32, Fax: 2 26 12 01, Website: www.thetravancoreheritage.com

Sehen und erleben
Marine-Aquarium und Felstempel mit Skulpturen in Vizhinjam. Bootsfahrten mit den Fischern. Thiruvananthapuram (siehe Seite 86, Busverbindung).

Ziele in der Umgebung
Im Süden (ca. 45 km) der Padmanabhapuram-Tempel. Neyyar-Damm mit Krokodilfarm, Löwen-Safaripark, Bootsausflüge. Das indische Südkap Kanyakumari mit Tempeln und Vivekananda-Memorial auf vorgelagerter Insel.

Auskunft
KTDC (Kerala Tourism Development Corporation), Mascot Square, Thiruvananthapuram, Kerala-695033, Tel. 04 71-2 31 89 76, Website: www.ktdc.com. Auch am Flughafen Thiruvananthapuram.

Sich in Kerala zu Hause fühlen

Thapovan Heritage Home

Wo der Wirt wie man selbst deutsch spricht, fühlt man sich in der Ferne gleich gut aufgehoben. Das Fremde büßt nichts von seinem exotischen Zauber ein, aber einen Hauch von Heimat gewinnt das geräumige Garten- und Palmenwaldareal des »Thapovan« hinzu. Bei Andreas Heitmann, dem indienkundigenNorddeutschen aus Kiel, fühlen sich freilich auch Gäste aus anderen Ländern und Kontinenten rundum wohl und geborgen. Schon ein paar Stunden nach der Ankunft im »Thapovan« – heißt zu Deutsch etwa »Ort der Meditation« – entspannt sich der Gast: alles ist stimmig, bis ins kleinste Detail.
Andreas Heitmann ist viel und weit gereist, er liebt Indien seit langem. Fast alle Bundesstaaten hat er erkundet, mit dem Rucksack und der indischen Eisenbahn. Am Ende wählte er Kerala für sein

Projekt, und seit er gegen Ende des 20. Jahrhunderts das wunderschöne Gelände über dem Arabischen Meer erwerben konnte, ist es eine Indien-Liebe auf eigenem Grund und Boden. Die Gründung des »Thapovan« gelang gerade noch zur günstigen Stunde, bevor um Keralas Hauptstadt praktisch kein Bauland an der Küste der Arabischen See zu haben war.
Grandios ist der Ausblick über Meer und Küste vom oberen Gartenareal aus. Dort findet man das beachtliche Restaurant und eine Halle für kulturelle Darbietungen, gleich neben der weitläufigen Terrasse. Gut fügen sich die Kerala-Häuser, die im traditionellen Stil individuell gestaltet wurden, in das üppige Grün ein, mit ihren breit vorkragenden Dächern, die aus dem Schatten ins sonnige Land schauen lassen. Zum angenehmen Äußeren passt das gelungene Innere: Wände in warmem rötlichem Holzton oder frischem Weiß, Holzdecken, komfortable Sessel und große Betten in den Zimmern.

Wer lieber ganz nah am Meer wohnt, bezieht unter dem Palmendach am Strand eines der »Beach Cottages«, das »Beach House« oder das »Eagles Nest«. Oben heißen die Häuser »Teakwood House«, »Old House« und »Hide Out«. Wenige Stufen den Hang hinab kommt man zur von Felsen gerahmten, breiten Bucht, die abseits vom dörflichen Verkehr und völlig ungestört liegt. Wenn nicht gerade lautstark eine indische Hochzeit gefeiert wird, ist das »Thapovan« auch ein Platz für Honeymooners: ungestört in schöner indischer Landschaft mit vielen Erlebnismöglichkeiten.
»Ich bin Teil des Dorfes«, sagt Andreas Heitmann und fügt hinzu: »Ich biedere mich aber nicht an.« Offensichtlich kann er gut mit den Menschen in Kerala. Er hat die umwohnenden Dörfler aufge-

1 Ein Blick für das Kunsthandwerk. **2** Gästepaar im Gartenreich von Andreas Heitmann. **3** Gern genutzt: das Ayurveda-Zentrum unten nahe der Küste, hier ein Stirnguss mit Milch. **4** Aufenthalt mit Weitblick: die Reihe der Terrassen-Sessel vor den Zimmern im oberen Areal.

sucht, als das »Thapovan« entstand, er versteht sich mit ihnen und beschäftigt mehrere. Bei gesellschaftlichen Veranstaltungen des hochbetagten Fürstenpaares von Travancore pflegt man feudalen Stil: »His Highness would like to talk to you«, wurde Heitmann bei solcher Gelegenheit aufgefordert. Wir erzählen davon, um deutlich zu machen: Wer als Gast in Indien noch neu ist und bei aller Lust an Sonne und Meer neugierig ist und voller Fragen zu diesem Land steckt – der ist bei Andreas Heitmann an der richtigen Adresse.

Zu allen Vorzügen der Lage, der Ausstattung und übrigens auch der Küche kommt nämlich noch zweierlei hinzu, was das »Thapovan« besonders auszeichnet. Das eine ist Andreas Heitmanns Angebot, den Gästen auf Exkursionen ins Umland die Feste, die Kultur und das tägliche Leben Südindiens zu zeigen. Dazu gehören auch die Auftritte von Tänzern und Musikern im »Thapovan«. So schätzenswert dieses erste Angebot ist, für manche Besucher kann das zweite noch wichtiger werden, weil es dem Wohlbefinden und der Gesundheit dient: das Ayurveda-Zentrum mit mehreren Behandlungsräumen unter Palmenwipfeln oberhalb vom Meeresstrand.

Ein Ayurveda-Arzt sorgt für die individuelle und fachgerechte Behandlung, berät bei der Wahl aus einem breiten Anwendungsspektrum. Vor allem geht es um Vorsorge, um die langfristige Erhaltung der Gesundheit, um Prävention, Regeneration und Verjüngung. Mehrere Behandlungen kommen der Schlankheit und der Schönheit zugute. Bestimmte Massagen und Öle heilen, werden zum Beispiel gegen rheumatische Leiden oder Hauterkrankungen empfohlen. Insgesamt gilt: Für eine Behandlung, die ihre Wirkung noch die nächsten Monate oder länger zeigen soll, müsste man sich im »Thapovan« wenigstens zwei Wochen Zeit nehmen. Dabei müssen an jedem einzelnen Tag zumeist nur ein bis eineinhalb Stunden aufgewendet werden.

Ob man bei all diesen Möglichkeiten eines »Thapovan«-Urlaubs noch zur Meditation kommt, die der Name des Ortes in sich trägt? »No problem«, heißt es in Indien gern. Im »Thapovan« belässt man es nicht dabei, sondern hilft dem Gast, der sich das wünscht, beim Meditieren zur Ruhe und Konzentration zu kommen. Das gelingt entgegen anderer Erwartung durchaus nicht jedem beim ersten Versuch. Die Fähigkeit, sich in eine Meditation zu vertiefen, wäre doch nicht das schlechteste Mitbringsel von einer Indienfahrt?

****Thapovan Heritage Home** Schön gelegen am und über dem Meer, mit ungestörter Strandbucht und traditioneller Architektur in prächtigen Gärten. Nur 31 Zimmer. Exkursionen (auch in die Backwaters), Veranstaltungen und Ayurveda-Zentrum, Multi-Cuisine, Internetanschluss., Autovermietung. 18 Kilometer südlich der Hauptstadt Thiruvananthapuram, etwa 30 Minuten vom Flughafen entfernt.

Nellikunnu, Mulloor P. O., Thiruvananthapuram Distrikt–695 521, Kerala, Tel. und Fax: 0471-2 48 04 53 oder 2 48 24 30, E-Mail: thapovan@sancharnet.in, Website: www.thapovan.com

Meeresweite und Orchideenwunder

Nikki's Nest

In Kokosnussschalen gedeihen sie, bringen auf ihren zarten und zartesten Blütenblättern reine Farben hervor. Wie sie leuchten unter der Kerala-Sonne! Die farbenprächtigen Orchideen sind die Lieblinge des Mr. Jacob Bailey, des Hausherrn und Gastgebers. Bei jedem Besuch in »Nikki's Nest« bestaunen wir aufs Neue, welch Blütenschönheit er mit seinem kundigen Gärtner den Augen beschert, wahre Orchideen-Wunder. Wie anderswo Blumentöpfe hängen hier die erdgefüllten Kokosnusshälften an den Bäumen des Gartens. Der zieht sich von der Hügelhöhe bis zur steinernen Strandtreppe hinab, umschließt und umschmeichelt die Rundpavillons und die rechteckigen Kerala-Häuser.

Der Gast hat die Wahl, wo er wohnen mag. Prunkstück ist das »Nest«, ein originales großes altes Holzhaus mit dem typischen, leicht geschweiften Dachgiebel, breiter Terrasse und einer Fülle schöner handwerklicher Details im Innern. Zu jedem der komfortabel ausgestatteten Quartiere gehört eine eigene blütenumsponnene Rasenfläche zum Ruhen und Schauen. Und für die Gäste gibt es außer dem großen Swimmingpool droben das grenzenlose Meer weiter unten – von jedem der Häuser in wenigen Minuten zu erreichen.

Die großartige Weite fasziniert immer wieder an indischen Landschaften. Mit Palmblättern gedeckt, nach allen Seiten offen, steht das Restaurant von »Nikki's Nest« in luftiger Höhe. Ein wunderbarer Platz, dreimal am Tag die vorzügliche Küche zu genießen und dabei immer ins Weite zu sehen. Der Blick auf Meer und Strand reicht kilometerweit nach Süden, Richtung Kanyakumari, Indiens Südkap, das rund 100 Kilometer entfernt liegt. Längs der Küste sind reiches Baumgrün, breite Sandstrände und Wellen bis zum Horizont auszumachen, aber kaum ein Gebäude. Die Häuser am Chowara Beach verbergen sich im Kokospalmenwald und lassen den Strand frei. Je nach den Gezeiten ist er 20 bis 50 Meter breit, während der Monsunregen manchmal jedoch tagelang fast ganz überschwemmt. Fischer haben da und dort ihre Boote im Sand geparkt, reihenweise. Andere Boote entdeckt man auf dem Meer.

Sehr zahlreich, ja zu Hunderten sind die Fischer nur in der Nacht unterwegs, und dann funkeln ihre Lichter, als existierte dort draußen in der Dunkelheit über dem Meer eine große Stadt – oder als sei es ein zweiter Sternenhimmel. Erst am Morgen kehren die Fischer in ihren schmalen Booten heim zum Strand. Harte Arbeit ist es, die Boote durch die donnernde, gischtende Brandung auf den Ufersand zu bringen.

1 Ins Dramatische verfremdet: zwei der allemal lotrechten Neubauten im Waldbereich von »Nikki's Nest«. 2 Auch diese Bungalows sind Meernah, ähnlich wie die älteren Rundbauten. 3 Für den Orchideenliebhaber Jacob Bailey unentbehrlich: der Gärtner. 4 Fabelwesen im Relief.

Für den Urlaubsgast ist es ein Spaß, eine halbe Stunde mit den glatten glänzenden Wasserwänden der Wellen zu spielen, springend und tauchend, wenn die Wogenkämme zusammenstürzen, wieder aufzutauchen, während die nächste schon heranrollt.

Geübte Schwimmer können lange Zeit hinter der Brandung im ruhigeren Wasser schwimmen – und den Unterschied zu den Temperaturen europäischer Gewässer genießen. Erkundigen sollte man sich vorher: Es gibt Strömungen, die einen zu weit hinaustragen könnten.

Zwischen der Brandungslinie und dem Areal von »Nikki's Nest« liegen mächtige, teils glatt polierte Uferfelsen aus rötlichem Gestein. Wer mag, hält Ausschau oder Siesta, sonnt sich, träumt. Auf einem der Felsen gibt es ein kleines christliches Heiligtum, und immer wieder kommen Dörfler oder indische Touristen zu einer Andacht.

Ein größerer, bunt geschmückter Hindu-Tempel in einer Ummauerung steht auf dem Hochufer nah beim Einfahrtstor zu »Nikki's Nest«, wo die Abzweigung von der Hauptstraße endet, die weiter landeinwärts parallel zur Küste verläuft, von Thiruvananthapuram südwärts zur Poovar-Insel.

Im Jahre 2005 ist »Nikki's Nest« gewachsen, in den Palmenwald jenseits der Straße hinein, mit einer Reihe neuer geräumiger Häuser, schön dekoriert und auch mit Veranden ausgestattet. Man brauchte mehr Platz, da die Gäste weitersagen, wie angenehm in »Nikki's Nest« Urlaub zu machen ist. Zur herzlich gastfreundlichen Atmosphäre – der munter zum Palmenwipfel springende Delfin im Logo signalisiert sie – und zur herrlichen weiträumigen Strand- und Gartenlandschaft und zur gepflegten Küche kommen noch zwei weitere Vorzüge hinzu:

Erstens das Ayurveda-Zentrum mit seinen Behandlungen zur Verjüngung und Reinigung. Neben den Massagen, Dampfbädern, Öl- und Kräuterprogrammen gibt es auch Yoga- und Meditationskurse. Körper, Seele und Geist werden als Einheit verstanden und gepflegt. »Nikki's Nest« gehört zu den wenigen Ayurveda-Zentren, die von Keralas Regierung mit dem »Green Leaf Award« ausgezeichnet wurden.

Zweitens ein Schwester-Resort in den Bergen, die »Duke's Forest Lodge« (Seite 118). Der Vorzug: Beide ergänzen sich gegenseitig. Wer in diesen zwei Hotels Urlaub macht, erfährt intensiv die Meeresküste und das Gebirge, die zwei ursprünglichen Landschaften des »Göttergartens« Kerala.

*****Nikki's Nest** Traditionelle Kerala-Architektur und Rundbungalows in einer Gartenlandschaft mit Orchideen am Hang über dem langen und breiten Strand, seit 2005 weitere ufernahe Cottages im Waldstreifen über der Küste. Luftiges Restaurant mit exzellentem Ausblick und ebensolcher Küche. Ayurveda-Abteilung, Swimmingpool, Internet, Exkursionen. Kleiner Laden.

Azhimala Shiva Temple Road, Pulinkudi, Chowara P. O., Thiruvananthapuram-695501. Tel. 0471-2267822, 2268822, Fax: 2267182, E-Mail: nest@sancharenet.in, Website: www.nikkisnest.com

Ruhen, gesunden, verjüngen!

Somatheeram Ayurvedic Beach Resort

Kaum angekommen, bekamen wir schon den Wohlfühl-Effekt zu spüren. Hinter der Toreinfahrt erwarten den Gast die traditionellen Kerala-Holzbauten mit Giebeldächern, von Baumgrün gerahmt. Monsunzeit war es, der Oktoberregen prasselte, wir sprangen aus dem Wagen, gleich lief uns jemand mit Schirmen für die paar

1

2

3

4

Schritte zur Rezeption entgegen. Noch vor der Frage nach dem Pass wurde Tee serviert und die Sofaecke empfohlen, mit dem gut bestückten Bücherregal und Zeitungen, um den Regenschauer abzuwarten.

Eine Viertelstunde später glänzten Sonnenstrahlen, und wir inspizierten den kleinen Somatheeram-Dorfplatz mit Kunsthandwerk-Verlockungen im Laden und Internet-Station. Wenige Stufen tiefer am Hang tritt man in das Restaurant unter seinem luftigen Dach, freut sich an dessen hervorragend schöner Zimmermannsarbeit, an einer frischen Rose auf dem Tisch, an der Multi-Cuisine-Speisekarte. Vor den breiten Fensterfronten halten dünne Netze die Vögel davon ab, sich an den Mahlzeiten zu beteiligen.

Weit reicht der Blick von der Restauranthöhe über die Baumwipfel, Rasenflächen und Hausdächer des Somatheeram-Geländes bis zum Meer. Fast alle Häuser sind Heritage-Architektur mit ihrer soliden handwerklichen Bauweise der Teakholzbalken, handgeschnitzten Säulen, starken antiken Türen und Fensterläden, die während der heißen Stunden natürliche Kühle in den Räumen bewahren. Elefantengras deckt die vorspringenden Dächer, die den Veranden Schatten spenden. Statt Klimaanlagen gibt es Fächer unter der Zimmerdecke, die heftige Temperatursprünge vermeiden und besser zum Ayurveda-Programm passen. Im Kräutergarten findet man etliche Pflanzen, deren Heilkraft die Ayurveda-Ärzte nutzen.

Als eine ideale Mischung von Strandurlaub, Ayurveda und Yoga wird das »Somatheeram« gelobt. Die Meditationskurse nicht zu vergessen! Gegründet 1992, war »Somatheeram« das erste Kerala-Resort, in dem die Verbindung von Tropenurlaub und altindischer Heilkunst so konsequent verwirklicht wurde. Immer wieder ist »Somatheeram« von der Kerala-Regierung mit Preisen, zum Beispiel dem »Green Leaf«, ausgezeichnet worden.

Hört man sich um unter den Gästen, sind die meisten mit dem Wunsch angereist, etwas für ihre Gesundheit zu tun, neue Kraft zu sammeln nach einer erschöpfenden Zeit, für *rejuvenation*, die Verjüngung mit Bädern und Massagen. Die Stärkung des Immunsystems oder der Wiedergewinn von Beweglichkeit und straffen Formen, insgesamt die ganzheitliche Behandlung hat einen nicht gerade geringen Preis, doch viele Gäste buchen einen zweiten, einen dritten Aufenthalt. Die sieben-, zehn- oder vierzehntägigen

5

therapeutischen *packages* sind es ihnen wert. Vor jedem Behandlungskonzept steht eine ärztliche Untersuchung und Beratung, die oft von dem Senior-Arzt des »Somatheeram«, Dr. Raman, selbst vorgenommen wird. Keine Scheu vor Spezialbehandlungen! Zu denen zählt *rasayana chikilsa*: Der Therapeut hält sich an einem Seil und setzt seine Füße kundig auf den ausgestreckten und fast vollständig entkleideten Körper des Patienten, den man zuvor von Kopf bis zu den Zehen mit Kokosnussöl eingesalbt hat.

An ihren pastellgrünen Gewändern erkennt man die Gäste, die gerade eine Ayurveda-Behandlung genossen haben oder unterwegs zur nächsten sind. Anderen Gästen gefällt das Somatheeram-Ambiente so gut, dass sie sich nur urlaubshalber ein Quartier unter den verschiedenen Kerala-Haustypen aussuchen, bis hin zur »Palastsuite« im »Sidharta«-Haus.

Zu den besonderen Qualitäten des »Somatheeram« gehört die Großzügigkeit der Anlage, mit viel Grün zwischen den Kerala-Gebäuden und mit breitem Strand. Der Weg vom Restaurant bis zum Meer führt über etliche Treppenstufen, darum gibt es eine Art Freiluftlift zum Strand hinunter und zurück.

Indische vor allem Kerala-Kultur wird im »Somatheeram« in einem reichen Fächer authentischer Programme den Gästen näher gebracht. Zum Beispiel Tanz – besonders *kathakali* und gern auch *mohiniyattam*, ein typischer Kerala-Tanz, der im Kunstzentrum Kalamandalam bei Thrissur neu belebt wurde. Außerdem klassische Musik, mit Flöten, Trommeln und Streichinstrumenten dargeboten. Und ebenso *kalaripayattu*, die indische Kampfkunst, die heute artistisch vorgeführt wird, ohne Verletzungsabsicht. Das alles kann man als Zuschauer erleben, man kann aber auch Kurse buchen: indischen Tanz, indische Philosophie, Literatur, Meditation und Yoga. Wer sich trotzdem für ein, zwei oder mehr Tage losreißen kann von diesem Ort ganzheitlicher Heilung und ungestörten Urlaubsglücks, bucht vielleicht eine Backwaters-Fahrt – auf dem resorteigenen Hausboot.

1 Nobel auf gepflegtem Rasen: ein Heritage-Haus mit Innenhof. **2** So stattlich in Kerala gebaut, schon vor Jahrhunderten: Tür und Portalrahmen. **3** Blütenblätter leuchten. **4** Locker geschulterte Gläser-Tabletts. **5** Romantische Illumination des Innenhofs.

****/****Somatheeram Ayurvedic Beach Resort** Hangareal mit Bäumen und Büschen über breitem Strand, abseits vom Straßenverkehr, mit Kerala-typischen Gastzimmern und Wohnungen in traditioneller Architektur. Multi-Cuisine-Restaurant, Swimmingpool, Läden, Internet, mehrere Ayurveda-Ärzte, Zimmerservice rund um die Uhr, Strandservice mit Rettungsschwimmer, Spielangebote, deutschsprachiger Übersetzer, Flughafen-Transfer, Backwaters-Kreuzfahrt. 21 km von Thiruvananthapuram, Richtung Balarampuram, 8 km vom Flughafen Thiruvananthapuram.

Chowara P. O., Thiruvananthapuram, Kerala-695501, Tel. 0471-2268101, Fax: 2267600, E-Mail: somatheeram@vsnl.com, Website: www.somatheeram.com

Ayur tours & Promotions, Gartzenweg 2, D-40789 Monheim am Rhein, Deutschland, Tel. 0049-2173-9576-11, Fax: 9576-12, E-Mail: info@ayurtours.de

Inselwelt, wo alle Straßen enden

Estuary Island Resort

Den Wagen lässt man stehen, wo unterhalb einer Brücke die Bootsanlegestelle wartet, ein Schatten spendendes Dach, ein Parkplatz. Alles ist in Grün gebettet, diesseits und jenseits vom schmalen Lauf des Neyyar-Flusses, der gemächlich zum »Estuary Island Resort« strömt. Thiruvananthapuram und sein Verkehrsgedränge scheinen fern wie eine andere Welt, obwohl man von der Hauptstadt doch tatsächlich kaum eine Fahrstunde unterwegs war. Jetzt ist Gemächlichkeit angesagt, Geduld ist in diesem äußersten Südzipfel Keralas Tradition.

Zum »Estuary« und zur benachbarten Insel Poovar führt nur der Wasserweg. Warum auch eilen in einer so romantisch urtümlichen

1

Robinson-Landschaft? Der Mangroven-Dschungel lässt die Grenze zwischen Festland, Backwaters und Meer da und dort ins Unbestimmte verschwimmen. Fischer sind in flachen Booten unterwegs, andere haben Sand oder Gemüse geladen, auf schmalem Steg balancieren die Männer ihre Lasten an Land, weiter abseits vom Fluss erkennt man auf einer Lichtung palmblattgedeckte Hütten.

Eine Überraschung erwartet Erstbesucher, wenn sie nach rund 20 Minuten an der Flussmündung ankommen: Da stehen keine Hütten, am Rande einer Lagune lugt weiß durch einen Palmengarten ein lang gestrecktes, zweistöckiges Gebäude mit breiter Vorhalle und Erkern im roten Ziegeldach, wie man es hier draußen gar nicht vermutet hätte. Es ist das »Estuary Island« (Estuary bedeutet Flussmündung), das erst im Jahr 2005 eröffnete Resort. Zum Meer, zur Arabischen See hin, ist die Lagune durch eine flache Sandbank abgegrenzt, mit einer schmalen Öffnung/Vertiefung, die vom aus-

2

strömenden Flusswasser offen gehalten und von den Booten bei der Weiterfahrt zur Insel Poovar benutzt wird.

Den Urlaubern bietet das »Estuary Island Resort« inmitten einer lebendigen Natur einen Aufenthalt mit Wohn- und Technik-Komfort »wie zu Hause«: mit Telefon und Satelliten-Fernsehen, sogar mit Fahrstuhl und gemäß den örtlichen Bedürfnissen dazu noch mit Klimaanlage und einem hauseigenen Generator, der bei Stromabschaltungen anspringt. Hinter dem Hauptgebäude umschließen weitere Hotelflügel das Gartenareal. Die insgesamt 46 solide bis aufwändig eingerichteten Zimmer haben drei Kategorien: »Estuary Garden«, »Estuary View« (mit Meerblick) und »Estuary Suites«; die 28 »Deluxe«-Zimmer besitzen außerdem getrennte Bad- und Duschräume und sichtgeschützte Balkons.

3

Zum Speisen lädt das freundlich rustikal dekorierte Multi-Cuisine-Restaurant mit Gartenblick ein. Den Köchen schaut man beim Zubereiten der vegetarischen und nichtvegetarischen Spezialitäten zu (offene Küche). Zum Dinner werden die Tische dann an manchen Abenden auch direkt an der Lagune gedeckt, und es wird bei Kerzenlicht, Sternenglanz und sanftem Wellenschlag serviert.

Je nach Lust und Laune taucht man in den angenehm großen Swimmingpool zwischen Haupthaus und Lagune oder lässt sich im hauseigenen Boot gratis zum Meeresstrand »Poovar Beach« befördern. Boote kann man ebenfalls zu Angel-Exkursionen oder anderen Ausflügen mieten, wenn man das 4,5 Acre-Resort-Gelände verlassen will – es ist zwar durch eine Landbrücke mit dem Festland verbunden, hat aber keine Straßenverbindung. Wie in jedem Kerala-Resort, das auf sich hält, bietet das »Estuary« auch professionelle Ayurveda-Behandlungen an, speziell zur Stärkung der Immunabwehr und zur Gewichtsverminderung. Ein Fitness-Zentrum mehrt noch die Chancen für nachhaltige Verjüngung.

Zwei andere Resorts, das »Isola di Cocca« auf dem Festland und das »Poovar Island Resort« sind nicht weit entfernt, doch vom »Estuary« aus sind diese Nachbarn überhaupt nicht wahrnehmbar dank der Kokospalmen, dem Dschungel und dem Meer. Gäste, die ohne maximalen Aufwand in Ruhe die tropische Natur genießen wollen, mit dem Wasser gleich vor der Tür, können sich gut aufgehoben fühlen.

1 Das Haupthaus, dem Meer zugewandt. **2** Anfahrt von Busstation und Parkplatz über den Wasserlauf. **3** Eine Suite im luftigen Obergeschoss. **4** Zwischen den Hotelgebäuden und dem Meer samt Anlegestelle bleibt ein von Palmen überwachsener Rasen mit Swimmingpool frei.

*****Estuary Island Resort** Direkt am Meer im Kokospalmenwald gelegen, mit Garten, Swimmingpool und TV, Air-Condition. Boots-Service zum »Poovar-Strand«. Ayurveda. Auch Festbankette und Konferenzen (Estuary Hall), 46 Zimmer. 32 km südlich vom Flughafen Thiruvananthapuram.

Poovar P.O. Trivandrum, Kerala-695525, Tel. 0471-22143 55/66/77/88/99, E-Mail: sales@estuaryisland.com, Website: www.estuaryisland.com

Die Insel der schwimmenden Häuser

Poovar Island Resort

Liebhaber der See sind schon fasziniert, bevor ihr Boot am Landesteg festgemacht hat. Da schwimmen Häuser auf dem Wasser, vor dem hellen Strandstreifen und den grünen Wipfelschwüngen der Kokospalmen, solide anzusehen und mit Veranden ausgestattet, die Wände aus Teakholz, die Dächer mit Elefantengras gedeckt. Auf dem Wasser wohnen! Viele träumen davon, manche verwirklichen ihren Traum, irgendwo zwischen Amsterdams Grachten, Florida und Bangkok. Doch einen Platz so naturnah wie hier am Poovar Island – den finden die wenigsten.

Im »Poovar Island Resort« haben sich Hotel-Experten der Aufgabe angenommen, ihren Teil des Insel-Areals der Natur gemäß, also zum Beispiel ohne Eingriffe in die vorgelagerte Lagune, zu einem ungestörten, komfortablen Aufenthalt zu gestalten. Ein kurzer Weg von der Bootslände, und schon finden sich die Gäste in der stattlichen Empfangshalle. Die ist in Kerala-Tradition aus Holz erbaut, mit hohem offenen Dachstuhl, Schnitzwerk und einladenden Sitzgruppen – ein kühler Begrüßungstrunk wird serviert, neugierig blicken Erstbesucher hinaus ins gartengrüne Resort-Gelände, hinüber zum Swimmingpool und zum Giebeldach des Hauptrestaurants.

Bei unserem Besuch im Herbst 2005 war das neue, erweiterte Ayurveda-Zentrum des »Poovar Island Resort« noch im Bau, eine geräumige Anlage, die mit zahlreichen Massage- und Therapieräumen inzwischen voll genutzt wird. »Lass dich auf die Natur und die alte Weisheitslehre ein, entdecke die Geheimnisse von Ayurveda und erfahre ihre wohltätigen Wirkungen auf Leib und Seele«, wirbt das »Poovar Island Resort«.

Nach ausführlicher Anamnese zur individuellen Klärung der Vorgeschichte und einer Entgiftungsphase geht das innovative Ärzteteam auf die Gesundheitsprobleme von potentiellen Ayurveda-Klienten ein. Eine generelle, in der heutigen Zeit meist absolut notwendige Stärkung des Immunsystems steht im Vordergrund. Zu den behandelten Krankheitsbildern gehören nicht nur Rücken- und Gelenkprobleme, die traditionelle indische Naturheilkunde nimmt sich auch der Neurodermitis oder der Psoriasis (Schuppenflechte) an – und beweist ihre Kompetenz mit erstaunlichen Resultaten. Unentbehrlich sind in der Regel dabei kurbegleitend Yoga und Meditation. Echo und Erfolg sind beträchtlich, 2005 mussten die Gebäude erweitert werden.

Behutsam hat man mit Grundstückszukäufen genügend Raum und Individualität für die Gäste in nun 60 Wohneinheiten gesichert. »Ayurveda Floating Cottages«, dem neuen Ayurveda-Spa benach-

2

1 Wie vertäute Hausboote: die »Floating Villas«. 2 Mit eingebauter Pool-Bar: der Swimmingpool gleich beim Restaurant. 3 So freundlich servierter Kaffee sollte schmecken. 4 Wo der Lehrer seine *asanas* (Übungen) so beherrscht, werden auch Touristen lernen.

bart, »Deluxe Floating Cottages« und »Land Cottages« bilden ein harmonisches Ganzes. Für Luxus-Ansprüche bei der Unterkunft empfiehlt sich die »Deluxe Floating Villa« mit Wohn- und Schlafraum und einer deckenhohen Glaswand mit Ausblick auf Strand und Meer. Auch eine von exotischen Pflanzen gerahmte Pool-Anlage und zwei Restaurants sind eingebettet in die Gartenlandschaft mit Wasserläufen, Bäumen und Pfaden.

Ökologisches Bauen schließt außer der Verwendung von Qualitätsziegeln – pro Stück 25 Rupees, also ein halber Euro, hören wir – auch die Lehmbauweise ein: Denn Wände aus Lehm halten kühl. Die durchweg als »Superior Rooms« klassifizierten Zimmer sind zudem teils mit Ventilatoren, teils mit Klimaanlage ausgestattet. Sogar Kabelfernsehen steht zur Verfügung.

Viele Indien-Reisende werden aber bestätigen: Das Erleben dieses Landes, seiner Natur und Kultur ist täglich so beeindruckend, dass man die bunten TV-Programme oft schnell wieder abschaltet; Ayurveda-Ärzte raten ihren Patienten während der Behandlungsphase ohnehin ab.

4

Umso mehr legt das »Poovar Island Resort« Wert auf ein vielseitiges Menu, indisch, fernöstlich und europäisch nach Multi-Cuisine-Art. Vor allem auch auf ayurvedische Diäten, die je nach individueller Behandlung und Körpertyp gestaltet werden. Ein Leitsatz heißt: »The food is delectable BUT ayurvedic!« (Das Essen ist köstlich und doch ayurvedisch!).

Außer dem großen Hauptrestaurant »Tiffins« – angenehm in den klimatisierten Speisesaal und eine überdachte Terrasse gegliedert – kann man ebenso das am Ufer vertäute (»floating«) Spezialitätenrestaurant »Fish Market« wählen. Kleine Erfrischungen und vielerlei Getränke sind in der »Sunken Bar« zu haben, wie man die überdachte vierseitige Bar inmitten des Swimmingpools im gängigen Englisch nennt.

Möchte man im Meer baden, bringt einen das Hotelboot rasch zu dem breiten Sandstreifen, der die Lagune zur See abschließt. Strandwanderungen in aller Stille, Spaß beim Beach-Volleyball oder ein Besuch im Fischerdorf – auf der Insel lässt sich leben. Und Ausflüge aufs Festland werden von den freundlichen Helfern im Resort gerne organisiert.

3

*****Poovar Island Resort** Großes Inselgelände mit vorgelagerter Lagune und Strand, Gartenanlagen, Ayurveda-Zentrum mit mehreren Ärzten; zwei Restaurants, Swimmingpool mit Bar. 60 Cottage-Zimmer und 15 »Floating Villas« an der Lagune. 32 km südlich vom Flughafen Thiruvananthapuram, nächste Busstation, Boot-Service 2 km.

K.P.VII/911, Pozhiyoor, Thiruvananthapuram,
Kerala-695513, Tel. 0471-2471286, Fax: 2464276,
Website: www.poovarislandresort.com.
In Deutschland Kontakt über Agentur Aytour, Postfach 1827,
D-82308 Starnberg, Tel. 08151-99 87 99-0, Fax: 99 87 99-99,
E-Mail: info@aytour.de, Website: www.aytour.de

Mein Leben mit Ayurveda

C. A. Raman

Dr. C. A. Raman, geboren am 5. Januar 1931 in einer Hindu-Familie, beschäftigt sich seit über 50 Jahren mit Ayurveda, das ihn bereits in seiner Kindheit faszinierte. Nachdem er einige höchst verantwortliche Positionen innehatte – Dr. Raman war Leiter der Ayurveda-Abteilung des Gesundheitsministeriums und Sonderbeauftragter für Volksmedizin und volksmedizinische Therapie in Kerala –, ist er seit zehn Jahren Chefarzt der renommierten Somatheeram Ayurvedic Health Group einer Ayurveda-Privatklinik im Süden Keralas, die von zahlreichen internationalen Gästen aufgesucht wird.

Ayurveda bedeutet Weisheit des Lebens und geht auf die Sanskritwörter *ayus* (Leben) und *veda* (Weisheit) zurück. Es hat schon immer eine Schlüsselrolle in meinem Leben gespielt und deshalb möchte ich einiges über mich berichten, über die Veränderungen in Ayurveda in der jüngsten Geschichte Indiens sowie über meine Erfahrungen im Umgang mit bisher über 30 000 europäischen Patienten.

Ich praktiziere Ayurveda seit über 50 Jahren. Mein erster Kontakt mit Ayurveda ist aber sehr viel älter und reicht bis in meine Kindheit zurück. Einer meiner Onkel war ein viel geachteter *vaid* (ein traditioneller Ayurveda-Arzt) in unserem heimatlichen Dorf, und ich durfte ihm oft zusehen, wenn er Patienten behandelte. Als Kind schon war ich von der Art fasziniert, wie er an das Heilen heranging und wie erfolgreich er die Menschen behandelte. Er beeinflusste mich nachhaltig in meiner Jugend und vor allem in meiner Ayurveda-Karriere. In jenen Jahren, glaube ich, traf ich die Entscheidung, selbst ein *vaid* zu werden, und mein Onkel bestärkte mich in meinem Entschluss.

Jahre des Sanskrit-Studiums: Damals waren alle Ayurveda-Lehrbücher nur auf Sanskrit erhältlich, sodass ich während meiner Schulzeit mit dem Studium dieser uralten Sprache begann, der ich mich acht Jahre lang widmete. Die große Sastry-Prüfung (in Sanskrit) bestand ich mit Auszeichnung.

Später setzte ich meine Sanskrit-Studien am Sanskrit-College in Thiruvananthapuram (früher Trivandrum) fort. 1953 schrieb ich mich zu einem fünfjährigen Ayurveda-Lehrgang am Government Ayurveda College ein. Noch vor Abschluss der Studien begann ich Ayurveda als Assistenzarzt von K. Chandrasekharan, einem Professor und *marma-vaid*, zu praktizieren. Von ihm lernte ich viel über die *marma*-Behandlung. Die *marma*-Punkte sind wichtige, über den ganzen Körper verstreute Vitalpunkte (über 100). Nur erfahrene ayurvedische *vaids* und Therapeuten sind in der Lage, diese Vitalpunkte zu stimulieren, die den Heilungsprozess auslösen.

Das Schicksal wollte es, dass ich meine Ayurveda-Kenntnisse vertiefen konnte. Zum Beispiel arbeitete ich 1961 als Apotheker-Arzt am Government Ayurveda College Pharmacy.

Anders als in Europa spielt Ayurveda eine wesentliche Rolle in der begleitenden medizinischen Betreuung unserer Bevölkerung. Während der britischen Kolonialherrschaft war die Ausübung von Ayurveda verboten, da es als wirkungsloser Hokuspokus von »Tribals« abgetan wurde. Die Philosophie des Ayurveda passte nicht zu den britischen Ansprüchen an ein anerkanntes schulmedizinisches System. Daher konnte Ayurveda in Praxis und Forschung nur insgeheim fortgeführt werden.

Die indischen Kaiser und Herrscher jedoch respektierten und schätzten die uralte Lehre immer hoch. So etwa verfügte der Maharaja von Thiruvithaamkoor (heute ein Teil Keralas) vor bald 120 Jahren mit fürstlichem Erlass, innerhalb seiner Verwaltung eine Abteilung für Ayurveda zu schaffen..

Nachdem Indien seine staatliche Unabhängigkeit errang, erfuhr Ayurveda landesweit rasche Verbreitung. Dies erklärt sich nicht nur durch die Wirksamkeit der Ayurveda-Medizin und das Fehlen unerwünschter Nebenwirkungen, sondern auch dadurch, dass sie für jedermann erschwinglich war und immer noch ist.

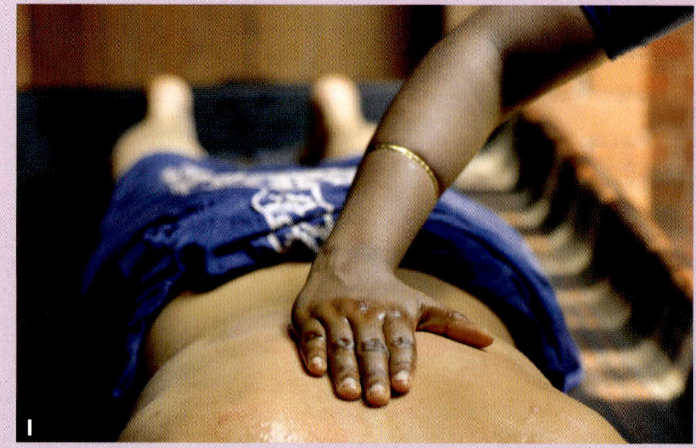

1

1 Elementare Ayurveda-Heilbehandungen: Massagen. **2** In Tontöpfen wachsen sie gut, die erforderlichen Heilpflanzen. **3** Kokosöl für die Massagebehandlung.

Wegen der Bedeutung von Ayurveda für die indische Bevölkerung gründete das Gesundheitsministerium eines jeden Bundesstaates eine eigenständige Abteilung für Ayurveda und Ayurveda-Forschung.

Tribal-Wissen fürs moderne Indien

Mit Gottes Güte fügte es sich 1979, dass ich von der Regierung des Bundesstaates Kerala als Direktor der Abteilung »Indian Systems of Medicine« eingesetzt wurde. 1986 folgte die Ernennung zum Sonderbeauftragten für Volksmedizin und volksmedizinische Therapie am Ayurveda Research Centre des Staates Kerala, ein Amt, das ich zwei Jahre innehatte. Es erfüllt mich mit Stolz sagen zu können, dass ich bislang der Einzige bin, dem dieser Titel verliehen wurde. Diese zwei Jahre trugen entscheidend zur Erweiterung meiner Kenntnisse über Tribal-Medizin bei, da ich die Möglichkeit bekam, zahlreichen abgeschieden lebenden Stämmen zu begegnen und Kenntnisse auszutauschen. Deren uraltes Wissen von Heilpflanzen und Behandlungsmethoden wird immer noch nur mündlich von Generation zu Generation weitergegeben. Da ich von ihrem medizinischen Wissen zutiefst beeindruckt war, veranlasste ich eine spezielle Studie darüber. Das Ziel war, ihr Wissen und ihre Kultur in einem modernen Indien zu erhalten.

Der bisher letzte Abschnitt meines gegenwärtigen Lebens begann 1995. Herr Polly Mathew fragte mich, ob ich Somatheeram, einem Ayurveda-Gesundheitszentrum, als Chefarzt beitreten möchte. Es gab keine andere Institution in Indien, die Ayurveda so intensiv förderte, sodass ich es als einmalige Chance sah, unsere uralte indische Gesundheitslehre auch außerhalb der Landesgrenzen bekannt zu machen. Ich wurde zum Leiter der Ayurveda-Abteilung ernannt, eine Position, die ich bis heute innehabe. Mein Aufgabengebiet umfasst das Management dieser Abteilung, die Forschung im Bereich neuer Ayurveda-Therapien und Ayurveda-Produkte sowie die Überwachung der Herstellung von über 100 verschiedenen Ayurveda-Arzneimitteln.

Die neuen Patienten: Europäer

Anders als früher widme ich mich heute in Somatheeram vorrangig ausländischen Patienten. Ich war 64 Jahre alt, als ich Somatheeram beitrat, und es war für mich eine völlig neue Erfahrung. Bis dahin besaßen alle von mir behandelten Patienten ein Grundwissen in Ayurveda und stellten weder meine Autorität noch die Wirksamkeit der von mir empfohlenen Behandlung infrage. Anders verhielt es sich jedoch mit den Europäern. Die meisten meiner neuen Patienten erlebten Ayurveda zum ersten Mal. Sie waren überhaupt nicht vertraut mit dieser traditionellen Medizin und den damit verwandten Aspekten, wie etwa der anderen Art der medizinischen Untersuchung, dem holistischen – ganzheitlichen – Vorgehen oder den von uns verschriebenen Arzneimitteln. Einige Patienten glaubten, Ayurveda sei eine Art Wellness-Programm. Sie waren

3

daher überrascht, als sie erfuhren, dass es nicht nur eine ernst zu nehmende, sondern auch die vermutlich weltweit älteste medizinische Lehre ist, deren Wurzeln fast 5000 Jahre zurückreichen.

Ich traf – und treffe zum Teil immer noch – auf Skepsis, wenn ich die Ayurveda-Philosophie erläutere oder über Therapien spreche, in denen Ayurveda höchst wirksam ist.

Die Menschen im Westen denken anders. Das Grundprinzip von Ayurveda ist der *tridosha*-Begriff. Danach kann Gesundheit nur erhalten bleiben, wenn das individuelle Gleichgewicht der drei *doshas vata*, *pitta* und *kapha* gewährleistet ist, die die fünf Elemente Luft und Raum (*vata*), Feuer (*pitta*) und Erde und Wasser (*kapha*) darstellen. Diese *doshas* können als verschiedene Formen der Lebensenergien angesehen werden. Europäer haben Mühe, daran zu glauben, da sie mit einer anderen Denkstruktur erzogen wurden.

Sie glauben, dass die Allopathie mit ihrem rationalen und wissenschaftlichen Ansatz das einzig wahre medizinische System sei. Allopathie ist in der Tat ein gutes medizinisches System, und bei vielen Krankheiten und besonders in Notfällen bietet es schnellste Lösungen, während Ayurveda für den Heilprozess Zeit voraussetzt. Die Erkenntnisse der Schulmedizin basieren auf Studien und Fakten sowie auf einer Menge moderner technischer Diagnose- und Therapiemethoden. Dies alles ist auch in Ordnung. Sie ist aber ein noch sehr junges medizinisches System … und Weisheit kommt mit dem Alter. Deshalb ist Ayurveda auch in vielerlei Hinsicht effizienter als die Allopathie der Schulmedizin. Das Ayurveda-Wissen vom Leben, von den Heilpflanzen und Krankheiten wurde von *vaid* zu *vaid*, von Generation zu Generation übertragen, und das über Tausende von Jahren hin.

Ayurveda – ein individueller Weg

In meinen Patientengesprächen unterstreiche ich den individuellen Weg zur Gesundheit, denn dieser ist der Schlüssel für die nachhaltigen Erfolge von Ayurveda. In Ayurveda ist jeder Therapieplan individuell, weil auch jeder Patient einzigartig ist. Es kann vorkommen, dass zur Heilung eines Patienten – oder: aus Sicht von Ayurveda, zur Wiederherstellung des Gleichgewichts seiner *doshas* – Extrakte

1 Arzneimittelherstellung am Ayurveda-Hospital von Cheruthuruthy bei Thrissur. 2 Massage vierhändig. 3 Behandlung mit heißen, kräutergefüllten Stoffbällen im »Somatheeram Resort«.

einer bestimmten Heilpflanze erforderlich sind, während dieselbe Heilpflanze bei einem anderen Patienten völlig unwirksam ist. Dank dieser individuell abgestimmten Vorgehensweise, die eine überaus gründliche Untersuchung voraussetzt, werden Nebenwirkungen der Medikamente vermieden. Ayurveda ist auch deshalb so erfolgreich, weil die Ayurveda-Arzneimittel keine Chemikalien enthalten, die sich im Körper ablagern. Alle Rezepturen stützen sich darauf, was uns Mutter Natur liefert.

Ich empfinde es als äußerst befriedigend, wenn ich sehe, wie ein skeptischer (europäischer) Patient, den ein chronisches Leiden jahrelang plagte, nach einer lediglich mehrwöchigen Therapie geheilt ist. Der Unterschied im Denken zwischen europäischen und indischen Patienten besteht sicherlich darin, dass ein Europäer Ayurveda als ernst zu nehmendes medizinisches System erst dann akzeptiert, wenn es seine Wirksamkeit an ihm bewiesen hat. Ich erinnere mich eines Patienten, der seit über 20 Jahren unter Sodbrennen litt. Sein Zustand war so schlecht, dass er im Alltag eine sehr strenge Diät einhalten musste. Der Patient versuchte es mit allen möglichen Medikationen, die jedoch wirkungslos blieben,

bevor er sich Ayurveda zuwandte. Wir brauchten nicht mehr als zwei Wochen, um deutliche Besserung zu erreichen. Er setzte die ihm hier empfohlene medikamentöse Therapie in Europa fort und war innerhalb von drei Monaten geheilt. Für ihn kam die Heilung einem Wunder gleich und er war überaus glücklich. Für uns war der Erfolg keine Überraschung; vielmehr wären wir überrascht gewesen, wenn die Behandlung versagt hätte.
Das ist natürlich nur ein Beispiel, aber in meinem Alltag begegneten mir viele Patienten mit schweren Leiden wie Asthma, Lähmung, Parkinson, Psoriasis und schweren Arthritis- sowie Rheumaformen. Und überaus zahlreich sind die Fälle, in denen entgegen der Prognosen der Schulmedizin oder den Erwartungen der Patienten anhaltende Besserungen erreicht wurden.

Chronische Leiden wirksam behandeln

Wie erklärt sich das? Warum ist Ayurveda um so viel wirksamer, wenn es um die Heilung besonderer chronischer Leiden geht?
Die Antwort darauf finden wir erneut im Ayurveda-Prinzip der ganzheitlichen Betrachtung. Die Behandlung (und wichtiger noch die Prävention) von Beschwerden umfasst Veränderungen in der Lebens- und Ernährungsweise, die in Einklang mit den eigenen *doshas* stehen müssen. Wir müssen unseren Alltag den *doshas* anpassen. In den Wintermonaten müssen wir uns anders ernähren als in den Sommermonaten. Die Harmonie von Körper, Geist und Seele muss wiederhergestellt werden.
Viele Hautkrankheiten wie Psoriasis (Schuppenflechte) haben ihre Ursache in einem psychischen Ungleichgewicht. Daher müssen Yoga und Meditation in den Therapieplan aufgenommen werden, denn ohne sie scheitert jede Behandlung. Mein eindringlicher Appell an die Europäer ist der, dass die Heilung einer Krankheit eine gewisse Zeit benötigt. Die Allopathie führt zu sofortigen Ergebnissen; man schluckt eine Tablette gegen Schlaflosigkeit und findet Schlaf; man kuriert die Symptome, beseitigt man aber auch die Ursachen?

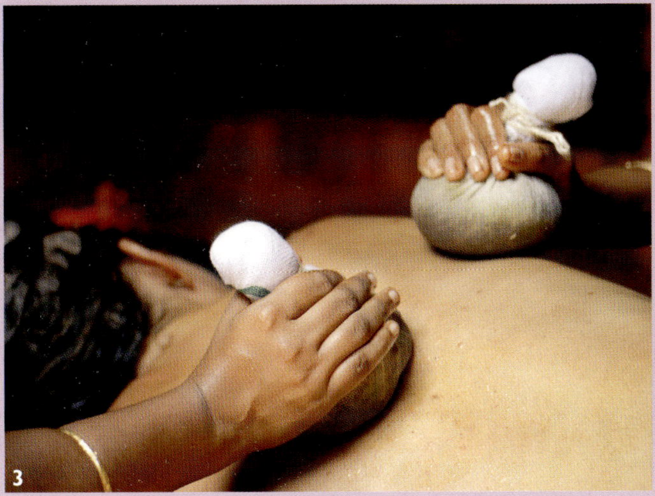
3

Das Ansehen von Ayurveda steigt heute weltweit unermesslich an. Immer neue Bücher über Ayurveda, über die Ayurveda-Küche und Ayurveda-Lebensart sind in vielen Ländern zu haben. Immer mehr Menschen beginnen über die eigene Gesundheit nachzudenken. Diese Entwicklungen sind auch für Indien gut, denn es wächst die Zahl der Regierungsinitiativen zum Erhalt und zum Studium dieses uralten Wissens und der zahlreichen Heilpflanzen, die überall wachsen. Ich glaube aber, dass der entscheidende Wandel darin besteht, dass die Menschen zunehmend verantwortungsvoller mit

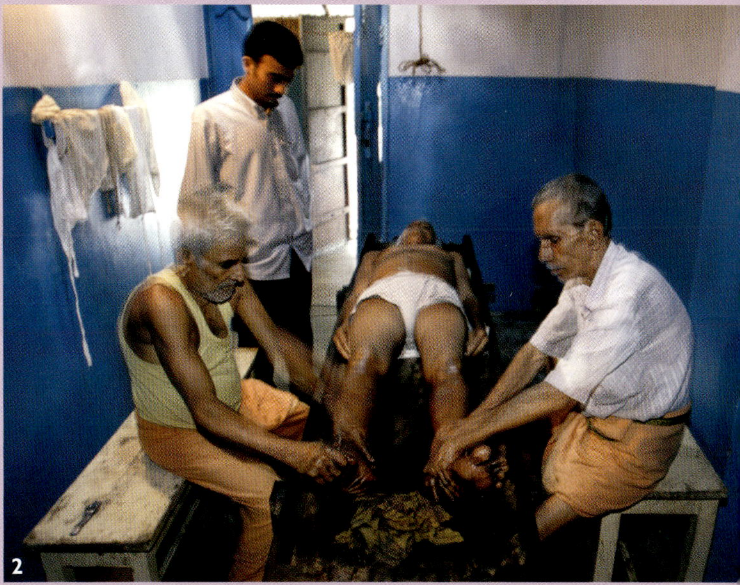
2

sich selbst umgehen. Ziel von Ayurveda ist nicht nur die Heilung von Beschwerden. Beim Ayurveda geht es um die Vermeidung von Krankheiten durch gesunde Lebensführung. Immer mehr Menschen beginnen diesen wesentlichen Unterschied zu erkennen.
Das Leben in Indien ist immer noch sehr ruhig, außer in den Großstädten. Aber in Europa sind die Menschen sehr hektisch, sie neigen dazu, alles in Zeiteinheiten zu messen und finden nicht einmal die Zeit, um in Muße zu essen.
Der gegenwärtige Boom von Ayurveda in den westlichen Industrienationen spiegelt einen Wandel in der Einstellung der Menschen wider. Allmählich erkennen sie, dass ein anderer Lebensstil für ihr Wohlbefinden und ihre geistige Ausgeglichenheit notwendig ist. Ich hoffe nur, dass die Ayurveda-Philosophie, die Balance von Körper, Geist und Seele, immer mehr Menschen anziehen wird.
Ich lebe nach den Ayurveda-Grundsätzen. Ayurveda beschreibt jahreszeitliche und tägliche Verhaltensweisen, die ich in meinem Leben vom Sonnenaufgang an praktiziere. So zum Beispiel beginne ich den Tag mit Yoga und Meditation. Danach trage ich Öl auf Kopf, Ohren und Füße auf. Ich nehme meine Speisen gemäß der Jahreszeit und erlaube dem Geist, sich nach dem Essen auszuruhen. Da ich die Vorschriften einhalte, war ich noch nie ernsthaft krank. Ich bin 75 Jahre alt und danke Gott dafür, dass ich gesund bin.

1

2

3

4

Waldgebirge und Wasserfälle

Ponmudi in den Southern Ghats

Ein faszinierendes Erlebnis, sich binnen weniger Stunden in ganz verschiedenen Landschaften zu bewegen! Das macht die Fahrt von den Stränden hinauf in die Southern Ghats noch extra reizvoll.

Südwestindiens Bergwälder sind immergrün oder mindestens, wie die Waldexperten unter den Botanikern sagen, *halbimmergrün*. Diese Wälder brauchen mächtige Regenmengen, etwa 2500 Millimeter jährlich – wenn so viel Wasser auf einmal vom Himmel stürzte und nicht abliefe, entstünde ein See von 2,50 Meter Tiefe. Solche und noch schwerere Regenmengen fallen in Indien nur in zwei Regionen.

Eine ist der äußerste Nordosten Indiens, wo sich die »Sieben Schwestern«, nämlich sieben kleinere, indische Bundesstaaten und Territorien zwischen Bhutan, Bangladesh, Myanmar und China am Fuß des Himalayas befinden. In einem dieser Nordostbundesstaaten, in Meghalaya, werden die Bergdörfer von den größten Regenmassen der Erde übergossen: In Mawsyuram südwestlich von Shillong sind es 20 Meter (!) jährlich.

Die andere Starkregenecke Indiens findet sich in Keralas Gebirgskette der südlichen Southern Ghats (manche nennen sie auch hier im tiefen Süden »Western Ghats«). Die Monsunregen der Malabarküste, die an den Ghats wie Wolkenbrüche niedergehen, zählen zwar ebenso zu Indiens ergiebigsten, kommen aber hier doch kaum über insgesamt drei Meter pro Jahr hinaus. Das reicht, um die Bergwälder in ihrem frischen Grün zu erhalten, und es genügt für die mehrmals jährlichen Reisernten im Vorland der Western Ghats. Den Bergwald tropfnass unter Regengewölk zu erleben, dazu bietet sich in den Monsunmonaten zwischen Mai/Juni und September an vielen Tagen Gelegenheit. Für die Exkursion von den Reisfeldern zu den Bergwäldern sucht man sich allerdings lieber einen klaren Tag aus: wegen der fantastischen Ausblicke auf die Waldhänge, Gebirgsgrate und Talgründe. Wo die Straßen in den höheren Lagen immer schmaler und rauer werden, muss sich der Fahrer aufs Lenken konzentrieren, auch wenn an jeder Serpentine, an jeder der zwei Dutzend Haarnadelkurven abenteuerliche Nah- und Fernblicke wechseln.

1 »Tribals« haben eigene Gebiete, zu denen Touristen nur durch Vermittlung Zugang haben – hier entsteht eine Brücke. **2** Ländliches Indien auf kürzester Bildformel: Kokosnuss und Fahrrad! **3** Kokosnusspflücker. **4** Mit dem altgewohnten »Ambassador« auf die Höhen um Ponmudi – vor den Wolken ist im Dunst das Dorf erkennbar.

1 Körbe voll Kokosnüsse wiegen schwer. **2** Aus dem Baum läuft Latex milchweiß in den Napf. **3** Waldspaziergänge im lichten Hochwald oder auf Pfaden im dichten Dschungel – wunderbar, weil weitab vom Verkehr. **4** Was um Ponmudi wächst: Kokosnüsse, Gummi – und Tee.

Es sind keine extremen Gipfelhöhen um Ponmudi, das selbst gerade mal 1073 Meter hoch liegt. Die subjektive Wahrnehmung lässt aber das Gebirge höher erscheinen, weil man praktisch auf Meeresspiegelhöhe aufgebrochen ist. In Ponmudi kann man auch übernachten, wenn man's spartanisch schlicht mag. Viele Besucher kommen nicht wegen der Trekkingpfade und der Bergblumen, sie suchen in den heißen Monaten vor allem anderen die Kühle der grünen »Hill Station«. Einzige Attraktion von Ponmudi ist im Übrigen außer der prächtigen Aussicht ein *Beer Parlour* des KTDC, der »Kerala Tourism Development Corporation«, die mit dieser Einrichtung exakt den Wunsch der jüngeren Männer in den umliegenden Dörfern getroffen hat.

Naturfreunde tun gut daran, sich für die Erkundung der weithin menschenleeren Wälder einen Führer zu nehmen, der sich mit Pflanzen und Tieren auskennt. Außerdem braucht man für das rund 50 Quadratkilometer große »Peppara Wildlife Sanctuary« noch ein Permit, man sollte es sich vor dem Aufbruch in Thiruvananthapuram beim *chief wildlife warden* besorgen, ebenso für das Gelände um Meenmutti (für das letzthin wieder ein anderer *warden* zuständig war). Übrigens grenzt das »Peppara Wildlife Sanctuary« unmittelbar an die Plantage um die »Duke's Forest Lodge« (siehe Seite 118). Wer sich dort einquartiert, wird sich auch von einem guten Führer begleiten lassen können; der Eigner, Mr. Bailey, arbeitet eng mit den *adivasi*-Dörflern zusammen.

Urige Bäume, der Wasserfall von Meenmutti, eine Hängebrücke über einen Nebenarm des Kallar-Flusses, vielerlei Vogelstimmen und die Farben der Schmetterlinge, die Büsche von Kardamom und die Pfefferpflanze, die wie Efeu an den Bäumen hinaufklettert – all dies und mehr bieten die Ghats dem Auge, dem Ohr sowie der Nase, sind die Sinne nur wach genug.

Eine Merkwürdigkeit dieser Wälder bekommen wohl nur die wenigsten, wenn überhaupt jemand, zu Gesicht: den Pygmäen-Elefanten. Leute, die den fast zierlichen, jedenfalls nicht mehr als 1,50 Meter großen Zwergelefanten im »Peppara Wildlife Sanctuary« gesehen haben – oder es behaupten –, versichern auch, dass dieser Elefant kein Jungtier sei, sondern deutlich die Merkmale eines erwachsenen Elefanten zeige. Andere, die dem »Pygmäen-Elefanten« auf die Spur kommen wollten, haben ihn ebenso wenig gefunden wie im Himalaya jemand den Schneemenschen Yeti oder im schottischen Loch Ness das Seeungeheuer. Schon werden Fotos

herumgereicht und gedruckt. Doch die Manipuliermöglichkeiten sind hinreichend bekannt, vorerst überwiegt der Zweifel.
Die groß gewachsenen Elefanten sind dagegen gar nicht selten. Ein Abstecher von der SH 2 bei Nedumangad nach Osten bringt einen zum Neyyar-Damm. Als Ausflugsort von den Leuten in Thiruvananthapuram geschätzt, wird der aufgestaute Neyyar-See gern zu Schiff befahren. Die Gäste haben die Wahl zwischen einer halbstündigen Fahrt mit dem »Safariboot« (zehn Plätze) und einem zehnminütigen Gischtspritzen im »High Speed Boat«, zu viert. Man umrundet Inseln, schaut nach Elefanten, Sambars und Affen aus. Mächtig erhebt sich der Felsturm des Agastyamalai zum Himmel.
Interessanter als der altertümliche Zoo mit seinen umgitterten Tiergehegen in Thiruvananthapuram ist das »Krokodil-Schutzzentrum« im »Neyyar Wildlife Sanctuary«. Zudem kann man den »Löwen Safari Park« besuchen und vom Bus aus versuchen, mit meist nur gleichgültig blinzelnden Löwen Blicke zu wechseln. Die Vielzahl der Heilpflanzen in der Ayurveda-Medizin ist zu erahnen, wenn man im »Medicinal Garden« die rund 180 Pflanzenarten und -Variationen betrachtet. In der Praxis werden noch drei- bis viermal so viele verwendet, wird uns gesagt. Zu guter Letzt: Im »Shivananda Yoga Vedanta Dhanwantri Ashram«, einer Einrichtung mit gutem Ruf, lässt sich inmitten all der Bergnatur Yoga üben.

Ponmudi

Anreise und beste Reisezeit
Bahn: Ponmudi Hill Station rund 60 km von Thiruvananthapuram.
Leihwagen: Auf dem State Highway SH 2 nach Norden, abzweigen rechts bei Chullimanoor zur SH 45, letztes Stück raue Straße.

4

Beste Reisezeit: September bis Januar, für Trekking wird Dezember bis April empfohlen. Aber die Monsunregen kommen nicht nach Fahrplan.

Unterkunft
/* ***Duke's Forest Lodge***. Bei Anappara (siehe Doppelseite 118/119).
*/** ***Government Guest House***. Zimmer oder Cottages im Kerala-Stil im kleinen Ort Ponmudi, dazu Restaurant und KTDC-Beer Parlour.

Sehen und erleben
Trekking in den Bergwäldern, Vogelbeobachtung, »Peppara Wildlife Sanctuary«, Meenmutti-Wasserfälle.

Ziele in der Umgebung
Neyyar-Damm mit Krokodil-Schutzzentrum, Heilpflanzengarten (»Medicinal Garden«) und Neyyar Wildlife Sanctuary. Shivananda Yoga Vedanta Dhanwantri Ashram.

Auskunft
Tourist Reception Center, Thiruvananthapuram (siehe auch Seite 91).
Trekking-Erlaubnis für die Region um Meenmutti beim Chief Conservator of Forests (Wildlife), Thiruvananthapuram. Fax: 0471-2322217.
Assistant Wildlife Warden für das Peppara Wildlife Sanctuary, Tel. 0472-2892344, für das Neyyar Wildlife Sanctuary, Tel. 0471-2272182.

Bergstille und Bad, Fluss und Vogelstimmen

Duke's Forest Lodge

Anderthalb Stunden oder auch zwei fährt man von der Küste hinauf, je nachdem mit wie viel Temperament und Vorsicht der Fahrer die Serpentinen nimmt. Durch Wälder geht es, ein oder andermal reihen sich Dorfhäuser an der Straße. Was für weißliche oder ockergelbe Lappen hängen die Leute auf die Leine? Es ist das Material ihres Auskommens, und wenn's gut läuft mit Produktion

2

1

3

und Absatz: ihres Wohlstands. Latex nennen es die Leute in Kerala oder *rubber*, zu Deutsch Gummi, das Material wird zu Kautschuk verarbeitet. Geduldig lassen die Bäume sich den Gummisaft abzapfen, unter den Einschnitten an der Rinde tropft er in halbrunde kleine Behälter. Jeden zweiten Tag sammeln die Arbeiter den Stoff ein, keine Schwerarbeit, aber selbst wenn sie bei jedem Baum minutenschnell getan ist und ein Arbeiter täglich etwa 300 Bäume »erntet«, braucht es bei einem Wald von 18 000 Bäumen (aus der Familie der Wolfsmilchgewächse) etliche Arbeitskräfte.

Auf eine Erdstraße biegt der Wagen ab, ein breites Tor wird aufgezogen, noch wenige Minuten Fahrt durch die Plantage, und man ist angekommen in »Duke's Forest Lodge«. Ein Talgrund, wie geschaffen für eine solche Anlage aus einem stattlichen Haupt- und fünf frei in die Landschaft gesetzten Wohngebäuden für die Gäste, umrahmt von prächtigen hohen Baumgestalten, am Rande durchströmt vom klaren Wasser eines kleinen Flusses, eines Nebenlaufs des Kallar Rivers. Aufs Schönste spiegeln sich in ihm die durchs Laubgün einfallenden Sonnenstrahlen. Platz blieb noch genug, um im Rasengrün einen Swimmingpool anzulegen. Der ist kein nüchternes Wasser-Rechteck, sondern schmiegt sich mit seiner Rundung und breiten Stufen in die Rasenfläche, ein erfreulicher Anblick für die Gäste, wenn sie von der offenen Restaurantterrasse des Haupthauses hinausschauen.

Jacob Bailey nutzte das Tal, dieses Geschenk der Natur, für »Duke's Forest Lodge«, als sein anderes Resort, »Nikki's Nest« am Chowara-Strand (Seite 102), sich schon einen guten Namen gemacht hatte. Viele seiner Gäste erleben gern beides, das Meer und die Bergwälder. Mit offenem, auf vier Seiten umbauten Innenhof, Schatten spendenden Dächern und viel Schnitzwerk zeigt das Haupthaus traditionellen Kerala-Stil. Keramiken und Orchideenblüten steigern die Freude an schönen Formen noch.

Auf der Höhe (um 1000 Meter über dem Meer) von »Duke's Forest Lodge« ist übrigens das Klima auch in heißeren Monaten für Hitze-Empfindliche deutlich erträglicher als am Meer. Wer in »Nikki's Nest« eine Ayurveda-Behandlung begonnen hat, kann sie in »Duke's Forest Lodge« ohne Umstände fortsetzen. Etwas abseits vom Tal steht ein schmuckes, speziell dafür bestimmtes Gebäude. Schon Jacob Baileys Vater unterhielt ein eigenes Krankenhaus. In Erinnerung an ihn, der den Spitznamen »Duke« hatte, nannte der Sohn das Resort im Walde »Duke's Forest Lodge«.

Für Wanderlustige, Vogelbeobachter und sogar für Bergsteiger gibt's in den Bergwäldern im Umkreis viele Möglichkeiten, auch

1 Im luftigen Innenhof des prächtig mit Schnitzwerk geschmückten Haupthauses. **2** Wunderschön angelegter Swimmingpool. **3** Morgendliches Yoga-Training. **4** Der Hausherr sammelt Antiquitäten für die Gastzimmer, er fand indischen Jugendstil. **5** Etwas abseits: »Duke's Ayurvedic Clinic«. **6** Die Gäste haben ausreichend Platz auf ihren Balkons über dem Talgrund.

Führer zur Begleitung. Das »Peppara-Wildlife-Sanctuary« beginnt schon auf der anderen Seite des Flusslaufs am Resort und bietet die Chance, Makaken – die mit dem Löwenschwanz (*lion tailed*) –, Elefanten, Sambarhirsche und sogar Leoparden zu beobachten. Weniger bewegungshungrige Gäste brauchen hier das alles gar nicht. Sie werden vollauf zufrieden sein, die Vogelstimmen um das Resort zu vernehmen, die Berge standhaft von unten zu beobachten und gern werden sie auch Elefanten und Leoparden sich selbst überlassen. So schön und friedlich ist dieses Waldtal, so großzügig sind die Häuser für die Gäste angelegt und eingerichtet, so erholsam ist es, vom Balkon in den Wald zu schauen, dann und wann in den Swimmingpool zu steigen oder über ein paar bemooste Stufen zum Flüsschen, sich die vorzüglichen Mahlzeiten schmecken zu lassen und bis in die Nacht hinein bei einem Wein oder einem kühlen Getränk unter den breiten Dächern mit anderen zu plaudern. Und wenn man doch Bewegung braucht, macht man einen Morgengang zur Hängebrücke über den Fluss, an dessen anderem Ufer *adivasis* (Ureinwohner) wohnen. Oder man lässt sich die Gummiverarbeitung zeigen und wie dabei die weißlichen oder gelblichen Lappen entstehen, die man schon bei der Anreise am Straßenrand sah.

*****Duke's Forest Lodge** A Riverside Resort (Bailey's Resorts PVT.Ltd). In einem Waldtal der Western Ghats, einer 135-Acre-Gummiplantage benachbart (Riverside Estate). Ungestörtes Naturerlebnis. Stilvoll möblierte, geräumige Villen mit großen Veranden um das Hauptgebäude im traditionellen Kerala-Stil, in gartengrünem Gelände mit Bananenpflanzen und reizvollem Swimmingpool. Vollpension zu akzeptablem Preis, Exkursionen. Etwa 60 km von »Nikki's Nest« und etwa ebenso von Thiruvananthapuram entfernt.

Anapara, Vithura, Nedumangado, Thiruvananthapuram, Kerala.
Tel. 0471-2 26 78 22, 2 26 88 22, Fax: 2 26 71 82,
E-Mail: nest@sancharnet.in,
Website: www.dukesforest.com und www.nikkisnest.com

Unterwegs von Thekkady nach Munnar

Die schönsten Plätze im Norden

1

2

3

4

Teeberge und Steinzeit-Zeugen

Um Munnar und Marayur

Munnar ist Keralas »Hill Station« im Zeichen des Tees. Wie eine sauber gesteppte Decke breiten sich die grünen Tee-Areale aus – rundum ist vielerlei Natur zu entdecken und innere Ruhe zu finden.

Man ruft im Sommer ein Gefühl von Kühle hervor, im Winter warme Geborgenheit. Man verbrennt Kohle und sieht das Wasser kochen, man macht Tee und sieht, dass er gut schmeckt. »Es gibt kein anderes Geheimnis«, sagte der japanische Teemeister Sen Soeki Rikyu (1522–1591) über die Teezeremonie. Bald danach segelte ein Schiff der Holländisch-Ostindischen Kompanie von Japan mit einer Ladung Tee nach Europa (1610), wieder 50 Jahre später führte die Portugiesin Katharina von Braganza am Londoner Hof ihres Gemahls Charles II. die Teestunde ein (1662), Tee wird britisches Nationalgetränk (um 1750). Dann bricht das fernöstliche Teemonopol, erstmals werden Teesamen aus China ins britisch beherrschte Kalkutta geschmuggelt (um 1780). Richtig in Schwung kam das britische Teegeschäft in Assam erst gegen Mitte des 19. Jahrhunderts, in Südindien in den Nilgiris und in den Anamalai- und Palni-Bergen im letzten Drittel des 19. Jahrhunderts. So viel nur zur langen Vorgeschichte der Teeplantagen in Kerala (und Tamil Nadu), die dort in Höhen zwischen 700 und 1600 Metern prächtig gedeihen. Indien ist unter den Teeproduzenten wie unter den Tee-Exporteuren weltweit die Nummer eins – den größten Teil trinken die Inder aber selbst.

Indiens Teelandschaften sind schön anzusehen in ihrem satten, wohlgepflegten Grün, auch wenn Ökologen die riesigen Monokulturen – immer nur mit ein paar Bäumen durchsetzt – nicht für gut halten. Besonders schön sind die von lauter Teebüschen überwachsenen Hänge in der mit Seen gesegneten Gebirgslandschaft um das Städtchen Munnar, das basarbunt und lebhaft ist, aber sonst nicht viel hermacht.

Die Plantagenbesitzer im Süden investieren beträchtliche Summen in Neuanpflanzungen auf ihren Flächen, weil die Gesetze zum Schutz der Natur die Vergrößerung der Anbaugebiete untersagen. So geht die Entwicklung dieser Bergregion nah der Grenze zu Tamil Nadu auf zwei Füßen voran: der eine heißt Tee, der andere Touris-

1 Familienfahrzeug – wie viele fahren da? **2** Begegnung in den Bergen des Eravikulam-Nationalparks: die Nilgiri-Tahr-Ziege, der schon die Ausrottung drohte. **3** Um Munnars Basargassen begegnet man so bunt bemalten Lastwagen. **4** Ohne sie gäbe es keinen indischen Tee: Pflückerinnen unterwegs zu ihrer Arbeit.

mus. Es ist der Klimafaktor, der für beides vorteilhaft ist: dem Tee bekommen die kräftigen Monsunregen gut, die Touristen lassen sich bezaubern von der Gebirgsluft, die so erholsam kühl anmutet, wenn im Tiefland von April an das Thermometer kräftig steigt. Im Umkreis von Munnar sind in den letzten Jahren stattliche Resorts entstanden, jedes mit einem anderen Fernblick.

Der Name *moon aar* (= Munnar) heißt »drei Flüsse«, und diese strömen in Munnar zusammen, Nallthanni und Kundale in den Muthrapuzha-Fluss, der sich nach vielen Kaskaden mit dem Periyar-Fluss verbindet und in die Arabische See mündet. Auch an Wasserfällen ist das Land um Munnar reich, sie bieten ihre prächtigsten Schauspiele naturgegeben zur Monsunzeit, doch ist zum Beispiel die Fallhöhe des Cheeyapara-Falls mit rund 160 Metern auch nach dem Monsun noch eindrucksvoll genug. Seeufer empfehlen sich für Picknicks, Nationalparks für Trekking-Tage. Vielleicht nutzt man einen der beiden Neun-Loch-Golfplätze? Oder erzählt in abendlicher Clubrunde vom Forellenfischen? Vielerlei Sport – und auch Unterkunft – bietet der traditionelle »High Range Club« der Plantagenbesitzer.

3

4

5

1 Knapp bleibt ihm noch Platz: Gandhi-Denkmal in Munnar zwischen Eisengerüsten und Werbetafeln. **2** Neben der über 100-jährigen, von der Zeit geschwärzten »Christ Church« in Alt-Munnar haben die Gläubigen auch noch eine katholische Kirche. **3** Am Berghang zwischen Thekkady und Munnar. **4** Marktszenen: Bananen … **5** … und Tee.

Und hier noch ein Vorschlag für eine Reise zu Steinzeit-Zeugen! Eines der schönsten Täler in der Bergregion um Munnar verläuft von der Passhöhe bei Munnar nordwärts. Auf guter, nur streckenweise schadhafter Straße durchfährt man Teegärten und ansehnliche Dörfer, nimmt hier mal einen Hindu-Tempel, dort mal eine St.-Antonius-Kirche wahr. Mit immer neuen Ausblicken auf die Gebirgshöhen und ihre fast senkrecht ansteigenden Wände kommt man in gut zwei Stunden hinab in das hügelige Vorland um Marayur, könnte weiterreisen nach Coimbatore und Bangalore.

Aber Marayur ist das Tagesziel, wir wollen vorgeschichtliche Steinsärge sehen, haben von Felszeichnungen gehört. Joseph Iype, Munnars touristisches Gehirn, trafen wir tags zuvor in seinem Winzigbüro im Basar (nicht alle, aber viele Leute in Munnar können einem sagen, wo es zu finden ist). Joseph freute sich, erinnerte sich an unsere letzte Begegnung vor vier Jahren, versprach uns einen

1

2

1 Als dichtes Polster überziehen die Teebüsche Kilometer um Kilometer die Hänge. **2** Neuerdings kommen maschinelle Scheren in Gebrauch. **3** Bäume und blühende Büsche inmitten der Tee-Monokultur. **4** Seit rund 125 Jahren wird um Munnar Tee geerntet.

Führer für Marayur. Mit dem sind wir nun unterwegs, er führt uns durch ein Schulgelände zu einem schwärzlichen, kaum bewachsenen Felshügel hinauf. Und da stehen ein Kastensarg, dort ein anderer, knapp 100 Schritt weiter noch eine ganze Gruppe, halb überwachsen. *Mune aries* nennt sie der Führer, »kleine Räume«. Die Toten wurden wohl mit angezogenen Knien bestattet, aber die gleichmäßig ausgemeißelten Steinkästen sind alle leer, die Deckel abgehoben. Über ihr Alter scheinen nur Vermutungen möglich, mit weitem Zeithorizont.

Was dann doch auffällt: Auf dem dunklen Felsrücken findet sich ein winziger Hindu-Götteraltar, mit vertrockneten Blumen geschmückt. Und die Christen, hören wir, feiern hier mit einer Prozession Ostern. Noch überraschender: Auf der Rückfahrt zum Ort sehen wir auf einem Reisfeld Absperrungen, auch Menschen, die mit einer Grabung beschäftigt scheinen, wir halten und gehen hinüber – und erfahren von einem Archäologen, dass Bauern wieder einen Steinsarg mit einem Gerippe gefunden haben. Wieder wird man um eine Zeitbestimmung reicher sein. Ein Waldgang schließt sich noch an, mit Erlaubnis des *forest warden* zeigt unser Führer uns abseits vom Forstweg, nach einer kleinen Kletterei über Felsbrocken und gestürzte Bäume, die gut zehn Meter hohe Höhlenöffnung, die aussieht wie eine halbierte Kuppel. Schwach ist die Zeichnung, aber sofort erkennbar: eine Jagdszene, hoch über dem Boden in die Halbkuppel gezeichnet, eine Bildernachricht aus ferner Zeit.

Zum ersten Mal sehen wir ein so frühes Kunstwerk in Südindien, die Zeichnung erinnert an berühmte Höhlenmalereien in Madhya-Pradesh, in Zentralindien, rund 40 Kilometer südöstlich von Bhopal. Die dort inmitten der Bergdschungel entdeckten Bilder verteilen sich auf 130 Stellen, entstanden in der Mittleren Steinzeit. Eine entlegene Waldlandschaft ist ein guter Bewahrer.

Um Munnar und Marayur

Anreise und beste Reisezeit
Von Kochi/Ernakulam auf der NH 49, rund 135 km. Sehr schöne Bergstrecke der NH 19 von Thekkady (Periyar-National Park). – Beste Reisezeit: September bis Mai, im Herbstmonsun Oktober/November manche Tage regnerisch.

Unterkunft
/***Teacounty*** siehe folgende Doppelseite.
*******Windermere Resort*** Etwa 3 km südlich von Munnar in hoch gelegener Teeplantage, wenige Cottages, private, ruhige Atmosphäre. Tel. 0 48 75-23 05 12.

3

******High Range Club*** Am Muthirapuzha-Fluss, mit Golf, Tennis, Squash. Tel. 0 48 65-23 02 53.
/***West Wood*** Am Ortsrand im Talgrund, mit Gartengelände am Fluss, 2 Restaurants (Dachrestaurant), Reservierung: reservation@kerala.com oder traveldesk@kerala.com.

Sehen und erleben
100-jährige »Christ Church« im Ort. Basar. Tata-Teemuseum, auch »Tata Tea Sales Outlet«, im Stadtkern von Munnar (Tel. 0 48 65-23 05 61-65). Golfplatz. Paragliding.

Ziele in der Umgebung
Devikulam Lake (13 km) mit Forellenfischen. Eravikulam/Rajamalai National Park (Nilgiri Tahr). Besichtigung Teefabrik. Mattupetty Lake. Bootsfahrten. Passhöhe »Top Station« (35 km) mit Fernblick nach Tamil Nadu. Marayur (40 km) mit Sandelholzplantage des »Kerala Forest Department«, vorgeschichtlichen Felszeichnungen und Steinsärgen. Chinnar Wildlife Sanctuary (60 km). Den Anaimudi-Gipfel ersteigen (2695 m).

Auskunft
Tourist Information Service, Joseph Iype kennt sich aus und vermittelt Führer.
KTDC-Office (Kerala Tourism Development Corporation). Im Old Munnar Bazar, Tel. 0 48 65-53 06 79, mit Fahrradverleih.
Website: www.munnar.com oder www.munnarguide.com

Im Land der Teeplantagen

Tea County

Unter viel gereisten Indien-Freunden ist es kein Geheimnis: Häufig ist in staatlich geführten Hotels und Resorts mit Enttäuschungen zu rechnen. So schön ihre Lage gewählt sein mag, so gut der Architekt gearbeitet hat, nach wenigen Jahren ist »der Lack ab«. Viele Gebäude sehen hochgradig renovierungsbedürftig aus, und leider

vernachlässigt das Personal zu oft auch seine Gäste. Selbst wenn ein solches Quartier nicht viel kostet, die Menge der Unzulänglichkeiten treibt die Urlaubsfreude aus. Da macht Kerala seit einigen Jahren eine sehr begrüßenswerte Ausnahme.

Wie nach dem Muster der *rejuvenation*-Kuren, die Ayurveda-Patienten zuteil werden, verjüngt und erneuert die »Kerala Tourism Development Corporation« (KTDC) ihre Hotels. Oder lässt ganz neue errichten. Ein Beispiel geglückter Renovierung ist das »Aranyaniwas«, direkt über dem See im Periyar-Nationalpark, ein anderes der 1744 erbaute »Bolgatty Palace« aus holländischer Kolonialzeit, von 1909 bis 1947 als »British Residency« genutzt. Noch vor wenigen Jahren schien der Palast samt seiner Säulenpracht hoffnungslos dem Verfall ausgeliefert. Heute ist der Aufenthalt im »Bolgatty Palace« ein Genuss, dank der großen Heritage-Räume und dem wohlgepflegten Park mit seinem wunderbaren alten Baumbestand und weiten Ausblicken nach Ernakulam und Kochi.

Die Auszeichnung »attraktivster Neubau« verdient jedoch das KTDC-Hotel »Tea County«, oberhalb des Zentrums von Munnar auf einem Bergsattel zwischen zwei tief eingeschnittenen Tälern in über 1500 Metern Höhe errichtet. Noch im Jahr 2001 war im »Lonely Planet – South India« zu lesen: »Insgesamt lösen die Unterkünfte hier in allen Kategorien keine Begeisterung aus.« Das galt schon nicht mehr, seit das »Tea County« zum neuen Jahrtausend seine ersten Gäste begrüßte. Tatsächlich entstand ein

2

Urlaubs- und Geschäftshotel, das man als weit überdurchschnittlich angenehmen Aufenthalt in Erinnerung behalten wird.

Das Städtchen Munnar mit seinem Basar-Kern mutet stets ein wenig chaosverdächtig an, der Stadtrand zeigt sich als Gemisch aus halbfertigen Werkstätten und augenscheinlich ohne planerische Voraussicht hochgezogenen nüchternen Wohnbauten. Nach den ersten Kehren zeigt die Auffahrt zum »Tea County« Erfreulicheres, präsentiert den überraschend gepflegten Baumpark, der sich um das Hotel erstreckt. Die Bauten ragen kaum höher als die Baumwipfel, sind architektonisch gut gegliedert. Große Glasfronten öffnen das Mauerwerk dem Licht, mit sanftem Rundschwung bietet sich die Fassade vom Restaurant im ersten Stock dar. Immerfort sind tagsüber Gärtner und Gärtnerinnen mit der Blumen- und Rasenpflege beschäftigt, im Herbst auch mit Laubaufklauben. Wie weithin landesüblich, behält ein Wärter den Überblick über die Arbeit der indischen Frauen.

Als architektonisches Herzstück erlebt man die hohe Empfangshalle, die so groß dimensioniert ist, dass auch eine Vielzahl von Sitzgruppen kein Gefühl der Beengung aufkommen lässt. Das kunst-

3

gerechte, frei sichtbare Dachgestühl zeigt immer neue reizvolle Perspektiven, an den Spiel- und Lesetischen darunter nimmt man umso lieber Platz. Oder man zieht sich zur Erholung von längeren Exkursionen auf den Balkon seines Zimmers zurück, freut sich an den Ausblicken in den lang gestreckten Talgrund und an den grünen Höhen. Sollte eine Internetverbindung benötigt werden, macht es das freundliche Personal nach unserer Erfahrung alsbald möglich.

Nicht ganz so weiträumig wie die Empfangshalle, aber in seiner Ovalform und Beleuchtung elegant, bietet sich das Restaurant dar, wo indisch, chinesisch und auch westlich gespeist und an manchen Abenden getanzt wird. An den Fenstertischen gibt es den *hill resort-* oder Berghotel-Effekt: die Höhen-Aussicht. Und unter den beachtlich vielfältigen Freizeitangeboten findet man sogar Paragliding – nicht viele Europäer haben das schon im Teeland von Munnar versucht!

1 Der »Doorman« fehlt in keinem besseren Hotel. **2** Die Empfangshalle mit dem Charme ihres offenen Dachgiebels in attraktiver Holzbearbeitung. **3** Wohnliche Gastzimmer, zumeist auch mit weitem Ausblick. **4** Das »Tea County« ist dem Ortszentrum nah und ihm doch enthoben.

****/***Tea County** Erbaut zu Ende des 20. Jahrhunderts, derzeit die beste Adresse nahe dem Stadtzentrum von Munnar. Schöne Aussichtslage, mit Satelliten-TV, Multi-Cuisine-Restaurant und Bar, Health Club und Ayurveda-Massagen. Spielangebote, Exkursionen. Mietwagen, Konferenzzentrum. 43 Zimmer. 130 km vom Flughafen Kochi entfernt, 162 km vom Flughafen Madurai, 100 km von Thekkady, 60 km vom »Chinnar Wildlife Sanctuary«, 40 km von Maruyar (Steinzeit-Zeugnisse), 125 km vom nächsten Bahnhof Ernakulam.

Buchung: The Reservation Manager, Tea County, KTDC Hill Resort, Munnar, Kerala-685612. Tel. 04 86-5 23 04 60, 5 23 09 69, Fax: 5 23 09 70, E-Mail: teacounty@vsnl.com, Website: www.ktdc.com/Teacounty.htm

1

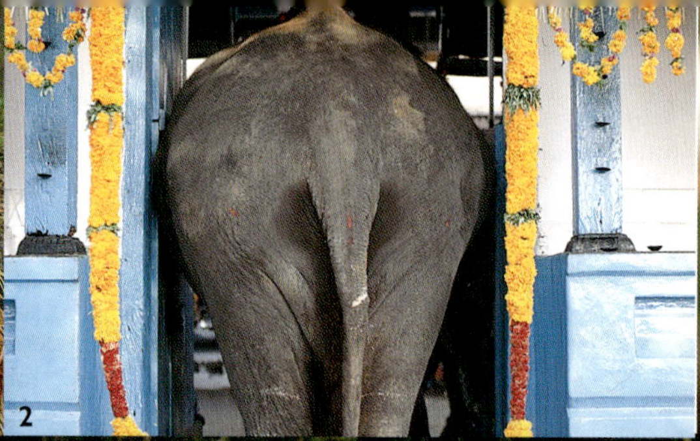
2

3

4

Das Fest der goldenen Elefanten

Rund um Thrissur, Stadt der Könige und Künstler

Um Thrissur, nördlich von Kochi, blühen Keralas Feste und Künste: Musik, Theater und kalaripayattu, die indische Kampf-Artistik, vielleicht älter als Kung-Fu.

Ein Sonntag war es und ein besonderer. Indien ist ein Land der starken Farben, doch derart glanzvoll war uns zuvor auf dieser Reise noch kein Tag geraten. Von seinem ländlichen Familiensitz Kalappura fuhr unser Gastgeber mit uns in Richtung Thrissur, zum Pooram-Fest, Erntedankfest. Waldumrandet fanden wir einen dörflichen Festplatz, groß wie zwei Fußballfelder und dicht wie zu einem Länderspiel das Volksgedränge. Über den zahllosen tiefschwarzhaarigen Köpfen der Hindus strahlt im Sonnenlicht die Reihe der Goldschilde, der goldene Stirnschmuck der Elefanten. Deren Zahl am leicht erhöhten Platzrand wächst noch immer, neue Elefanten mit prächtigen Stoßzähnen kommen hinzu, die *mahout*, ihre Führer, hoch im hölzernen Sattel, dem *howda*, und jeder *mahout* unter einem großen bunten Schirm an langer Stange. Ihre wagenradgroßen Fächer aus Yakwolle und Pfauenfedern stoßen die Männer mit ihren Armen rhythmisch zu den Schirmen hinauf. Und noch mehr fantastisches Fest-Arrangement: Überbunt, übergroß entdeckt man auf einer Anhöhe die mannshohen runden Gebilde aus farbigem Papier und Flitter, kugelförmig wie überdimensionale Hortensienblüten!

Mächtig und ununterbrochen tönt Hörnergellen und Trommeln über das Gelände. Kann man noch näher an die festlich geschmückten grauen Riesen herankommen? Über eine dornenumrankte Treppe versucht man es, rutscht fast einen Hügel hinab in ein Schlammloch, sieht von einem überwachsenen Gebäude aus nun doch noch imposanter die Reihe von mehr als 50 Fest-Elefanten, auch die bunten Gewänder der vielen Frauen und Kinder.

Die halten sich vorsichtshalber abseits am Rande des Feldes. Immer wieder bilden junge und nicht mehr ganz junge Männer Ketten, jeder seine Hände auf den Schultern des nächsten, und bahnen sich ihren Weg durch die Menge. Händler bieten Süßigkeiten und Getränke an, finden aber wenig Kunden. Mancher hockt mit seiner Trage ergeben still zwischen den vielen Besuchern, die

1 Unterwegs zum Pooram-Erntefest, dämonenhaft geschmückt. **2** Beim Fest in Arattupuzha (März/April) darf der Elefant in den Tempelhof. **3** Pooram feiern alle, auch die Jüngsten. **4** Spät am Abend vor der Tempelprozession: prächtige Versammlung der Elefanten! Den besten Blick hat man vom Balkon des Tempels aus (auch für Nicht-Hindus).

1

2

3

im Gedränge unterwegs sind: nicht allein wegen der Elefanten und der Musik sind sie gekommen, das Erntedankfest ist ein günstiger Anlass, sich nach Verwandten und Freunden aus anderen Dörfern umzusehen. Direkt neben den schweren Füßen ihrer Elefanten, halb unter ihren Leibern ruhen sich etliche Elefantenführer aus. *Mahouts* und Elefanten sind miteinander besser vertraut als manches Ehepaar.

Vor dem Höhepunkt und Abschluss des Festprogramms zieht die Elefantenreihe in großer Prozession wieder ab. Kaum sind die rund 50 Elefanten vom Platz, knallen die ersten Explosionen des Feuerwerks. Das ist extrem laut und kommt ohne kunstvolle Figuren aus: schwarze, fast fußballgroße Kugeln werden in den Abendhimmel geschossen und zerknallen. Immer kürzer sind die Pausen zwischen den Explosionen, immer heftiger krachen die Kanonenschläge. Der Boden scheint tatsächlich zu beben. Aber dem Publikum gefällt's, die zum Boden sinkenden Rauchschwaden stören anscheinend niemanden. In den Armen der Mütter sahen wir manches Kindchen friedlich schlafen. Ebenso wie zuvor, als die Elefanten durch die dicht gedrängte Menge geführt wurden. Gelassen machten die Menschen Platz, niemand zeigte spürbare Unruhe. Auch gab es keine Betrunkenen oder Gewalttätigen zu beobachten, und kaum Polizeipräsenz. Das schließt nicht aus, dass andernorts das Pooram-Fest mit reichlich Arak gefeiert wird und torkelnde Gestalten die Gäste aus dem Westen umarmen und abküssen wollen.

Gleich mehrere hundert solcher Feste, große und kleinere, werden im Umkreis der Dörfer und kleinerer Städte um Thrissur in den Monaten vor dem ältesten Pooram-Fest Keralas gefeiert. Dieses älteste Pooram-Fest ist das von Arratahpuzzha bei Thrissur, wo es vor mehr als 1400 Jahren entstanden sein soll. Für sechs Tage und Nächte kommt man aus den Dörfern in Arratahpuzzha zusammen, im März oder April, zu einer Kerala-Jahreszeit also, in der Europäern auch abseits vom Festgedränge der Schweiß ausbricht.

Pooram heißt »Treffen«, gemeint ist ein Treffen der Götter, und daher werden die Götterfiguren aus den Tempeln von Elefanten zum Festplatz getragen, begleitet von zahlreichen Musikern und Priestern und einer über viele Stunden begeisterten Menge. Tagelang dauern die Musik-Wettbewerbe und hunderte von Trommlern sind daran beteiligt.

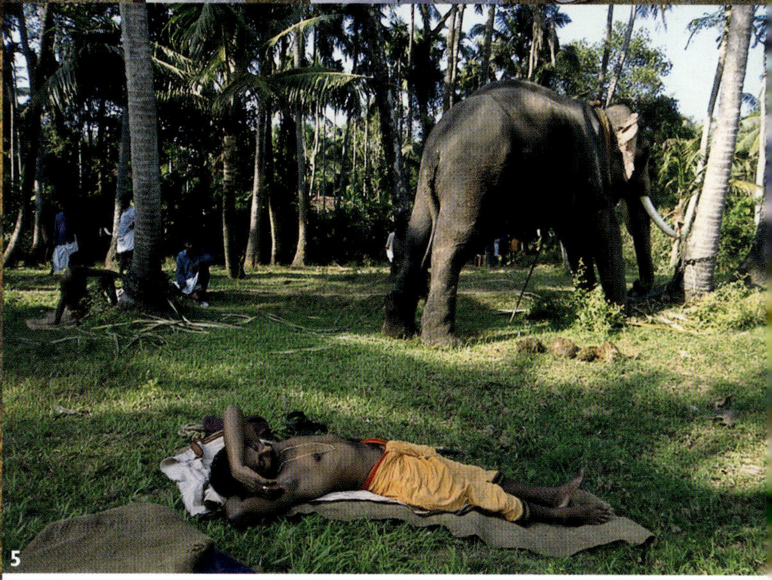

1 Festgäste draußen in der Landschaft: Auch die Artisten eines kleinen Wanderzirkus sind dabei. **2** Über 200 Trommler, dazu andere Musiker spielen auf. **3** Wohl sehr alt ist die Gewohnheit, bunte Holzpferde zum Festplatz zu bringen – statt lebendiger Elefanten. **4** Auch hölzerne Kuhköpfe gehören zum Ritual. **5** Ausruhen vom Festgedränge. **6** Indische Ordnungskräfte machen am Tempel Pause.

Thrissur, alte Königsstadt, war vom 16. bis zum 18. Jahrhundert den Herrschern von Kochi unterworfen. Kurze Zeit auch Sultan Haider Ali und seinem Sohn Tipu Sultan, muslimischen Herrschern, die von ihrer Flussinsel Srirangapatnam aus (bei Mysore, nördlich von Kerala) den britischen Eroberern jahrzehntelang energisch und erfolgreich Widerstand leisteten. Tipu Sultan starb 1799 im Kampf gegen die Truppen Lord Wellesleys (später Lord Wellington, mit dem preußischen General Blücher der Besieger Napoleons bei Waterloo). Erst nach Tipus Ende übernahm in Thrissur wieder ein Hindu-Herrscher, Raja Rama Varma, die Regierung.
Viel wichtiger für die religiöse und auch die künstlerische Tradition Thrissurs ist der runde Tempelberg Vadakunathan inmitten der heutigen Stadt. »Vadakunathan« ist ein anderer Name für Gott Shiva, und der Tempel wird auch »Kailash des Südens« genannt, nach dem heiligen Berg der Hindus im Himalaya. Religiöse Toleranz ermöglichte es einer Jain-Gemeinde, ein Bildnis ihres »Furtbereiters« Tirthankara Vrishaba im Tempel aufzustellen. Wandmalereien mit Szenen aus dem »Mahabharata«, dem klassischen Epos der Hindus, schmücken den Tempel, ein Badeteich für Elefanten findet

1

2

3

sich in nächster Nachbarschaft. Für Thrissurs achttägiges Pooram-Fest im April/Mai werden sogar mehr als 70 Elefanten aufgeboten, die Zahl der Festteilnehmer ist sechsstellig. Thrissurs Pooram-Fest wurde jüngst schon zum schönsten Fest der Welt hochgelobt. Die Prozessionen führen zu mehreren Tempeln – und wieder zeigt sich eine nicht selbstverständliche Toleranz: Anhänger aller Religionen, auch aller Kasten nehmen daran teil. In Thrissur findet man mehrere christliche Kirchen.

Übrigens lohnt es auch, sich nach den Kunsthandwerkern zu erkundigen, die den Goldschmuck der Elefanten nach überlieferten Regeln anfertigen. Ein Mr. Venkitadri in Thrissur nennt sich auf seiner Visitenkarte tatsächlich »Elefantenschmuckhersteller«. Ein goldglänzendes Stirnschild, das 15 bis 20 Kilogramm wiegt, kostet rund 1000 Euro, immerhin wird der Goldglanz des gewichtigen Kopfputzes mit reinem Blattgold erzielt. Mr. Venkitadris Mitarbeiter sind aber auch Spezialisten für leichtere, grazile Festrequisiten: für die Wedel aus Yakwolle und die Fächer aus den im Sonnenlicht herrlich aufleuchtenden Pfauenfedern.

Kommt man nicht zur Pooram-Festzeit in diese Region, fährt man vielleicht nach Guruvayur, etwa 30 Kilometer nördlich. Guruvayur ist Pilgerzentrum, der große Shiva-Tempel mit seinen Götterfigu-

4

1 *Puja*-Zeremonie am Fluss zum Abschluss des Pooram-Festes. **2** Elefant beim Spaziergang im »Parambikulam«-Park. **3** Bei der Werkstatt des Elefantenschmuckherstellers: Die neuen Kopfschilde werden vor dem Verpacken vorgeführt. **4** Im Einbaum im »Parambikulam«-Park. **5** Schillernder Parkbewohner, zum Staunen prächtig. **6** Imposanter Vertreter der zahlreichen Affen. **7** Im Kerala-Klima: Man arbeitet auf dem Boden, braucht wenig Kleidung.

ren, Wandbildern und dem fast acht Meter hohen Leuchter stammt aus dem 14. Jahrhundert, leider brannte er 1970 ab, wurde dann rasch rekonstruiert. Nicht-Hindus kommen nur bis zur Eingangshalle, für sie sind jene Abende am Tempel die schönsten, wenn zu einem Fest Tausende von Öllampen aufleuchten und Tänze vorgeführt werden.

Drei Kilometer vom Tempel entfernt sind in einem Gebäude, das bessere Zeiten gesehen hat, einem ehemaligen Palast, Dutzende von Elefanten untergebracht. Man kann auf dem Baumgelände umhergehen, auf dem sich die Elefanten aufhalten, die an einer langen Fußkette festgehalten werden. Vielleicht kommt man gerade recht, um zuzuschauen, wie die Grauhäuter gebadet oder gefüttert werden. Über 60 Elefanten, manchmal 70 haben im »Guruvayur Kesavan« ihre Wohnung – wohl mehr als man irgendwo sonst sieht. Vor dem Eingang ist ein Ganesha aufgestellt, groß und bunt, ein stimmiger Platz für den Shiva-Sohn mit dem Elefantenkopf.

Kalamandalam und *kalaripayattu*: Schläfrig lagen die Bauten von Kalamandalam in ihrem schon um neun Uhr morgens sonnenheißen Parkgelände. Wir waren zu früh oder zu spät von Thrissur nach Cheruthurutty gekommen – denn viel früher am Tage beginnen die Tanzübungen der Schüler an dieser seit 1930 aktiven Schule für künftige Schauspieler und Musiker. Gäste können sich als Zuschauer oft schon für eine erste Doppelstunde anmelden, die um 4.30 Uhr beginnt. In manchen Nächten werden die Tänze von Sonnenuntergang bis zum Morgen vorgeführt. Kalamandalam: ein Name voller Wohlklang und ein Kunstzentrum, das eine wichtige Rolle bei der Wiederbelebung des *kathakali* und anderer Tanzüberlieferungen spielte, und damit also auch für Musik und Theater Südindiens (siehe Seite 138: Thullal). Etliche der Gebäude mit den breiten Giebeln im klassischen Kerala-Stil haben luftige Hallen für die Vorführungen.

Einen Zugang zur klassischen indischen Kultur finden auch Nicht-Inder über die Kampfkunst *kalaripayattu*. Vielleicht ist dieses mit Yoga verbundene Training der Körperbeherrschung – und auch der Selbstbeherrschung – noch weit älterer Herkunft, doch spricht einiges für die Entstehung im Mittelalter, im 12. Jahrhundert, als eine

1 Von 6 bis 10 Uhr morgens kann man bei den *kalaripayattu*-Übungen in Cheruthuruthy zuschauen. **2** Feuerraddemonstration im ENS *kalari* bei Kochi. **3** Volle Konzentration gefordert: beim Kampf mit Stöcken. **4** Hanumans Holzkeule: Waffe aus der Mythologie. **5** Nicht weit von Thrissur an langem Sandstrand: Ayurveda-Resort »Kadappuram«, an einem Flusslauf. **6** Erfrischung vom Meister für die *kalaripayattu*-Schüler.

Vielzahl von Herrschaften in Kerala konkurrierte und jede eine kampfkräftige Truppe benötigte. Historiker nehmen an, dass in der kriegerischen Nair-Kaste fast alle jungen Männer in *kalaripayattu* ausgebildet wurden, neben ihnen aber auch Christen und Muslime. Man hat sie mit den japanischen Samurais verglichen, und die Tüchtigsten stiegen zu Landbesitzern und in den Adel auf.

Anders als bei anderen Kampfkünsten (»Martial Arts«) gehörten zur klassischen *kalaripayattu*-Ausbildung auch Wissenschaft, Kunst, Sprachen und Medizin. An der Südwestecke des *kalari*, des Übungsplatzes, gab es einen Altar für einen Gott, seitlich hatte Ganapathy (= Ganesh), der Shiva-Sohn, seinen Platz, als der Überwinder von Hindernissen. Manche *kalari*-Schulen erneuerten diese Riten, nachdem in der Zeit der britischen Kolonialherrschaft *kalaripayattu* unterdrückt worden war – die Kolonialherren zogen es vor, Gegner von so extremer Körperbeherrschung nicht aufkommen zu lassen.

Eine starke Lehrer-Schüler-Bindung ist der *kalaripayattu*-Ausbildung bis heute noch eigen, eine Respektbeziehung zum Lehrer, ähnlich wie im Religiösen zu einem Guru. Das schließt keineswegs aus, dass gut ausgebildete *kalaripayattu*-Kämpfer eine Karriere im Film- und Showgeschäft machen.

Thrissur lässt sich gern Keralas »Kulturhauptstadt« nennen, hat Akademien für Kunst und Literatur. Darüber soll nicht vergessen werden: Der Distrikt Thrissur ist auch reich an Landschaftsschönheit, an Flüssen, Wasserfällen, Stränden.

Von der Stadt Thrissur aus ist an der Ostgrenze des Distrikts im Nachbarbundesstaat Palakkad das »Parambikulam Wildlife Sanctuary« zu finden, in Luftlinie rund 70 Kilometer östlich von Thrissur – weitab von größeren Städten.

Von Thrissur empfiehlt sich die N 47 bis Vadankkancheri, von dort über Kollengode nach Anappadi mit einem Umweg durch Tamil-Nadu-Gebiet. Das Parambikulam-Schutzgebiet wird viel weniger besucht als das »Periyar Wildlife Sanctuary«, das wegen seiner Elefanten international berühmt ist. Mit etwas Glück trifft man jedoch auch im Parambikulam-Park auf Elefanten, dazu auf Gaurs, Krokodile und – selten – sogar auf Tiger. Zwischen 300 und 1500 Meter über dem Meeresspiegel erstreckt sich der Park über 277 Qua-

dratkilometer, angrenzend an das mehr als dreimal so große »Indira Gandhi Wildlife Sanctuary and National Park« in Tamil Nadu. Den eigenen Wagen oder Mietwagen darf man benutzen, im Unterschied zum Periyar-Park, doch nicht ohne Führer (Parambikulam-Bilder Seite 134/135). Der Führer wird auf Wunsch auch den *Kannimara Teak* zeigen, mit seinen 6,57 Meter Stammumfang und 48,5 Meter Wipfelhöhe einer der größten Bäume und einer der ältesten weltweit, nämlich geschätzte 360 Jahre. Geduldige Liebhaber des *birding*, der Vogelbeobachtung, haben gute Chancen, Vögel von farbiger Schönheit zu Gesicht und vor das Teleobjektiv zu bekommen (268 gezählte Arten!). Auf den mit Dämmen aufgestauten Seen werden auch Schiffsrundfahrten veranstaltet, oder man mietet sich ein Ruderboot (in Thunakadavu) und wird vielleicht Krokodilen begegnen. Abends um 18 Uhr werden die Straßen im Park mit Ketten gesperrt, für die Übernachtung im Park bietet die Forstverwaltung schlichte Herbergen an.

Auch Trekking in den bis zu 1600 Meter ansteigenden Bergen ist möglich, und zwar mit den kundigsten Führern, den heimischen »Tribals«. Vier ihrer Gemeinschaften, die *Kadar, Muduvar, Malasar* und *Malamasar* stellen die Führer, bei Gruppen bis zu fünf Personen eine, bei größeren zwei, gegen bescheidene Entlohnung.

Rund um Thrissur

Anreise und Reisezeit

Flughafen Kochi, Pre-paid Taxi (etwa 30 km). – Per Bahn ist Thrissur mit allen Zentren verbunden, nach Ernakulam/Kochi etwa zwei Stunden.
Drei Bus-Stands, bei der Auskunft (siehe unten) erfragen!
Beste Reisezeit: September bis Mai, ab März sehr heiß, in unseren Sommermonaten Monsun-Regen.

Unterkunft

Lucia Palace Im Stadtzentrum, mit guter Einrichtung, teils AC, auch im Restaurant und in der Bar. Man kann im Garten speisen. Marar Road, Thrissur, Kerala, Tel. 04 87-2 42 47 31, Fax: 2 42 72 90.
****Kadappuram*** Schönes, ruhiges Resort an der noch ursprünglichen, von Kokospalmen gesäumten Nattika Beach südlich von Thrissur (Sonnenschirme und Strandbar). Fünf umweltfreundlich im traditionellen Stil erbaute Cottages mit je

6

zwei Zimmern, große Doppelbetten. Qualifizierte Ayurveda-Abteilung. Preisgünstige Vollpension. Nattika Beach, Thrissur, Kerala, Tel./Fax: 04 87-2 39 49 88, www.kadappurambeach-resorts.com
Parambikulam Sanctuary PWD Inspection Bungalow in Thunnakadavu, fünf Zimmer mit Bad, Tel. 0 42 53-27 72 23.

Sehen und erleben

Vadakkunathan-Kshetram-Tempel im Zentrum Thrissurs (Inneres nur für Hindus). Archäologisches Museum. Valla-Bhatta Kalaripayattu-Schule (Training morgens 6 – 10 Uhr). Jährlich im April/Mai großes Pooram-Fest mit allen Tempeln.

Ziele in der Umgebung

Pilgerziel Guruvayur (33 km nordwestlich), mit vielen Hochzeitsfeiern. Benachbart das »Punathor Kota Elephant Sanctuary«. »Kerala Kalamandalam« in Cheruthuruthy (32 km nordöstlich, www.kalamandalam.com) mit Tanzvorführungen. »Parambikulam Wildlife Sanctuary«, rund 100 km südöstlich.

Auskunft

DTPC-Tourist Information in Thrissur an der Palace Road gegenüber der Town Hall, Tel. 04 87-2 32 08 00, Fax 2 33 18 49, Website: www.trichur.com
Forest Information Centre, Parambikulam Wildlife Sanctuary, Annapai HQ, Thunnakadavu Post, Palakkad District, Tel. 0 42 53-24 45 00.

Ein Deutscher tanzt den Thullal

Harianu Harshita

Wie die indische Mythologie zum Lachen und Nachdenken verführt: Der in Freiburg/Breisgau lebende Künstler Hartmut Schmidt/Harianu Harshita (40) studierte mehr als viereinhalb Jahre in Kerala die drei Stilrichtungen von »Thullal«. Seit 1995 führt er regelmäßig im deutschen Sprachraum »Thullal«-Programme in Malayalam und Deutsch auf, gibt Workshops und leitet Projektwochen an Schulen. Seine besonderen Verdienste für die indisch-deutschen Beziehungen wurden im September 2005 von der Deutsch-Indischen Gesellschaft (DIG) und dem indischen Kulturrat (ICCR) mit dem Gisela-Bonn-Preis gewürdigt. Kontakt: www.thullal.com

Hell und klar ist der Klang der rhythmisch aneinander geschlagenen Zimbeln. *deyta dit da dom deyta dit da dom* ... Nahezu 90 Minuten lang werden sie nicht verstummen. Der *mrdangam*-Trommler nimmt begeistert ihren Rhythmus auf, und schon sind erste Ausschmückungen zu hören. Im Hintergrund gibt die monoton vor sich hin brummende *srutibox* (Harmonium) den Grundton an. Auf 4,0 – was einem F entspricht – ist die Doppelkonustrommel gestimmt, und damit ist auch der Gesang des Tänzers und des Hintergrundsängers »eingestellt«. Mit den ersten Schritten erweist mein Lehrer »dem Boden seinen Respekt«. Danach berührt er die Instrumente und die Beine des Sängers, der zwölf Jahre älter ist als er.

Menschen strömen aus allen Richtungen auf die Bühne zu und setzen sich mit überkreuzten Beinen auf die am Boden ausgebreiteten Tücher – die Männer rechts, die Frauen links. Erwartungsvoll leuchten die großen dunklen Augen der Kinder in den ersten Reihen. Mein Fuß wippt zur Musik im Takt, und im Stillen singe ich die Zeilen des ersten Gebetes mit. Ich genieße den Moment und verspüre die Gewissheit, zur rechten Zeit am rechten Ort zu sein. Morgen stehe ich dann selbst auf einer staubigen Tempelbühne, irgendwo in Kerala – viele 1000 Kilometer von Deutschland entfernt.

deyta dit da dom – dieser *talam* (Rhythmus) bestimmt mein Leben seit nunmehr 15 Jahren. Ich habe gelernt, ihn zu sprechen, zu klatschen, mit Schritten zu verbinden, einen Text dazu vorzutragen und ihn zusammen mit *mudras* (Handgesten), Schauspiel und Mimik in Szene zu setzen. Zu Beginn stellte er für mich die Verbindung zu den poetischen Texten in Malayalam her, einer mir bis dahin unbekannten Sprache. Mittlerweile habe ich eigene deutsche Worte gefunden, um die Geschichten aus den großen indischen Epen wiederzugeben. Unsere sechsjährigen Zwillinge tragen mir und meiner Frau schon begeistert Zeilen vom Helden Bhima und dem weisen Affenkönig Hanuman vor.

Poet und Trommler: Kunchan Nambiar

Thullal, was übersetzt »Tanz mit festen Schritten« bedeutet, ist eine traditionelle indische Form des Geschichtenerzählens und entstand im Kerala des 18. Jahrhunderts. Besonders Episoden aus dem »Mahabharata« und dem »Ramayana« dienten dabei dem Künstler, Poeten und Tempeltrommler Kunchan Nambiar als Vorlage für seine Texte. Mit kritischem Blick beobachtete er die Gesellschaft und vor allem die herrschende Priesterkaste der Brahmanen, der ebenfalls die Kaste der Nambiars zuzuordnen ist. Kunchan Nambiars Idee war ebenso einfach wie genial: Er wollte sein Wissen über die klassische Literatur – meist in der Hochsprache Sanskrit geschrieben – auch den weniger gebildeten Menschen zugänglich machen. Sie sollten Spaß an seiner Aufführung haben und gleichzeitig etwas dabei lernen, sollten sich selbst und die Herrschenden in den Geschichten der hinduistischen Mythologie wiedererkennen.

In der Episode »Kalyanasaugandhika« erzählt Nambiar von der Suche des großen Helden Bhima nach der duftenden Blume »Saugandhika«. Aber er beschreibt nicht nur die Schönheit des Waldes, sondern löst sich vom ursprünglichen Text und lässt Bhima betrunkene *Nair*-Soldaten (Angehörige der Kriegerkaste) sehen, die durch den Wald jagen. Viele von ihnen rennen unbewaffnet umher, weil sie ihre Waffen ins Pfandhaus gebracht und das Geld sofort in Alkohol umgesetzt haben. Zu jener Zeit gab es in Kerala kaum Kriege und demzufolge viele »arbeitslose« Soldaten. Stark behaarte Menschen werden von ihren betrunkenen »Kollegen« aus der Ferne auch schon einmal für Affen gehalten und kurzerhand aus den Bäumen geschossen, auf die sie sich aus Furcht vor aufgescheuchten Tigern und Löwen geflüchtet haben.

Im Unterschied zu allen bekannten klassischen indischen Tänzen oder Tanzdramaformen (wie zum Beispiel *bharata natyam*, *kuchipudi* oder *kathakali*) trägt ein *thullal*-Tänzer seinen Text selbst vor. Er – oder sie, denn es gibt ebenso Frauen, die diese Kunstform aufführen – singt eine Zeile, die der Hintergrundsänger anschließend wiederholt. Dann folgt die nächste Zeile, mit der erneuten Wiederholung. Während der Hintergrundsänger den Text vorträgt, schmückt der *thullalkaran* (der Mann, der *thullal* aufführt) die Geschichte mit Mimik und Schauspiel aus. Dies ist oft mit einem sehr intensiven Kontakt zum Publikum verbunden. Wird etwa ein alter Affe gespielt, der Läuse aus seinem Fell zieht, so ist ganz klar, dass diese nun auf die Zuschauer in den ersten Reihen befördert werden. Vor allem für Kinder ist das ein Riesenspaß.

Mudras spielen bei *thullal* keine sehr wichtige Rolle. Anders als beim Tanzdrama *kathakali*, bei dem jedes einzelne Wort der Geschichte durch ein ausgefeiltes Handgestensystem dargestellt wird, reichen bei *thullal* ein oder zwei Gesten pro Zeile aus. Der »Handgestenwortschatz« des einzelnen Künstlers bestimmt den Einsatz dieses Ausdrucksmittels.

werden die Ornamente an den Handgelenken und an den Schultern durch geflochtene, noch sehr frische Kokospalmblätter ergänzt, und ein Palmblattring, der um die *konda* (Stoffkappe) am Kopf gebunden wird, ersetzt die Krone. Statt dem leuchtenden Grün trägt der Tänzer eine naturfarbene Paste im Gesicht auf. Nur die Augen, Augenbrauen und der Mund sind so geschminkt wie bei *ottan-thullal*. Die erste Geschichte, »*Kalyanasaugandhika*«, die der Poet Kunchan Nambiar schrieb und selbst aufführte, zeigte er um das Jahr 1730 in diesem Stil.

Die Herstellung der Palmblattornamente nimmt bei geübten Händen etwa zwei Stunden in Anspruch. Kurz nach einem 90-minütigen Auftritt beginnen sich die Blätter bereits bräunlich zu verfärben, was sie unbrauchbar macht für weitere Einsätze. Das ist wohl einer der Hauptgründe, warum Geschichten im *sitankan-Stil* heut-

Rasch wechselnden Gemütsausdruck muss der *Thullal*-Spieler beherrschen. Rechts: Mimik des Affenkönigs *Hanuman*.

Krone, Schmuck und Schminke

Kunchan Nambiar unterteilte seine Erzählform in die drei Stilrichtungen *ottan-*, *sitankan-* und *parayan-thullal*. Bei *ottan-thullal,* der weitaus populärsten Form, hat das grün geschminkte Gesicht des Tänzers eine sehr große Ähnlichkeit mit dem der *pacca*-Charaktere (zum Beispiel der Könige und Götter) des etwa 100 Jahre älteren *kathakali*. Statt eines *chutti* (Papierkragens) am Kinn, der den Gesang sehr erschweren würde, dient eine weiße Linie als äußere Begrenzung des Make-ups. Die Augen werden schwarz umrandet, was ihre Bewegungen auch aus der Ferne gut sichtbar macht. Es werden zudem große schwarze Augenbrauen aufgemalt und die Lippen mit leuchtendem Rot nachgezogen. Etwa eine Dreiviertelstunde dauert das Auftragen der Schminke vor dem Auftritt.

Das wichtigste Kostümteil bei *thullal* ist die Krone. Sie wird, nachdem der Künstler ihr seinen Respekt erwiesen hat, als Letztes aufgesetzt. Erst dann darf er die Bühne betreten. Bei *sitankan-thullal*

zutage meist im *ottan-thullal*-Kostüm auf die Bühne gebracht werden. Da sich beide Stile in ihren Rhythmen nicht wesentlich unterscheiden, wobei *sitankan-thullal* allerdings weniger Variationen zu bieten hat, nimmt lediglich ein sehr geringer Teil des Publikums diesen »Stilbruch« überhaupt wahr.

eka brahmamennulla paramarttham grahikkunna
(»es gibt nur einen gott wer das verstanden hat«)
lokarkku manakampil pakam etrayum untam
(»strahlt freude frieden aus kann unterscheiden«)
(aus »*Pulindi Moksam*«).

Provokation wider Kastenhochmut

Die *parayans*, so heißt eine Kaste der Unberührbaren in Kerala, durften sich kein Wissen aneignen und kein Geld besitzen. Schon der versehentliche Kontakt mit ihrem Schatten verunreinigte einen Brahmanen auf seinem Weg zum Tempel. Wollten die Parayans früher in der Öffentlichkeit *cay* trinken, also Milchtee mit Zucker, so bekamen sie diesen in extra dafür hergestellten, einfachen Tontassen gereicht, die anschließend sofort weggeworfen wurden. Um sie bereits von weitem zu erkennen, war es ihnen – Männern wie

Frauen – verboten, den Oberkörper mit Kleidung zu bedecken oder sich mit einem Schirm aus Palmblättern vor der Sonne zu schützen. Dies ist nur ein Bruchteil einer sehr langen Liste von Einschränkungen, die die *parayans* täglich zu erdulden hatten. Sie lässt erahnen, wie viel Mut Kunchan Nambiar zu seiner Zeit hatte, als er ihnen die dritte Stilrichtung widmete – *den parayan-thullal*.

Im Dezember 1991 sah ich an der staatlichen Tanzakademie »Kerala Kalamandalam« zum ersten Mal eine Aufführung von »*Pulindi Moksam*«. Mein damaliger Übersetzungslehrer erklärte mir daraufhin die Inhalte des Textes, und ich war sofort fasziniert von dieser Geschichte. *Moksam* bedeutet »Erlösung«, das Ende vom Kreislauf der Wiedergeburten. Dieses Ziel hinduistischer Religionslehre wird in dieser Geschichte nicht von einem Priester erreicht (der höchsten Form der Wiedergeburt auf Erden), sondern von einem einfachen Jäger und seiner Frau Pulindi. Der Jäger findet ein *shivalingam* (Phallussymbol) in einem zerstörten Tempel. Auf dem Weg nach Hause begegnet er einem König, und dieser erläutert ihm, wie auch er dieses *lingam* verehren kann. Unbedingt dazu erforderlich sei *bhasmam*, die Asche von verbrannten Toten, belehrt ihn der König. Zu Hause vollzieht der Jäger das *puja* (Ritual) genau so, wie der König es ihm befohlen hatte und lässt seine Frau Pulindi daran teilhaben – ein schier unmöglicher Vorgang nach damaliger Auffassung. Beide sind sehr glücklich, und *bhakti*, die Hingabe zu Gott, wächst in ihrem Geist. Eines Tages kann der Jäger keine Asche mehr finden und fragt verzweifelt seine Frau, was er bloß tun solle. Pulindi beschreibt ihm eindringlich den unaufhaltsamen körperlichen Verfall des Menschen – ausfallende Haare und Zähne, krumme Beine und hängende Brüste. Sie bietet ihm an, ihren Körper zu opfern, damit das *puja* weitergeführt werden kann. Nach langem Zögern willigt ihr Mann schließlich ein und nimmt unter Tränen ihre Asche für das Ritual. Die Gottheit Shiva ist davon so beeindruckt, dass er Pulindi wieder vor dem Jäger erscheinen lässt und holt daraufhin beide zu sich in den Himmel. Es sind einfache Menschen, keine Priester, die in dieser Geschichte *moksam* erhalten, weil sie Gott in ehrlicher Hingabe dienen. Hier wird das Kastensystem buchstäblich auf den Kopf gestellt!

Shivas Gnade für einen Unberührbaren

Zu Beginn von »*Pulindi Moksam*« beschreibt Kunchan Nambiar die Trennung von Körper und Seele – dass Gott mit den Seelen »spielt«, dass er sie nach seinem Geschmack mit Körpern verbindet und dass die Seele eines Brahmanen nicht unbedingt mehr philosophisches Wissen besitzen muss als die eines Unberührbaren. Mehr noch, Nambiar geht so weit, dass ein Unberührbarer, der »die Gnade Shivas« in sich trägt, sogar einen Brahmanen belehren kann.

Ich habe diese Geschichte bei vielen Gelegenheiten – zumeist auf traditionellen Tempelfesten – in Kerala aufgeführt und mir damit, da sie kaum noch ein einheimischer *thullalkaran* auf der Bühne zeigen kann oder will, den Respekt vieler Menschen erworben.

Die neun Texte im *parayan-thullal*-Stil werden fast ausschließlich in einem Rhythmus vorgetragen. Die Schritte sind sehr langsam, Kostüm und Schminke sind einfach und schlicht.

Eintauchen in eine fremde Welt. Exotische Genüsse. Tropisches Klima. Faszinierende Kultur. Leben, wo andere Urlaub machen. So oder so ähnlich stellen sich wohl die meisten Menschen einen längeren Aufenthalt in Indien vor. Zugegeben, Indien ist ein wundervolles Land. Wer seinen Mitmenschen mit Respekt begegnet, wird mit herzlicher Gastfreundschaft aufgenommen. Wer sich dann außerdem intensiv mit der Kultur Keralas beschäftigt, die Landessprache Malayalam lernt und viel Zeit mitbringt, der findet hier vielleicht sogar ein neues Zuhause.

Auch das außergewöhnlichste Studium hat seinen Alltag. Das tägliche Üben der Rhythmen, das langsame Erlernen des mimischen Ausdrucks, die schier endlosen Wiederholungen des Textes – stets mit der ersten Zeile beginnend. Der verzweifelte Blick auf den Mund des Lehrers und aufmerksames Zuhören, um endlich die Worte richtig auszusprechen. Das langwierige Übersetzen einer Geschichte – Zeile um Zeile, Wort für Wort. All das erfordert viel Disziplin und einen eisernen Willen. Nach meinem *arangettam*, dem ersten Bühnenauftritt, den ich nach zehn Monaten Studium

1 Mit vollem Kopfschmuck. 2 In Ernakulam: Harianu Harshita zeigt »*Shitankan thullal*«. Links von ihm sein Lehrer K. Prabhakaran

1992 vor dem Krishna-Tempel in Guruvayur bei Thrissur hatte, war dieses mir so unmöglich erscheinende Ziel erreicht. Hunderte von Menschen hatten zugeschaut, als zum ersten Mal ein Nicht-Inder *thullal* auf einer Bühne präsentierte. Viele kamen anschließend zu mir und bedankten sich persönlich für den Auftritt. Es folgten weitere Jahre des Lernens, und mit jeder neuen Geschichte fiel es mir leichter, mir die langen Texte zu merken und sie sicher und ausdrucksstark in Szene zu setzen.

»Was, Sie singen auf Deutsch?«

Zu Beginn meiner künstlerischen Laufbahn in Deutschland musste ich noch sehr viel Überzeugungsarbeit leisten. Es gab viele Menschen, die indischen Tanz kannten – oder ihn zu kennen glaubten, aber das Wort *thullal* hatten sie nie gehört. »Was! Sie singen auf Deutsch!?« Doch gegenwärtig sieht es so aus, als habe *thullal* seinen festen, wenn auch nur bescheidenen Platz im kulturellen Leben Deutschlands gefunden. Meine fünf Übertragungen ins Deutsche bringen auf dem Boden sitzende Sparkassen-Klub-Kinder zum Lachen, fast ebenso wie die geladenen Gäste in der indischen Botschaft in Berlin oder im Völkerkundemuseum in München.

Im Mai 2004 hatte ich meinen Lehrer, Kalamandalam Prabhakaran, und seine Musiker aus Kerala in Deutschland zu Gast. Damit konnte diese Geschichtenerzählform zum ersten Mal mit Live-Musikern in Deutschland gezeigt werden.

Wieder in Indien. Noch etwas Rot auf die Lippen, ein letzter kontrollierender Blick in den kleinen Handspiegel, und fertig ist das grün geschminkte Gesicht. Draußen stehen in zwei langen Reihen die Gläubigen. Sie wollen im Innersten des Tempels der Gottheit ihren Respekt erweisen.

Ob sich viele von ihnen das *thullal*-Programm anschauen werden? Wer sitzt hier in ein paar Jahren noch vor einer brennenden Öllampe im Sand und hört den Texten Kunchan Nambiars zu? Welcher Künstler will dann für wenig Geld tage- oder wochenlang von Tempelfest zu Tempelfest ziehen? Wie viele Kinder verstehen noch die Texte in Malayalam, wenn alle ihren Schulabschluss in Englisch machen?

Viele offene Fragen, doch ich bin überzeugt, dass die Gesellschaft in Kerala, die sich momentan den schnell wachsenden, globalen und lokalen Veränderungen stellt, auch hier eigene Antworten finden wird. Die Faszination, die eine gute *thullal*-Aufführung auslösen kann, mit ihren schnellen Rhythmuswechseln, die Nähe zu den Zuschauern, die lustigen, aber gleichfalls kritischen und philosophischen Texte und nicht zuletzt ihre Einfachheit werden helfen, *thullal* das Überleben zu sichern.

Ich werde auch weiterhin versuchen, »kleine Brücken zwischen den Kulturen« zu bauen – in Deutschland wie in Indien – und diese einmalige traditionelle keralesische Geschichtenerzählform vor dem Vergessen zu bewahren.

(Die eingefügten Zitate sind originale *thullal*-Texte oder deren deutsche Übersetzungen.)

1

2

3

4

Im Wald der tausend Arten

Silent Valley National Park – gerettet und verborgen

Ein schönes Tal, ein glasheller Fluss, hunderterlei Pflanzen und Schmetterlinge, die man sonst nicht findet, Elefanten und Bären – dieses Naturjuwel darf man sich Mühe kosten lassen.

Die Menschen Keralas lieben diesen Park – und das auch, wenn sie noch nie gesehen haben, wie schön seine dicht bewaldeten Bergflanken sind, wie kristallklar seine Flüsse strömen, was für exotische Schmetterlinge den Besucher umflattern und welch prächtige Orchideen ihn umblühen. Kaum jemand scheint genau zu wissen, wo das »Silent Valley« zu finden ist, irgendwo im gebirgigen Abseits an der Grenze zu Tamil Nadu und nicht auf jeder Karte eingetragen. Die Straße, auf der man dorthin käme, ist für den öffentlichen Verkehr nicht freigegeben. So wird vom »Silent Valley National Park« gesprochen wie von einem Schatz, der ebenso gut bewacht wie gut verborgen ist und einem gerade darum nicht mehr genommen werden kann.

Genau das wäre vor rund 30 Jahren fast geschehen. Keralas staatliche Elektrizitätsbehörde beschloss den Bau eines Staudamms. Dies obwohl schon fast 100 Jahre zuvor, 1888, die Region als Waldreservat unter den Schutz des Forstgesetzes gestellt worden war. Das Staudamm-Projekt wurde vorangetrieben, auch als die Region um den Kunthi-Fluss in den frühen 1980er Jahren zum Nationalpark erklärt wurde – allerdings unter Ausschluss gerade jenes Talgebiets, das im Stausee verschwinden sollte. Alle Proteste und Demonstrationen gegen die Naturzerstörung schienen vergebens.

Doch der Widerstand erwies sich als so heftig und über Jahre hinweg hartnäckig, dass die Staudammplaner am Ende nachgeben mussten. Das Dokument über den Nationalpark wurde geändert, das gesamte Tal mit einbezogen. Seitdem wurde »Silent Valley« auch ein Symbol für den erfolgreichen Schutz der Natur gegen eine industrielle Ausbeutung. 1986 wurde der Park als Kernzone des Nilgiri-Biosphärenreservats anerkannt.

Mit guten Gründen. So waldreich Südindien ist, gibt es kaum andere ähnlich große Gebiete, die noch ganz im Naturzustand geblieben sind, unbewohnt und ohne wirtschaftliche Nutzung. Mit seinem einheimischen Namen heißt das »Silent Valley« »*Sairand-*

1 Extrem reich an Schmetterlingsarten – das »Silent Valley«. **2** Mit Glück gibt es solche Begegnungen. **3** Ein Schlangenadler – eine von rund 120 Vogelarten im Nationalpark. **4** Subtropischer Regenwald unter Wolkenschleiern – so unverfälscht gibt es derart großartige Biotope auch in Indien nicht mehr häufig.

1 Schäumender Fluss in einer Landschaft, die nicht leicht zu erreichen ist und darum zivilisatorisch kaum verändert wurde. 2 Der Kunthi-Fluss sollte in einem Stausee verschwinden. 3 Bis zu 2000 Meter hoch umrahmen Berge den »Silent Valley«-Nationalpark.

hrivanam«, wörtlich »Der Wald im Tal«. Naturkundler haben im 89 Quadratkilometer großen Parkgelände rund 1000 Pflanzenarten gezählt.

Die Flora des Berg-Regenwalds ist kaum irgendwo sonst in den Western Ghats und in ganz Südindien so üppig zu erleben, und das dank der Regenfälle, die vor allem der Südwestmonsun von Juni bis in den Dezember bringt. Die Temperaturen liegen zwischen 20 und fast 40 Grad Celsius, die vor allem im April und Mai erreicht werden, während es im Januar und Februar am kühlsten ist. Der Talgrund befindet sich zwar lediglich etwa 660 Meter über dem Meeresspiegel, die Berghöhen aber fast 2400 Meter.

Auch für indische Verhältnisse ist das im Vergleich zu anderen Nationalparks ja nur kleine Gebiet extrem reich an Schmetterlingsarten, an Vögeln – unter den 120 Arten zum Beispiel der *Great Indian Hornbill*, der *Nilgiri Laughing Thrush*, der *Indian Black-crested Baza* –, an Reptilien, Echsen und Säugetieren. Deren Artenvielfalt reicht vom Faultier und Lemuren bis zu Leoparden, Bären und Elefanten. Mit ihren starken dunklen Schwänzen springen die Makaken-Affen (*Lion-tailed Macaques, Macaca silenus*) von Wipfel zu Wipfel.

Paradiese sind mitunter nicht leicht zu betreten. Was wir im umfänglichen Outlook-Führer »Kerala«, damals gerade erstmals erschienen, über die Anreise lasen, wirkte zumindest ungewöhnlich: Besucher könnten nur bis Mukkali fahren und dann 23 Kilometer hinauf zum Eingang des Nationalparks gehen. Oder kam man doch mit einem Jeep der Parkverwaltung ans Ziel? Da der Park nur von 8 bis 17 Uhr öffnet, macht alles andere wenig Sinn.

Also tags zuvor ein Zimmer im »Rest House« reservieren, zeitiger Aufbruch von der Küste nach Mukkali. Der Fahrer nimmt bravourös die Serpentinen durchs Waldgebirge. Ankunft in Mukkali um 15 Uhr, das Büro des »Wildlife Warden« findet sich, er selbst ist unterwegs. Von einer Buchung wissen seine beiden überaus einsilbigen Mitarbeiter nichts, nein, alle Zimmer seien belegt. Sie raten gähnend zur Rückfahrt, alle Haarnadelkurven wieder hinab und am nächsten Morgen noch einmal hinauf. Kein guter Platz für Reisende mit wenig Zeit. Doch, welch Wunder: Insistieren lohnt sich, ein Anruf erreicht den Chef. Plötzlich dürfen wir ein Zimmer im eher leeren »Rest House« mieten. Und am nächsten Morgen einen Jeep samt Führer.

3

Der Hauswart tat, was er nicht zu tun brauchte, er sorgte freundlich für einen frugalen Imbiss.

Es wurde dann doch ein starkes Naturerlebnis, mit Abstieg in die Schlucht des Kunthi-Flusses. Der Führer, Mr. Ussanar, zeigte uns im Dschungel die Lieblingspfade der Elefanten, wusste von jeder Pflanze den lateinischen Namen, führte uns über die Felsen im Fluss und über die Hängebrücke.

Rund 80 Kilometer lang sollen die Pfade im »Silent Valley« sein. Oben, beim Aussichtsturm mit seinen 123 metallenen Stufen, stehen einige Häuser, Hinterlassenschaft der abgezogenen Stauseeplaner. In ihrem See wäre der Fluss mitsamt dem von Tier- und Pflanzenleben überbordenden Wald ertrunken. Dass es dazu nicht kam, freut an diesem Morgen auch eine muntere Gruppe indischer Bio-Studenten und -Studentinnen, vielleicht die künftigen Schützer indischer Artenvielfalt. »One of the important victories in the history of conservation in India«, triumphiert ein »Silent-Valley«-Plakat.

Zu früh gefreut? Daheim entdecken wir im Internet Protokolle eines neuen Staudamm-Projekts, nur 500 Meter von der Grenze des Nationalparks entfernt. Die fatalen Folgen für den Park wären absehbar, es muss noch einmal protestiert werden.

Silent Valley National Park:

Anreise und Reisezeit
Der Nordosten des Distrikts Palakkad ist am besten über Mannarkkad zu erreichen, ob von der Küste, von Malappuram im Norden oder von der Distrikthauptstadt Palakkad. Anfahrt zum Park von Mukkali im Jeep der Parkverwaltung (23 km). Beste Reisezeit ist Oktober bis März.

Unterkunft
***Rest House** der Nationalparkverwaltung in Mukkali. Mit schönem Garten am Fluss, bescheidene Ausstattung, Reservieren! Tel. 04 92-45 32 25. Kein Restaurant am Ort!

Sehen und erleben
Parkbesuch nur mit Führer, auch mehrtägige Arrangements möglich. Feste Schuhe und Trekking-Kleidung!

Auskunft
Director Silent Valley National Park, Mukkali P. O. Mannarkkad, Tel. 04 92-45 32 25, oder Wildlife Warden, Silent Valley Division, Mannarkkad, Tel. 04 92-42 20 56. Reisebüros organisieren mehrtägige Touren. Websites: webindia123.com, www.WildlifeIndiaTours.com

1

2

3

4

In Bäumen wohnen, an Felsen rätseln

Auf Wildnispfaden unterwegs in Wayanad

Hier im Nordosten Keralas gibt es keine große Stadt und nur eine wichtige Straße – dafür in den Western Ghats großartige Berglandschaften, Flüsse, Plantagen und pure Wildnis.

Auf der NH 212 erweist sich, wer ein guter Fahrer ist. Wenn das Asphaltband von Kozhikode (früher Calicut) her sich immer höher ins Gebirge schraubt, von einer engen Haarnadelkurve zur nächsten, stets dicht am Steilhang auf der einen, dicht an der Felswand auf der anderen Seite, und im Gegenverkehr abwechselnd Lastwagen und Busse um die Kurven schwenken, sind starke Nerven sehr erwünscht. Zur Ruhepause laden fragil konstruierte Buden ein, am Hang unterhalb der Straße. Die Passhöhe ist die Ostgrenze des Distrikts Kozhikode, von hier aus geht es auf breiterer Piste hinab und durch den Kerala-Distrikt Wayanad weiter nach Mysore und Bangalore im Nachbarstaat Karnataka.

Wer viel für die Natur und speziell die Berge übrig hat, nimmt sich Zeit für Wayanad. Ob Liebhaber von rauschenden Wasserfällen und stillen Seen, ob Bewunderer von Felsformationen, ob begeisterte Wanderer oder Bergsteiger, sie alle kommen auf ihre Kosten. Und Wayanad überrascht: schon mit seinen Flüssen, die nicht westwärts zur Arabischen See fließen, sondern ostwärts nach Karnataka. Der in den Western Ghats entspringende Kabini-Fluss versorgt mit seinem Wasser zum Beispiel den Cauveri für den langen Weg an die Koromandelküste am Indischen Ozean.

Bereits bei der Einfahrt nach Wayanad, zwischen Lakkidi und Vythiri, gibt es links der Straße einen mächtigen Pipalbaum (*Ficus religiosa*, Pappelfeige oder Buddhabaum), den eine schlichte schwere Kette umspannt. Die Ortslegende um diese Kette ist Briten-kritisch und wohl eher von *adivasi*-Überlieferungen geprägt als hinduistisch. Erzählt wird, ein junger *adivasi* habe einen britischen Ingenieur zu einem Schatz geführt – und sei kurzerhand getötet worden, weil der Ingenieur keinen Mitwisser haben wollte. Seither spukte es, die ruhelose Seele erschreckte Reisende, bis ein Priester sie harsch mit der Kette zur Ruhe brachte.

Besseren, ja großartigen Gebrauch machen einige Resort-Eigner von den oft über 30 Meter hohen Bäumen in den Wayanad-

1 In Wayanads Wäldern kann man auf Masken wie diese treffen, wohl ein Abwehrzauber von Tribals, Stammesangehörigen. **2** Die rätselhaften Ritzzeichnungen der Ettakal-Höhlen. **3** Ein Frosch, der eifrig Termiten verschlingt. **4** Aufstieg in die grandiose Ettakal-Felsszenerie, einige Stufen und Eisenleitern machen ihn leichter.

1 Ausblick von der Höhe des »Tranquil Hideaway« auf die Ettakal-Gipfel. **2** Und Ausblick von den Ettakal-Höhlen in die Ebene. **3** An eine Keilschrift oder Runen mag man sich erinnern, entschlüsselt ist von diesen abstrakten Zeichen noch nichts, außer den Jagdszenen. **4** Den zahmen Elefanten gefällt eine Wäsche im Fluss.

Bergen. Wahrscheinlich gibt es keine andere Adresse in Wayanad, die binnen weniger Jahre international so bekannt geworden ist wie der »Green Magic Nature Resort« mit seinen »Baumapartments«. Die sind in einem traumschönen Waldtal in einer Dschungellichtung in rund 30 Meter Höhe eingerichtet. Wie man da hinauf gelangt? Mit einem Bambuslift oder über eine Hängebrücke (siehe Seite 152).

Wie der »Green Magic Nature Resort« und das wenige Kilometer entfernte zweite Wald-Resort der Familie Kareem »Jungle Park« in den Fintser Hills bei Vythiri ist das »Tranquil Plantation Hideaway« – nicht weit von der Stadt Sultan Bathery – im Osten Wayanads ebenfalls ein einladender Ort von deutlich überdurchschnittlicher Qualität. Wie das »Green Magic« bietet auch das »Tranquil« eine Baumwohnung, allerdings nicht in ganz so luftiger Höhe. Noch eine Reihe von empfehlenswert gastfreundlichen Retreats und Resorts jüngeren Datums um Sultan Bathery bestätigen die wachsende Wayanad-Attraktivität.

Der Name »Sultan Bathery« geht auf ein Munitionsdepot Tipu Sultans und seine Kämpfe gegen die britischen Kolonialtruppen zurück (»Bathery« aus »Battery«). Eines Tages könnte der alte hinduistische Name *Ganapathivattam* (= der Kreis von Ganapathi, südindisch für den elefantenköpfigen Glücksgott Ganesha) wieder in Gebrauch kommen, als Zeichen der Distanzierung von kolonialer Fremdbestimmung wie an vielen Orten in den letzten Jahren. Natürlich nur, wenn das Andenken an Tipu Sultan nicht doch als unantastbar gilt.

Die Naturschauspiele Wayanads aufsuchen: Dazu gehört der dreigeteilte Wasserfall von Suchipara, den man von dem Städtchen Kalpetta im Westen erreicht – 22 Kilometer Bergstraßenfahrt und eine halbe Stunde auf teils rauem Pfad. Den richtigen Blickwinkel muss man ausfindig machen, so dicht ist der Regenwald umher. Möchte man noch mehr Wasserfälle? Auch die Kanthampara- und die rund 300 Meter herabstürzenden Meenmutty-Fälle, beide ebenfalls im Umkreis von Kalpetta, und ganz im Süden Wayanads

2

3

4

die Sentinel-Wasserfälle lohnen einen Waldgang. Erholsam und nur drei beziehungsweise sechs Kilometer von Vythiri entfernt sind der Pookote-See, schon mit allerlei touristischen Zugaben ausgestattet und Ziel zahlloser Familien, und der stillere Karalad-See.

Prominenter ist der »Chembra Peek«, der mit seinen rund 2300 Metern der höchste in weitem Umkreis ist und von vielen Südindern mit Bergsteiger-Leidenschaft bewundert wird. Die charakteristische Pyramidengestalt des Chembra kommt um Kalpetta und Vythiri immer wieder in den Blick. Um den Gipfel des Chembra zu ersteigen, braucht man vier bis fünf Stunden.

Oft hört man in Wayanad von Felshöhlen und Heldensteinen, es war schon die Rede von einem archäologischen Wayanad-Pfad. Die Ursache, dass es einen solchen noch nicht gibt, mag die alle anderen Fundplätze überstrahlende Attraktivität der Ettakal-Höhlen und ihrer Felsritzungen sein. Obwohl mehr als ein Jahrhundert seit ihrer Entdeckung vergangen ist – durch einen britischen Verwaltungsbeamten anno 1890 –, bleiben Alter wie Bedeutung der etwa 15 Zeichnungen in der oberen Höhle umstritten. Am stärksten rührt der geduldige Eifer der Steinkünstler an, die in ihrer

1 Halb Hochsitz, halb Baumhaus im »Tranquil Hideaway«. **2** Wassertransport im Bergwald. **3** Feinarbeit am Rasen in typisch indischer Hockhaltung: »die Knie zwischen den Ohren«. **4** Kleine »Tranquil«-Erfrischung. **5** Robuster Wegweiser. **6** Gemütliches Schlafgemach inmitten der Natur, mit viel Bambus, Holz und Glas.

prähistorischen Gesellschaft so viel Gestaltungsmühe am Fels auf sich nahmen, sei es für ihre Riten oder auch um künftigen Generationen Bilder ihrer Welt zu vermachen. Einige Jagdszenen sind zu sehen, Darstellungen menschlicher Gestalten, einmal eine auf einem Wagen. Anderes wartet auf die Entschlüsselung. Mittlere Steinzeit, Jungsteinzeit? Es gibt auch bei den Fachleuten lediglich Vermutungen.

Umso großartiger ist die hoch über Pfefferplantagen und Dschungel zu erkletternde Felsenszenerie. Eingriffe in die ursprüngliche Bergnatur beschränken sich auf ein Minimum von Auf- und Abstiegshilfen wie Stufen und Geländer. Schräge Felswände bilden Hallen, ein wohl 100 Meter langer senkrechter Spalt öffnet einen schmalen Ausblick auf weites Land in der Tiefe. Ersteigt man über den Höhlen auf schmalem Pfad den Gipfel, erlebt man fast wie aus einem Ballonkorb die Rundumsicht auf die südindische Landschaft von Kerala, Karnataka und Tamil Nadu – das Dreiländereck ist nur etwa 30 Kilometer entfernt. Beiläufig hört man vom hier heimischen, indischen Begleiter: Die Region sei nicht bloß bekannt für ihr angenehmes Höhenklima, sondern auch für das hohe Alter, das viele Einwohner erreichen.

Zum Abstieg in die Ära steinzeitlicher Zivilisation und zu einem Einblick in die Lebensverhältnisse der Tribals bis heute lädt das noch neue »Heritage Museum« im wenige Kilometer südlich gelegenen Ambalavayal ein. Außer Keramik, Schmuck, Kleidung und Musikinstrumenten sind ebenfalls »Heldensteine« zu sehen. Dabei handelt es sich um oftmals nur grobe, manchmal aber auch fein skulptierte

Gedenksteine (*virakals*), meist für Hindu-Krieger, die in einem Kampf fielen oder in aussichtsloser Lage sich selbst töteten. In diesem Land der großen Zeithorizonte ein weiteres Beispiel dafür, wie sehr sich die Menschen bemühten, die Kontinuität des Lebens zu bezeugen.

Fürs Transzendente findet man im Norden Wayanads den Thirunelly-Tempel am Papanashini-Fluss, der für die Hindus im Süden ähnlich heilig ist wie der Ganges. Kubisch behauene Granitpfeiler tragen das nur flachgiebelig ausgebaute Tempeldach. Warum Tempel und Fluss so hochheilig verehrt werden? Für die Gläubigen ist es die Stätte, an der Garuda, der Sonnenadler und Vishnus »Fahrzeug«, den Unsterblichkeitstrank Amrita raubte. Bei Garudas Flug fielen aus dem *amrita kumbha* (= Nektarkrug) Tropfen auf die Orte Ujjain, Haridwar, Prayag (= Allahabad) und Nasik, jene Orte, an denen jeweils alle zwölf Jahre die *kumbhmela*, die Feier des erlösenden Nektarkruges mit Pilgern in zweistelliger Millionenzahl begangen wird. Der Sonnenadler flog zurück nach Thirunelly, zum Tempel seines Meisters, und ein letzter Nektartropfen machte auch den Papanashini zum Sünden erlösenden Heilsfluss.

Übrigens ist die gesamte Landschaft um Fluss und Tempel mitsamt der großen Flussinsel Kuruwadweep und dem Brahmagiri-Gebirge im Hintergrund von großer Schönheit.

Wayanad – Auf Wildnispfaden unterwegs

Anreise und Reisezeit
Nächster Flughafen: Kozhikode.
Mit dem Wagen von Kozhikode rund 60 km nach Vythiri, von Bangalore nach Sultan Bathery auf der NH 212 rund 310 km.
Beste Reisezeit: Oktober bis April, als »Hill Station« für die Flucht vor sommerlicher Hitze auch in den regenreichen Monaten Mai bis September.

Unterkunft
/****Green Magic Nature Resort*** und *****Jungle Park*** siehe folgende Doppelseite!
****/********Tranquil*** »A Plantation Hideaway«. Von Gästen voller Überschwang gelobt – für seine Ruhe, seine Aussicht, die Freundlichkeit der Gastgeber, die vielen markierten Wanderwege. Kuppamudi Coffee Estate, Kolagappara) P. O., Sultan

6

Bathery, Wayanad-673591, Tel. 0 49 36-22 02 44 und 22 01 80, Tel./Fax: 22 23 58, E-Mail: homestay@vsnl.com, Website: www.tranquilresort.com. Preise gelten einschließlich Vollpension und lokaler Rundfahrten.
*****Green Gates Hotel*** Auf einem Hügel gelegen, mit großem Swimmingpool. T. B. Road, Kalpetta, Wayanad-673122, Tel. 0 49 36-20 20 01/2/3/4, Fax: 20 39 75, www.greengateshotel.com

Sehen und erleben
Großartige Regenwald-Landschaften der Western Ghats mit Seen und Wasserfällen.
Felszeichnungen in den Höhlen von Ettakal südwestlich von Sultan Bathery.
Tempel von Thirunelly im Norden Wayanads, dem »kashi« (Stadt des Lichts, heute Varanasi) Südindiens.

Ziele in der Umgebung
Ausflüge in den »Nagarhole National Park« (in der Nähe des »Tholpetty Wildlife Sanctuarys« in Wayanad), in die Nilgiri-Berge und nach Mysore.

Auskunft
District Tourism Promotion Council, Collectorate Office, Civil Station, Kalpetta North P.O., Tel. 0 49 36-20 21 34, Fax: 20 33 47, E-Mail: mail@wayanadtourism.org, Website: www.wayanadtourism.org
District Forest Officer, North Wayanad, Mananthavady, Tel. 0 49 35-24 02 33.

Bergzauber und Baumhäuser

Green Magic und Jungle Park Resort

Ohne die *adivasis* wären dieses Baumhotel »Green Magic« wohl noch heute nicht entstanden. Die Ureinwohner der Waldgebirge schafften mit ihren Händen, Armen und Füßen, was anderswo nur Turmkräne leisten. Denen aber sind die Waldstraßen in den

1

Western Ghats zu schmal, die Kehren viel zu eng. Die *adivasis*, die Ureinwohner, können klettern wie Artisten und dabei noch Lasten meistern. Eine halbe Fahrstunde oberhalb des Dorfes Vythiri, abseits der Passstraße NH 17, die Kozhikode und den Staat Wayanad mit dem Nachbarstaat Karnataka verbindet, findet sich ein besonders schönes Hochtal der »Fintser Hills«, von einem Bergbach durchströmt.

Hier hat der Plantagenbesitzer Abdul Kareem in den 1990er-Jahren die *adivasis* mit dem Bau des »Green Magic« beauftragt. Stabile Baumapartments entstanden in den Kronen der über 30 Meter hohen Bäume. Die geborenen Waldmenschen taten ihre Arbeit schonend, ohne stärkere Äste zu beschädigen oder abzusägen, und sie brauchten dazu keine Maschinen, keinen Lift. Das war 1995.

Ein Lift hat seither Hunderte von Gästen in eines der Baumapartements befördert, auch der ohne Motorkraft. Stattdessen erleichtert ein dicker Wassersack als Gegengewicht das Aufziehen per Hand, gemächlich schwebt der leichte Bambus-Fahrstuhl vom Podest am Waldboden zum Einstieg in die Baumwohnung. Da staunt der Gast: Dies ist nichts in der Art eines zum Schlafen vergrößerten Jagdsitzes. Komfort wird geboten, mit Sesseln, dekorativen Kissen und einem breitem Bett, mit Beleuchtung und kleinem

2

Duschbad, sogar mit einer Toilette. Und was für Baumkronen-Ausblicke genießt man!

Nach dem Dunkelwerden lösen die Ohren die Augen ab. Er sei eine ganze Nacht wach geblieben, erzählt uns ein Kerala-Tourist aus Holland. Nicht wegen Schlafstörungen, sondern weil ihn die Dschungel-Geräusche faszinierten, das wowowow der Affen, die Rufe der Nachtvögel. Die Baumapartements sind nicht verglast, sondern oberhalb der Wandbrüstungen nach allen Seiten hin offen. Darum lässt man seine Habseligkeiten teils im Koffer, teils bringt man sie in soliden Metalltruhen unter. Für die Nacht kann man keine Fenster schließen, sondern nur Bastmatten herabrollen.

Wen die Höhe der Baumapartments oder der Zugang – das zweite und dritte Apartment erreicht man über eine Hängebrücke – schwindeln lässt, findet Unterkunft zu ebenem Boden in einem der Cottages, die sich oberhalb des Baches am Berghang reihen; jedes hat eine Terrasse mit schönem Landschaftsblick in den subtropischen Wald und zu den Höhen hinauf.

Zum »Jungle Park Resort«, dem gleichen Besitz zugehörig, führt die schmale Waldstraße noch weiter hinauf, in einen lichten Bergwald mit offenen Flächen, felsigen Steilabstürzen und großartigen

3

4

1 In lichtem Bergwald über tief eingeschnittenem Tal lässt sich's in den Cottages des noch neuen »Jungle Park« paradiesisch ruhig leben. Im Haupthaus erwarten den Gast ein Restaurant und abendliche Runden am Feuer. **2** Für das schon länger bestehende »Green Magic Nature Resort« mit Wipfelquartieren ist der Bambuslift ein Symbol. **3** Mahl vom Bananenblatt. **4** Ein Baumhaus, wie es naturnäher nicht sein kann. Und dazu noch komfortabel.

Fernblicken. Kerala ist berühmt geworden als ein Küstenland mit den Backwaters, die in ihrer weit verzweigten Gestalt einzigartig in Indien sind. Besser informierte Gäste wissen von Keralas Nationalparks und Teeplantagen. In Europa, Nordamerika und Fernost ahnen jedoch nur die wenigsten, dass Kerala auch ein Land herrlicher artenreicher Bergwälder ist.

Die einladenden Waldvillen im Kerala-Stil sind alle von niederen Steinzäunen oder Mauern umfriedet, mit gemauertem Portal und roten Ziegeldächern. Im Innern haben die Gäste angenehm reichlich Platz, das rustikale Mobiliar mit gedrechselten Pfosten, farbkräftige Vorhänge und Bettüberdecken wie auch die rötlichen Steinböden stimmen gut zum Walderlebnis. Weil man mitten in der Natur wohnt, empfindet man umso genussvoller die deutlichen Abstände bis zum jeweils nächsten Haus. Zum Empfangs- und Restaurantgebäude macht man einen kurzen Spaziergang, kann sich authentische Kerala-Küche, aber auch westliche Gerichte schmecken lassen. Zur Nacht entzündet die Kellnerbrigade in einer großen Metallpfanne ein Feuer, bringt gekühlte Biere, sorgt gern für Musik.

*****/****Green Magic** Drei attraktive Baumhaus-Apartments und Doppelzimmer in acht Eco-Lodges in etwa 1400 m Höhe. Restaurant (Vollpension) am Bergbach.
****/***Jungle Park Resorts** 17 Zimmer in Villen und Cottages im Kerala-Stil mit ziegelgedeckten Giebeldächern auf der Höhe eines bewaldeten Berges, für jedes Gästepaar eine halbe oder ganze Villa oder Cottage-Zimmer, Honeymoon-Cottage. Restaurant mit offener Terrasse (Vollpension). Volleyball etc.

Für beide Resorts: Ayurveda-Rejuvenation-Programm auf Anfrage. 24 Stunden Zimmerservice, Wäscheservice, Schließfächer, elektrischer Generator. Reisebüro. Exkursionen, Urwald- und Plantagenspaziergänge, Tribal-Village-Besuch mit und ohne Führer. Stadttour Kozhikode. Bootfahren auf dem Pookode-See. Beide »Jungle Park Resorts« etwa 68 km von Kozhikode, 85 km vom Flughafen Kozhikode, 130 km von Mysore, 300 km von Bangalore.

Beim Dorf Vythiri, »Fintser Hills«. Buchung über A 52, Vrindhavan Colony, Chevayur, Kozhikode, Kerala-673017, Tel. 0495-35 61 36, E-Mail: info@jungleparkresorts.com, Website: www.jungleparkresorts.com,

Siddha Vaidya – kurz eingeführt

Rajkumar Reghunathan

In Kerala geboren, wurde Rajkumar Reghunathan in klassischer westlicher Schulmedizin ausgebildet. Nach einigen Jahren auf den südlichen Malediven, wo er als einziger Arzt auf dem Archipel praktizierte, wendete er sich intensiv Siddha Vaidya zu. Während seiner medizinischen Studien war er vor allem an der Methodologie des Heilens und an den verschiedenen Wegen zur Gesundheit interessiert. Er hatte Glück, seinen Lehrer zu finden, der ihn schon in jüngeren Jahren unterrichtete und ihm ein weites Verständnis der Medizin öffnete. Dr. Rajkumar lehrte an Universitäten in den Vereinigten Staaten und in Schweden. Gegenwärtig sucht er die alte Überlieferung in modernes technisches Wissen zu übertragen und die historischen Manuskripte zu übersetzen.

Siddha Vaidya ist eine der ältesten medizinisch-ganzheitlichen Lehren Indiens. In einer Welt, in der mit zunehmendem Wissen der modernen Schulmedizin zugleich immer mehr Fragen auftreten, gibt Siddha Vaidya bewährte Antworten auf uralte Fragen zu Krankheiten und Wohlbefinden aufgrund jahrtausendealter Beobachtungen und Experimente.

Die Antworten, die Siddha Vaidya bietet, umfassen äußere sowie innere Therapien mit Heilpflanzen und Mineralien. Siddha Vaidya wird heute nur in den ländlichen Regionen Südindiens in winzigen Ortschaften praktiziert, in denen die Ärzte die Medikamente selbst mit unterschiedlichen Bestandteilen herstellen.

Die Erforschung der Ursprünge von Siddha Vaidya stützt sich auf archäologische Zeugnisse, mündliche Überlieferung und sprachliche Quellen. Die Fakten bestätigen, dass Siddha Vaidya die medizinische Lehre der drawidischen Kultur ist, die vor mehreren Tausend Jahren in Indien lebendig war.

Mündlich überlieferte sowie schriftliche geschichtliche Zeugnisse – wie zum Beispiel die Veden, die ältesten indischen Aufzeichnungen, die entziffert werden können – verweisen auf die noch ältere drawidische Kultur. Archäologische Ausgrabungen in Westindien brachten im vorigen Jahrhundert über 1400 Siedlungen ans Licht, deren verblüffend hoher Entwicklungsstand dem heutiger Städte vergleichbar ist. Unter anderem verfügten die Menschen in den Häusern über Wasserleitungen und über Badezimmer, ihre Hauptstraßen kreuzten sich in einem rechtwinkligen Raster und hatten Kopfsteinpflaster. Die drawidische medizinische Lehre wurde später als Siddha Vaidya bekannt. Deren älteste medizinische Schriften sind noch immer nicht übersetzt, da die Schrift bisher nicht entschlüsselt werden konnte.

Siddha Vaidya gelangte mit den drawidischen Völkern in den Süden Indiens, als sie vor rund 4500 Jahren von Norden her einwanderten. Die muslimischen und britischen Herrscher unterdrückten große Teile des Siddha-Wissens. Um sich dagegen zu wehren, machten viele Lehrer ihre Aufzeichnungen in dichterischer Form mit geheimen Codes. Studenten werden vielfach von ihrem Lehrer geprüft, bevor sie sensible Informationen erhalten.

Ein ganzheitliches Therapiekonzept

Studium und Ausübung des Siddha Vaidya setzt die Vertrautheit mit der Siddha-Philosophie und ihrer Literatur voraus, die Beherrschung der Kampfsportarten und tiefer Meditation, Heilpflanzenkenntnis, außerdem wirkungsvolle Patientenberatung, die Kenntnis traditioneller pharmakologischer Rezepturen, Yoga-Erfahrung und sichere Ausübung diverser Körpertherapien. Der Siddha-Arzt geht in seiner Diagnose vom Grundsatz aus, dass die Summe aller Teile des Körpers ganzheitlich betrachtet werden muss und die Einzigartigkeit eines jeden Individuums ausmacht. Dabei ergründet er die tiefen Ursachen des Problems und das Alter des Leidens. Die Diagnose zeichnet auch alle sekundären Effekte des primären Ungleichgewichts oder der Störung auf. Ferner soll sie alle Beeinträchtigungen berücksichtigen, die sich aus der primären Störung und aus den Sekundäreffekten ergeben und die nötigen Schritte darlegen, um die primäre Ursache, die sekundären Wirkungen sowie eventuelle Beeinträchtigungen zu beheben.

Ziel der Siddha-Therapie ist es, die drei *doshas* (Bioenergien), die fünf Elemente und die sieben *dathus* (Gewebetypen) im Gleichgewicht zu halten. Ferner gilt es, auch andere Aspekte der menschlichen Körper-Geist-Struktur in ausgewogener Harmonie zu halten und zu stärken, darunter die *nadi* (Energiebahnen), *marma* (Energiepunkte), die Organe, die allgemeine Kraft und das Erneuerungspotenzial des Körpers. Die Wiederherstellung des Gleichgewichts zwischen den *doshas* im Krankheitsfall erfordert eine geeignete Diät, eine medikamentöse Therapie und einen geregelten Lebenswandel.

Oft wird Siddha Vaidya mit Ayurveda verglichen; deshalb ist es nötig, Ähnlichkeiten und Unterschiede zwischen ihnen zu betrachten. Der Ursprung von Siddha Vaidya ist die Induskultur der drawidischen Völker. Ayurveda wurde von den Ariern mehrere tausend Jahre später während der vedischen Zivilisation begründet. Siddha Vaidya wurde schriftlich in Tamil festgehalten, Ayurveda hingegen in Sanskrit. Siddha Vaidya ist eine vorrangig heilende medizinische Lehre, die die Leiden und Störungen in 4448 verschiedene Gruppen aufteilt, wobei es für eine jede mehr als 64 Therapiemöglichkeiten gibt. Siddha Vaidya ist in puncto Diät nicht sehr streng, Ayurveda jedoch gerade darin sehr genau. Siddha Vaidya verfolgt die schnellstmögliche Heilung einer Krankheit, Ayurveda hingegen setzt den Schwerpunkt auf die Schaffung eines Gleichgewichts zwischen den inneren Kräften.

Der Arzt stellt die Arzneimittel selbst her

Äußere Therapien sind in Siddha Vaidya ebenso wichtig wie in Ayurveda. Um das gewünschte Ergebnis zu erreichen, müssen äußere Therapien oft mit inneren Anwendungen kombiniert werden. Die Rezepturen des Siddha Vaidya werden individuell angepasst, es gibt deshalb auch keine organisierten Medikamentenhersteller. Der behandelnde Arzt stellt die Rezeptur eigenhändig zusammen. Siddha Vaidya verwendet mehrere tausend Pflanzen und Pflanzenprodukte. Die Präparate stammen selten aus einer einzigen Heilpflanze, sondern sind meist Mischungen, die sich über lange Zeit bewährt haben. Manche dieser Ingredienzien müssen auch entgiftet werden, in oft zeitaufwendigen Prozessen. Alle diese Fakten wirken sich auf die Kosten aus. Ein Klinikaufenthalt kann täglich etwa 150 Dollar kosten, alles inbegriffen.

Die westliche Schulmedizin betrachtet etliche Krankheiten als chronisch und kaum heilbar. Siddha Vaidya bietet für diese chronischen Leiden lindernde Therapien. Dies kommt aus einem tiefen Verständnis in die Zusammenhänge von Körper und Geist und der anderen Weltsicht von Siddha Vaidya, die mehr Raum für Optimismus lässt.

Siddha Vaidya setzt voraus, dass der Körper sich überwiegend aus dem Element Erde aufbaut. Der Körper wiederum ist im Element Raum angesiedelt. Die Elemente Wasser, Feuer und Luft – die man als *kapha*, *pitta* und *vatta* bezeichnet – sind für die Funktionen des Körpers unerlässlich. Ein Überschuss oder ein Mangel an diesen Elementen zeigt sich in funktionellen Schwächen und führt zu Krankheiten und Störungen. Diese Elemente stehen im Verhältnis zueinander; damit der Körper gesund bleibt, muss das Verhältnis zwischen ihnen stets konstant bleiben. Geringe Abweichungen von diesem Verhältnis führen zu Krankheiten, massive Störungen können jedoch tödlich enden.

Dieses Verhältnis ist dasselbe für alle Lebensformen. Ein gesundes Verhältnis zwischen diesen fünf Elementen ist die Voraussetzung für

Siddha Vaidya war als Gesundheitslehre lange nur noch im Verborgenen lebendig, nur wenigen bekannt – jetzt ist sie in die indische Öffentlichkeit zurückgekehrt. Auch in Europa und rund um die Erde an vielen Orten interessiert man sich für den Siddha-Weg zur Gesundheit. Schon trifft man in Kerala-Hotels auf Präparate mit diesem Namen – bleibt nachzuprüfen, ob sie authentisch sind.

das Leben überhaupt, und dieses Prinzip gilt von der Bakterie bis zum Baum. Hauptanliegen des Siddha-Vaidya-Arztes ist die Wiedererlangung der Gesundheit durch Herstellung dieses Gleichgewichts. Krankheiten stehen der Gesundheit zumindest im Weg. Wir sollten sie wenn möglich beseitigen. Ist dies aber nicht möglich, so sollte die Strategie darin bestehen, den Schaden unter Kontrolle zu halten und ihn sich nicht weiter ausbreiten zu lassen.

Eine Kombination der inneren und der äußeren Therapien von Siddha Vaidya bringt rasch die besten Ergebnisse. Die externen Methoden können entgiften und aufbauen. Die regenerativen Therapien nehmen eine Schlüsselstellung in Siddha Vaidya ein und sind vor allem für altersbedingte Störungen und degenerative Leiden geeignet. Die inneren Therapien haben eine entgiftende, das Immunsystem stabilisierende und wiederherstellende Wirkung und können zu fast allen wiederaufbauenden oder vorbeugenden Maßnahmen eingesetzt werden.

Dr. Rajkumars »Indian Longevity Clinic«: Chaitanya, Thittamangalom, Kodunganoorb P. O., Trivandrum, Kerala. Tel. 0471-2 3657 14, 24 84 99, Web: www.isvin.com

1

2

3

4

Bauern und Brahmanen

Das Glück der Lücke in den Western Ghats: Palakkad

Eine Öffnung in der 960 Kilometer langen Bergkette der Western Ghats wurde wichtig: für das Klima, für den Handel, für die Herrschaft. An dieser 32 Kilometer breiten Lücke wuchs die Stadt Palakkad.

Ein Bild von schöner Ruhe und fruchtbarem Wachsen zeigt die Landschaft der kräftig grünen Paddyfelder um Palakkad. Kleine Baumgruppen dazwischen, friedliche Dörfer, einmal ein Gehöft, in dem unter Bäumen eine Gruppe von Elefanten steht: Das ist ein Stück Südindien, wo die Bauern alle Jahre recht verlässlich mit zwei Ernten rechnen können. Eine förderliche Rolle spielt dabei die Öffnung in der Bergkette der Westghats, der Palakkad Gap, zwischen den hoch ansteigenden Nilgiri- und Anamalai-Bergen. Die Lücke lässt die Nordostwinde mit dem Herbstmonsun aus Tamil Nadu einströmen, zusätzlich zu den Südwestwinden, die von Juni bis August die sommerlichen Monsunregen bringen. Gut nicht nur für Reis, auch für Zuckerrohr, Baumwolle, Kaffee, Kardamom. Der Distrikt Palakkad ist als Keralas Getreidespeicher bekannt.

Inder danken den Göttern, indem sie ihnen Tempel bauen, da unterscheiden sie sich nicht sehr von anderen Gläubigen. In der Stadt Palakkad, lassen wir uns sagen, stehen rund 60 Tempel, 14 Moscheen und 8 christliche Kirchen. Einer der Tempel wurde von den Jains errichtet, die in Kerala nur wenige Tempel haben. Man findet ihn am Kalpathy-Fluss, mit der den Jain-Tempeln eigenen Beschränkung auf wenige Statuen der »Furtbereiter«, der geistigen Führer. Wenn man sich nach dem Tempelwärter erkundigt, wird man in das Heiligtum eingelassen. Bei den großen Hindu-Tempeln in Kerala haben Nicht-Hindus in der Regel keinen Zutritt, doch kann man ihre Architektur bewundern, hier in Palakkad zum Beispiel den Vadakkanthara-Tempel an der Straße nach Jainmedu und den Manapullikaavu-Tempel im Stadtteil East Yakkara. Das Ungewöhnliche: In diesen beiden Haupttempeln werden weibliche Gottesgestalten verehrt, eine Inkarnation der Kannagi, der Heldin eines tamilischen Epos, und die Devi, Shivas Gattin.

Religiöse Tradition der Brahmanen, der Angehörigen der obersten Kaste, ist in Palakkads Stadtteil Kalpathy Agrahara lebendig. Solche *agraharams*, Brahmanen-Viertel, gehen in Südindien auf das 15. und

1 Götterbilder im Kalappura-Haus, nicht weit von Thrissur. **2** Lotosblüten. **3** Gaur im »Parambikulam Wildlife Sanctuary«. **4** Die meisten indischen Bundesstaaten stehen schlechter da als Kerala, wenn es um die Wasserversorgung geht. Palakkad empfängt in der Regel zweimal jährlich Monsunregen, das bringt reiche Reisernten.

1 Bei Walayar, nahe der Ostgrenze Palakkads: lichte Baum- und Felder-Landschaft. **2** Vor den Western Ghats sind Keralas Flüsse zu erleben, von Wäldern gesäumt, ruhig fließend – wie hier der Bharatapuzha. **3** Kalappura-Gutshaus: die reich umgrünte Terrasse. **4** Es braucht seine Zeit, bis alle Lichter angezündet sind.

16. Jahrhundert zurück – damals flohen Tausende von Brahmanen aus Nordindien, unter dem Druck der Muslime, die viele Hindu-Tempel zerstörten. In Palakkad wählten sie einen Platz am Bharatapuzha-Fluss, der nach Hindu-Glauben unterirdisch mit dem heiligen Ganges verbunden ist. Längst nicht alle wurden und werden Priester oder Gelehrte, bis heute steigen führende Persönlichkeiten aus Palakkads *agraharams* auf, machen Karriere als hohe Beamte oder berühmte Musiker.

Es sind einige Straßen im Rechteckraster um einen eher kleinen Hindu-Tempel von 1425 und dessen Tempelwagen, reich mit Schnitzwerk geschmückt und mit mannshohen Rädern. Die schlichten niederen Reihenhäuser, teils mit farbigen Fassaden, erinnern deutsche Touristen vielleicht an die Sozialsiedlung der Fuggerei in Augsburg. Sie werden heute nicht nur von Brahmanen bewohnt, sind aber von der Regierung unter »Heritage«-Schutz gestellt. Eines der größten Feste ist *Kalpathy Ther* im November, mit Wagen- und Elefantenprozession und Reihen von Verkaufsständen, an denen Luftballons, Spielzeug, Kleider und mehr zu haben sind.

Palakkad ist trotzdem kein Ziel touristischen Andrangs. Eine der Attraktionen, mit denen auch die Besucher aus westlichen Ländern vertraut sind, die jedoch zuallermeist von Scharen indischer Gäste aufgesucht wird, ist einer der größten Vergnügungsparks im tiefen Süden: die »Malampuzha Gardens«, genannt nach dem Malampuzha-Fluss, der nördlich von Palakkad aufgestaut ist. Auf dem »Malampuzha Reservoir« kann man rudern, rund 100 Rosensorten bewundern und sich im Schlangenpark vor Kobras gruseln, einen Phantasy-Park erkunden oder hoch über dem Gelände schweben – in einer Seilbahn.

Exotischer als alles andere wirkt dann die Yakshi, die Naturgöttin, die Haupt und Hände gigantisch aus dem Parkgrün hervorstreckt, ein in Beton geformter Akt, monumentales Symbol ungebrochener Frauenkraft. Der Künstler Kanai Kunhiraman gilt als Keralas führender Bildhauer.

An großartiger Natur ist Palakkad reich. Mit dem »Silent Valley National Park« (siehe Seite 136) hat der Distrikt ein Vorzeigebeispiel für das geglückte Verteidigen eines noch authentischen Regenwaldes gegen ein Staudammprojekt. Eine kleine feine Hill Station ist Nellyampathy, zwischen Thrissur und Tamil Nadu. Wasserfälle stürzen im Bergwald bei Seethargundu zu Tal, dem Ort, an dem nach Hindu-Überlieferung Sitha, Lord Ramas nach Sri Lanka entführte

3

4

Gattin, nach ihrer Befreiung rastete. Richtig steil geht's auf dem Weg zu »Raja's Cliff« bei Maampara bergan, nördlich von Nellyampath; dort oben öffnen sich Fernblicke bis nach Coimbatore. Zu Füßen dieser Höhen liegt das Städtchen Kollengode, heute wieder oft genannt wegen des »Ayurveda Palastes« in der ehemaligen Maharadscha-Residenz am Rande des Ortes: das »*kalari* Kovilakom« (siehe Seite 160).

Damit nicht genug: Noch deutlich größer als der »Silent Valley National Park« ist das 1962 gegründete, 1973 erweiterte »Parambikulam Wildlife Sanctuary« (280 Quadratkilometer).

Zum Eintauchen in die ländliche Szene des Distrikts ist ein jahrhundertealtes Gutshaus halbwegs zwischen Thrissur und Palakkad zu empfehlen: »Kalappura«, am Rande des stattlichen Dorfes gleichen Namens auf einem Grundstück mit wunderbaren alten Bäumen, Lotosblüten, einer Ayurveda-Hütte und einem Elefanten. Der Hausherr und sein Sohn (siehe Seiten 66 und 162) empfangen ihre Gäste wie Freunde, machen Exkursionen mit ihnen und betonen gern, dass »Kalappura« weder Hotel noch Resort sei. Zu alledem haben sie noch ein besonderes Angebot: Ehewillige Gäste können sich, wenn sie wollen, von einem Hindu-Priester trauen lassen, mit gehörigem Ritual. Wir haben die Freude eines deutschen Paares an seinem indischen Hochzeitsfest miterlebt.

Palakkad

Anreise
Flughafen Coimbatore (60 km). Von Kochi/ NH 47 (150 km).

Unterkunft
*****Sri Chakra International*** In den Krishna Gardens in Chandranagar bei Palakkad, 49 Zimmer, Swimmingpool, Restaurant mit guter Kerala-Küche. Tel. 04 91-2 57 09 01-05
*****Kalappura*** Landgut mit großem Garten, familiär, vorzügliche Küche. Elefantenprozessionen. Tel. 04 71-1 24 57 85

Sehen und erleben
In Palakkad Brahmanenquartiere (*agraharams*), Tempel, Malampuzha Garden, Tipus Fort.

Ziele in der Umgebung
»Hill Station« Nelliyampathy, »Maampara Peak«, »Parambikulam Wildlife Sanctuary«, Kallapuram.

Auskunft
District Tourism Promotion Council, West Fort Road, Palakkad, Tel. 04 91-2 53 89 96.
Forest Information Centre, Parambikulam, Annapai HQ, Thunnakadavu Post, Palakkad District, Tel. 04253-24 45 00.

Geben Sie uns jedes Jahr 14 Tage!

Kalari Kovilakom – Der Ayurveda-Palast

2

»Geben Sie uns jedes Jahr 14 Tage – und wir werden die verbleibenden 351 für Sie ins Gleichgewicht bringen.« Die Gäste, die inmitten ländlicher Stille erwartet werden, tragen Verantwortung, haben in ihrem Leben viel erreicht und leiden doch unter Stress, dem Gefühl von Ungenügen und innerer Leere. Auch physisch sind sie oft nicht mehr gesund, ob übergewichtig, überreizt oder

1

von organischen Leiden beeinträchtigt. Ayurveda soll ihnen helfen. Ayurveda-Zentren zählen in Kerala nach Hunderten, und ihre Qualität ist, vorsichtig gesagt, unterschiedlich. Andererseits: Kaum ein anspruchsvolles Hotel verzichtet heute auf ein eigenes Ayurveda-Zentrum, etliche haben einen vorzüglichen Ruf. Dennoch ist der 2004 eröffnete »Palace for Ayurveda« eine absolute Novität. Die cghEarth, Keralas wichtigste autochthone Hotelgruppe, ließ den Palast der Malabar-Herrscher beim Landstädtchen Kollengode renovieren, östlich von Thrissur.

Die Zielvorstellung hieß weder Luxushotel noch Hospital. Sondern es sollte ein besonderer Ort geschaffen werden, abgehoben von der gewohnten Erfahrung: noble Schönheit der Architektur und gartengrüne Natur bei perfektem Service, zugleich aber ein Ort strenger Disziplin und Einstimmung auf die natürlichen Heilkräfte von Ayurveda. Mit Wecken vor Sonnenaufgang, Yoga-Training und Meditation, jedoch ohne Telefon, Fernseher, Tabak und Alkohol, mit einem individuell abgestimmten Therapieprogramm, mit Zeit zum Lesen und Denken bei bester vegetarischer Küche. In Europa wäre es ein elitäres Sanatorium, in Kerala sagt man *ashram*, womit das Spirituelle einbezogen wird. Ayurveda versteht den Menschen als einen Mikrokosmos, als ein Abbild des Universums.

Ayurveda, das Wissen vom Leben, ist eine ganzheitliche Lehre, etwa so alt wie die Ursprünge der Hindu-Kultur, also bald 4000 Jahre. »Ganzheitlich« meint die individuelle Übereinstimmung von Körper, Geist und Seele. Erreicht wird sie durch Feinabstimmung der Körperenergien, der *doshas*. Noch immer heilen Ayurveda-Ärzte nach den gleichen Grundmustern und mit vorzugsweise natürlichen Medikamenten, mit Massagen und Diäten. »Wir behandeln die Person, nicht die Organe«, sagt uns die Ärztin, und: »Wir arbeiten wie eine Familie.«

3

4

1 Indische Musiker in der Festhalle. **2** Leuchtende Farben, fein abgestimmtes Dekor des Palast-Ambientes. **3** Über dem ehemaligen Tempelteich ein geschätzter Treffpunkt der Gäste. **4** Aufwändig restauriert vom Boden bis zum Dach mit Holz- und Steinsäulen.

Den Namen »Kalari Kovilakom« hat der Ayurveda-Palast von jener Königin der Vengunad-Dynastie, die ihr Schloss um 1900 auf einem einstigen Übungsplatz der *kalaripayattu*-Kämpfer erbauen ließ. Diese artistische Kampfkunst üben heute die Mitarbeiter des Ayurveda-Palastes – auch Frauen – schon in aller Morgenfrühe. In der eigens errichteten Halle beginnen sie mit einfacher Gymnastik und steigern sich zu wirbelnden Sprüngen, mit langen Stöcken oder Schild und Schwert ausgeführt, dass die Funken stieben. Anders als beim Boxsport: Die Kämpfer verletzen sich nicht. Stürze werden vom Bodenbelag der Halle abgedämpft. Anders als im Zirkus: *kalaripayattu*, die Kampfkunst feudaler Zeiten, beeinflusste Yoga, indischen Tanz und indisches Theater, ist publikumswirksam, wird aber von vielen vor allem zur Steigerung physischer und geistiger Disziplin und Kraft ausgeübt, ohne Show-Ehrgeiz.

Die Gründer des »Kalari Kovilakom« sind sehr mutig, scheint uns, als wir unter Mangobäumen und pittoresken riesigen Bananenstauden den Park durchwandern, immer wieder am Horizont das aus der Ebene aufsteigende Gebirge im Blick. Welcher Aufwand, den über hundertjährigen Palast mit seinen langen Säulengängen, Portalen, Hallen und Wandmalereien zu renovieren. Dazu die 18 Palast-Suiten mit edlem Mobiliar auszustatten und Neubauten im traditionellen Stil für Ayurveda-Anwendungen und Yoga-Übungen zu errichten.

Oder war die Zuversicht in die globale Kraft indischer Ayurveda so stark, dass es nicht sehr viel Mut brauchte? Die Zuversicht, dass aus den Direktionsetagen der reichen Industrienationen Manager und viele andere Gäste in großer Zahl kommen werden, um sich von Ayurveda-Ärzten beim Wiederentdecken ihres Selbst helfen zu lassen. Bei der Erfahrung, dass Gesundung und innere Harmonie nicht in utopischer Ferne zu suchen sind, sondern im eigenen Selbst verborgen warten.

*****/****Kalari Kovilakom/The Palace for Ayurveda**

Gehört zur Hotelgruppe cghEarth. Großzügiges Areal mit über 100-jährigem Schloss als Hauptgebäude (18 geräumige Palastsuiten mit Air-Condition) und zahlreichen Nebengebäuden in traditioneller Architektur. Auch Ayurveda-Schönheitstherapie. Baumpark, ehemalige Tempelteiche, eigene Ayurveda-gemäße Gemüse- und Kräuterzucht. Bibliothek, Musik- und andere kulturelle Vorführungen. Internetzugang. Mindestaufenthalt 2 Wochen. 105 km vom Flughafen Kochi entfernt, 75 km vom Flughafen Coimbatore.

Kollengode, Palakkad, Kerala. Adresse: Kalari Kovilakom/
The Palace for Ayurveda. Kollengode 678 506, Pallakad, Kerala
Tel. 0 49 23-26 39 20 bis 28, Fax: 26 39 29
Buchung: cghEarth, Casino Building, Willingdon Island, Kochi, Kerala, India-682003, Tel. 04 84-2 66 82 21, -2 66 68 21,
Fax 2 66 80 01, Zentrale Buchung: Tel. 04 84-3 01 17 11
Website: www.cghearth, E-Mail: contact@cghearth.com

Die feurige Kerala-Küche

Sujith Soman

Die westliche wie die südindische Küche bieten eine köstliche Spezialitäten-Auswahl. Sujith Soman vergleicht beide aufgrund seiner Erfahrungen in beiden Regionen der Erde. Sohn V. K. Somans (siehe Seite 66), ist Sujith Soman Hotelier und Reiseveranstalter und berät auch Hotels. Er spricht fließend Deutsch und hat in einem der zehn deutschen Spitzenrestaurants mit zwei Michelin-Sternen gearbeitet. Er ist auch in Kalappura (siehe Seite 159) tätig, wo traditionelle Kerala-Küche serviert wird, und er ist Executive Director von ComIndia Tours Pvt. Ltd. in Thiruvananthapuram.

Wie andere Grundbedürfnisse des Menschen werden Speisen und Getränke heute in ihrer feinsten – und zugleich gröbsten – Art verwertet. Was in einer Kultur als »verfeinert« und raffiniert gilt, muss so nicht auch in einer anderen wahrgenommen werden. Den Unterschied machen vor allem Faktoren wie Land, Klima, Leute, Traditionen und Kultur aus.

Manchmal sind diese Unterschiede ganz deutlich, mitunter aber auch subtiler. Wo immer man auch unterwegs ist, Unterschiede in der Küche treten schon im Abstand weniger Kilometer auf. Es ist daher müßig zu betonen, dass ein Land wie Indien, das so weit entfernt von Europa liegt, seine eigenen Koch- und Esstraditionen hat. Natürlich macht sich mit der Zeit der westliche Einfluss gelegentlich bemerkbar. In Indien unterscheidet sich die Küche von Stadt zu Stadt und von Bundesstaat zu Bundesstaat. Die südindische Küche weist trotz aller Gemeinsamkeiten auch eine große Vielfalt auf. Ich versuche hier, die westliche (europäische) Küche mit jener in Kerala zu vergleichen und dabei einige grundsätzliche Unterschiede und Ähnlichkeiten zu zeigen.

Eine europäische Mahlzeit besteht normalerweise meist aus diversen Gerichten und Gängen, die hintereinander serviert werden. Der Tisch ist mit Essbesteck, Gläsern und anderen Dingen gedeckt, das einzelne Gericht wird dem Gast auf Tellern serviert. Anhand des ausgelegten Bestecks kann der kundige Gast erkennen, woraus die einzelnen Gerichte bestehen und wie viele Gänge serviert werden. Eine südindische Mahlzeit dagegen scheint aus einem einzigen riesigen Gang zu bestehen, dessen zahlreiche Gerichte alle gleichzeitig auf Bananenblättern oder einem Metalltablett serviert werden.

Es ist allerdings falsch zu glauben, dass es nur einen Gang gibt, denn anders als in Europa wird erwartet, dass der Gast von Anfang an weiß, in welcher Abfolge etwas gegessen wird (glücklicherweise sind die Regeln aber nicht so starr, dass ein eventueller Fehler gleich stark auffällt). Der Gast sitzt (traditionell auf dem Boden, aber heutzutage meist am Tisch), ein Bananenblatt oder eine Platte vor sich (wie etwa im Fall von Heiraten oder anderen festlichen Anlässen, bei denen zahlreiche Gäste auf einmal verköstigt werden müssen), oder das Blatt/die Platte wird vor ihn auf den Tisch gestellt und kleine Mengen der einzelnen Speisen werden darauf serviert. Reis kommt zum Schluss, gefolgt von einem Gericht mit Sauce/Bratensaft.

Mehr als nur ein einziger Curry

Auch beim Curry gibt es einen begrifflichen Unterschied. Curry kennzeichnet für den Inder jedes Gericht mit einer Sauce oder Bratensaft und keineswegs ein genau definiertes, mit bestimmten Gewürzmischungen zubereitetes Gericht, wie man manchmal irrtümlich meint. Wenn Curry auf den Reis kommt, kann die Mahlzeit beginnen. Man serviert verschiedene Portionen Reis und bringt verschiedene Currymischungen auf den Reis auf. Diese verschiedenen Currys sind den einzelnen Gängen der europäischen Mahlzeiten vergleichbar.

Reis bildet das Hauptgericht, während Fisch, Fleisch oder Gemüse stets mehr oder weniger als Beilage gegessen wird. Ghee (geklärte Butter) wird nie mit Joghurt vermischt. Mit einigen Tropfen Ghee gewürzter Reis kann mit einem Linsencurry und anderem trockenem Gemüse gegessen werden. Joghurt und mit Joghurt angerichtete Currys werden gegen Ende der Mahlzeit gegessen. Der ausgiebige Gebrauch von Kokosnuss und Kokosnussöl ist ein Merkmal der Küche Keralas.

Wenn man von einem Blatt isst, signalisiert das Zusammenfalten des Blattes weg vom Gast oder das Platzieren eines Glases in der oberen Ecke des Blattes, falls es sich nicht zusammenfalten lässt, dass man fertig gegessen hat – ähnlich dem Niederlegen des Bestecks auf dem Teller.

Wasser statt Wein

Zu den Mahlzeiten wird üblicherweise Wasser getrunken. Es kann mit verschiedenen Gewürzkräutern oder sogar Gewürzen versehen oder gekocht werden. Alkoholhaltige Getränke werden, anders als im Westen, nicht zu den Gerichten serviert. In der europäischen Küche wird erwartet, dass der Wein den Geschmack des Gerichts ergänzt und auf dieses abgestimmt ist, wobei ein Schluck von dem Getränk während des Essens keineswegs die Geschmacksknospen stört. Hier in Kerala aber wird das Getränk dazu verwendet, die Geschmacksknospen zu neutralisieren, sodass der Gast mit jedem Bissen eine jeweils neue Geschmacksempfindung erlebt und die diversen Reis- und Currykombinationen ausprobieren kann. Die häufigsten Gewürze sind Kreuzkümmelsamen, trockener Ingwer und verschiedene Kräutermischungen. Deren Zusammensetzung kann je nach Klima und Region unterschiedlich sein. Die meisten von ihnen sollen der Abkühlung des Körpers in der Hitze oder während der Verdauung dienen. Wasser wird meist warm serviert, als Hinweis darauf, dass es gekocht wurde.

Zum Abschluss gibt es in Europa Kaffee oder Tee. Hier dagegen folgt auf das Dessert, das auf demselben Blatt oder Tablett zusammen mit den anderen Speisen serviert wird, Reis und Joghurt oder Currys, die mit Joghurt zubereitet wurden. Sie sollen den süßen Nachgeschmack des Desserts beseitigen helfen. Schnäpse oder andere hochprozentige Spirituosen werden in Europa nach dem Kaffee oder Tee getrunken, in Kerala aber vor Beginn der Mahlzeit. Weltweit lässt sich beobachten: je heißer das Klima, desto stärker sind die Speisen gewürzt. Die in Südindien verwendeten Gewürze sind eher kräftig, sodass jemandem, der nicht an heiße und scharfe Aromen gewöhnt ist, alles gleich feurig scharf vorkommen mag. Der Geschmack der anderen Würzzutaten mag von Chili oder sonstigen scharfen Gewürzen überdeckt werden. Für jemanden, der an die europäische Küche gewöhnt ist, mag schon eine Prise Pfeffer einen Geschmacksunterschied hervorrufen, um diesen aber hierzulande zu erzeugen, wird mindestens ein halber Teelöffel Pfeffer dazugegeben. Der Gaumen ist einfach an feurige Schärfe gewöhnt und kann nur mit Mühe feinere Unterschiede erkennen. Deshalb empfindet der gewöhnliche Einwohner Keralas europäische Gerichte als fad.

Wenn das Frühstück verwirrt

Für europäische Besucher sorgt das Frühstück stets für Verwirrung. Hier beginnt man den Tag mindestens eine oder zwei Stunden (wenn nicht gar mehr) vor dem Frühstück, und zwar mit einer Tasse heißem Tee oder Kaffee – darum setzen sich die Einheimischen dann verhältnismäßig »wacher« an den Frühstückstisch als ein Europäer. Wie alle Speisen wird auch das Frühstück warm zubereitet, und wer daran nicht gewöhnt ist, kann es wie einen leichten Schock empfinden, besonders seit Kaffee oder Tee immer häufiger erst nach dem Essen serviert werden.

Wie bereits erwähnt, ist Wasser das gängige Getränk, das zu den Gerichten serviert wird, während Tee oder Kaffee erst zum Ende der Mahlzeit gebracht wird, um kochend heiß getrunken zu werden. Der früh am Morgen noch verschlafene Gast, der diese Sitte nicht kennt und eine Ewigkeit auf Tee oder Kaffee warten muss, mag sie als schlechten Service deuten. Schließlich sei nur darauf hingewiesen, dass dies nur einige der grundlegenden Unterschiede

1 Auf einem Bananenblatt zu servieren, bedeutet auch Abwasch zu sparen. Und wunderbar dekorativ ist das Grün allemal – egal ob bei Gemüse-»Drumsticks« und Salat … 2 … oder bei einer appetitlich dekorierten Fischmahlzeit.

oder auch Ähnlichkeiten sind, die einem auffallen. Es gibt noch eine Fülle weiterer Unterschiede, darunter auch, dass man sich in Europa während des Essens mit anderen am Tisch unterhält, sodass die Mahlzeiten eine soziale Rolle erfüllen. Südindischen Kindern bringt man jedoch schon früh bei, bei Tisch nicht zu reden. Man soll sich auch nicht wundern, wenn die Gastgeberin nicht mit den Gästen zusammensitzt und plaudert, sondern diese bedient und meint, sie werde später essen.

Kurzum, die Bräuche rund ums Essen sind eng mit der Kultur verbunden, und die gründlichere Kenntnis einer fremden Kultur ist die Voraussetzung dafür, auch eine fremde Küche zu verstehen.

1

2

3

4

Stille Strände und Erinnerungen

Der Norden an der Schwelle seiner Zukunft

Von der Großstadt Kozhikode (Calicut) bis zu Keralas Nordgrenze ist die Küstenlinie etwa ebenso lang wie von Kochi südwärts zur Grenze nach Tamil Nadu. Je weiter nach Norden, desto ursprünglicher!

Das waren die Zeiten, als die Segelschiffe von der iberischen Halbinsel Kurs auf unbekannte Routen nahmen, in den Kapitänskajüten Columbus, Bartomeo Diaz, Vasco da Gama. Sechs Jahre nach der Entdeckung Amerikas durch Kolumbus gelang es als erstem Europäer dem portugiesischen Adligen Vasco da Gama, mit seinen drei Schiffen das Kap der guten Hoffnung zu umsegeln und am 20. Mai 1498 an der Malabarküste vor Calicut (heute: Kozhikode) Anker zu werfen. Nach zehn Monaten Seefahrt herrschte Triumph; die Gewürzroute war gefunden!

Vom Zamorin, dem Herrscher der Malabarküste, höflich empfangen, konnte Vasco da Gama einen Handelsvertrag schließen und im Oktober 1498 mit reicher Gewürzfracht heimkehren. So friedlich blieben die jungen Beziehungen nicht lange. Schon 1502, Vasco da Gama war von König Manuel I. mit dem Titel »Admiral des Indischen Meeres« versehen worden, kam es zur ersten Seeschlacht seiner neuen Flotte gegen indische und arabische Schiffe.

Die waren in der Überzahl, Vasco da Gamas Schiffsgeschütze aber trugen weiter und sicherten den Portugiesen den Sieg. Die Fremdherrschaft europäischer Staaten über Indien begann und dauerte viereinhalb Jahrhunderte lang. Anfangs wurden die Handelsstationen an der Küste zu Militärstützpunkten, im 17. und 18. Jahrhundert weitete sich die Herrschaft ins Hinterland aus, und um die Mitte des 19. Jahrhundert hatten die Briten ihre europäischen Konkurrenten auf schmale Restgebiete reduziert. Queen Victoria nannte sich »Kaiserin von Indien«, die verbliebenen indischen Fürstentümer – darunter auch Kochi und Trivandrum – standen unter Aufsicht britischer Residenten, bis zu Indiens »Independence« 1947. Die Portugiesen, die als Erste eingedrungen waren, gaben als Letzte Goa und ihre indischen Minikolonien auf: erst 1961, Jawaharlal Nehru hatte indische Truppen in Marsch gesetzt. Von den Inquisitionsgerichten der Portugiesen über wirtschaftliche Ausbeutung bis zum zwangsweisen Einsatz im Ersten und Zweiten Weltkrieg war Indien keine koloniale Härte erspart geblieben.

1 Fischernetze bei Mahé. **2** Netzflicker in Vallikunnu bei Beypore. **3** Prima Spielzeug: ausgediente Fahrradreifen und ein Holzscheit. **4** Der ganz große Aufzug: rund zwei Meter im Durchmesser weist der Kopfschmuck des *theyyam*-Tänzers auf. Wenn der Weg nur breit genug ist, kommt er nach einem Tempelbesuch damit auch durch den Wald.

1

2

Ein Stück nördlich außerhalb von Kozhikode erinnert abseits der Straße am Strand von Kappad eine steingraue Stele an Vasco da Gamas Landung, mit lakonischem Text, ohne jede historische Wertung. So unbeachtet, wie sie derzeit ist, bleibt sie nächstens nicht mehr: der DTPC, Kozhikodes District Tourism Promotion Council, arbeitet an der touristischen Erschließung des schönen Kappad-Strandes. Gerade zuvor schon hat sich der Council die Verschönerung der Uferstraße und des Uferstrandes der 900 000-Einwohner-Stadt Kozhikode umgerechnet rund eine Million Euros kosten lassen.

Vor Nordkeralas grünem Gürtel der Kokospalmenwälder erstrecken sich so viele, so lange und so breite Strände, dass Naturfreunde immer wieder ihre große Freude erleben – denn auf diesen Stränden gibt es abseits der wenigen größeren Städte nur die Boote der Fischer und morgens ihre improvisierten Märkte. Etwa so wie noch vor 20 Jahren an Stränden der Südtürkei oder wie vor 60 Jahren an spanischen, slowenischen oder montenegrinischen Stränden. Nur in Stadtnähe sammelt sich der Abfall auf dem feinen Sand. Der internationale Tourismus kommt derzeit hier mit seiner ersten Vorhut an, und die europäische Lust am Eintauchen und Schwimmen im Meer mutet Keraliten eher befremdlich an. Auch in Badeorten zieht die ältere Generation es vor, am Wasser spazieren zu gehen, allenfalls bis zu den Hüften im Wasser zu stehen – die Frauen zumeist in ihren Kleidern. Die Sonne trocknet die leichten Stoffe im Nu. Legen ein paar Europäer Hemd und lange Hose am scheinbar menschenleeren Strand ab, um im Badedress ins Meer zu tauchen, kommen aus dem Schatten des Palmengürtels oft rasch ein paar staunende und belustigte Zuschauer hervor. Man lächelt am besten zurück und braucht sich nicht gestört zu fühlen.

Noch stärker als im Süden Keralas spürt man in Kozhikode – besser bekannt als Calicut – den Kontrast zwischen subtropisch ländlicher Ruhe und städtischer Hektik. Verkehr braust und drängt sich um den zentralen Mananchira Square und den angrenzenden »Ansari Park« samt großem Wasserbecken. Dort hatten die *Zamorins* (ursprünglich *Samuthiris* genannt), die Könige der Malabarküste seit dem 13 .Jahrhundert, ihre Palastanlagen. In der SM-Street südlich vom Mananchira Square reihen sich die Läden für Textilien und feine Seiden, zu den Größten zählt mit etlichen Show Rooms das »Silky – The Ocean of Silks«. Schon im Mittelalter bewunderten Fernreisende den Glanz Calicuts, noch im 16. Jahrhundert war die Stadt Zentrum des Gewürzhandels und mächti-

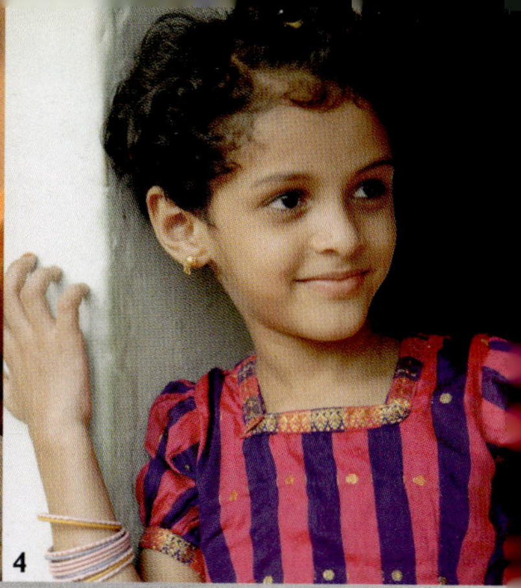

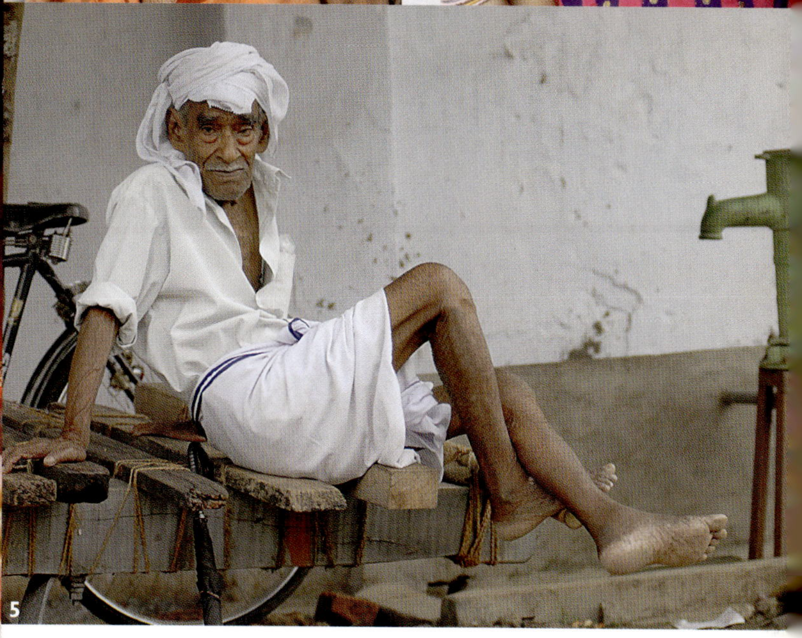

1 Die Großstadt Kozhikode mit vielstöckigen Geschäftshäusern, grellen Werbebotschaften. **2** Die Fischer von Vallikunnu beim Ordnen und Flicken ihrer Netze. **3** Gesichter in Beypore ... **4** und **5** ... und in Kasargod. **6** Vor dem Tempel von Thirunavaya steht ein Telefon – hier hat noch nicht jeder ein »Mobile Phone« oder Handy.

ger als Kochi, bis die Portugiesen gemeinsam mit den Herrschern von Kochi die Zamorins von Calicut überwältigten.

Repräsentative Architektur zeigen mehrere Moscheen und die »Church of South India« (CSI) um den Mananchira Square. Noch einige Straßenzüge weiter südlich treffen sich im historischen Thali-Tempel einmal jährlich Veden-kundige Gelehrte zum siebentägigen »Revathi Pallathanam«, einem wissenschaftlich und künstlerisch, auch speziell pädagogisch thematisierten Wettbewerb. Kozhikode – der Name, heißt es, ist ein Komposit von *koyil* (= Palast) und *kodu* (= befestigt) – hat auch zwei Universitäten, eines von den sechs indischen »Institutes of Management« und als hochverdienstliche Institution das »Kerala Institute of Research and Development of Scheduled Tribes and Castes«.

Seinen Gästen bietet Kozhikode allerlei Unterhaltsames: von riesigen Kinos bis zum Kinderspielgelände im »Lions Park«, vom Planetarium und Science Park bis zum »Marine Aquarium« am langen Stadtstrand. Calicuts Museen sind alle nicht groß, aber jedes interessant.

Drei finden sich zur Bequemlichkeit der Besucher landeinwärts am gleichen baumumrahmten East Hill, östlich vom Zentrum: im »Pazhassira Museum«, wo archäologische und historische Funde dominieren, darunter kostbare Skulpturen und Zeugnisse der Megalithkultur im Norden Keralas. Die »Art Gallery« trumpft mit Werken von Raja Ravi Varma auf, einem hochgeschätzten Meister des 19. Jahrhunderts. Die dritte Sammlung, das »Krishna Menon Museum«, erinnert an die ersten Jahrzehnte der »Independence«, als der immer elegante Krishna Menon (1897–1974) als UNO-

1

2

3

Chefdelegierter und Verteidigungsminister hervortrat, 1962 aber nach dem chinesischen Angriff auf Indien sein Amt aufgab.

Bevor man die zweite größere Stadt erreicht, Kannur, kommt man ganz im Süden des Distrikts Kannur zum kleinen Ort Mahé, ehemals Handelsposten der französischen Ostindien-Kompanie. Um einige wohlgepflegten Kolonialbauten und den kleinen Tagore-Park an Mahés Meeresbucht ist noch immer ein Restwert gallischen Charmes spürbar, zudem sind alkoholische Getränke billig. Als Skulptur hoch auf einer Säule harrt im Tagore-Park die französische »Marianne« im Namen von *liberté, égalité, fraternité* aus. Die Freiheit wird nur am superlangen Muzhappilangad-Strand zur Plage, weil der als »Drive-in Beach« missbraucht werden darf und die Autos von Thalassery bis Kannur über den Sand jagen.

In dem sonst geruhsamen stillen Provinzstädtchen Thalassery hat Arthur Wellesley (1769–1852) – später als Duke of Wellington mit dem deutschen General Blücher der Napoleonbezwinger von Waterloo – als erster Brite die Inder seiner Umgebung in die Feinheiten des Kricket-Sports eingeweiht, und zwar schon 1805. Nächst der englischen Sprache und dem britisch begründeten Eisenbahnnetz schätzen die meisten Inder Kricket als unentbehrliches Erbe britischer Kolonialherrschaft.

Ein früher Förderer der guten deutsch-indischen Beziehungen bleibt in Thalassery unvergessen, und mit etwas Glück kann sogar sein Haus noch besichtigt werden. Hermann Gundert (1814 bis 1893), ein Mann des protestantischen Glaubens und der Sprachkunde, lebte 30 Jahre als Missionar und als Erforscher des Malayalam in Südindien. Gundert erarbeitete die erste Malayalam-Grammatik und ein Malayalam-englisches Wörterbuch, im Geist verwandt seinem noch berühmteren Zeitgenossen Max Müller, dem aus Dessau gebürtigen Erforscher indischer Sanskrit-Überlieferung. Nach ihm heißen in Indien die Goethe-Institute sämtlich »Max-Mueller-Bhawans«.

In Gunderts Thalassery-Residenz in Illikunnu, ein geräumiges Anwesen mit großem Hof, breiten Veranden und tief herabgezogenen Giebeldächern, ist eine Technikerschule eingezogen. Freundliche Lehrer unterbrachen ihren Unterricht, um uns das vom Licht gebleichte Porträtfoto Gunderts zu zeigen. Es bestätigte unsere Vermutung: Der Künstler des überlebensgroßen Denkmals in Thalasserys Gundert-Park hat die Gesichtszüge des Malayalam-Gelehrten denn doch zu finster geformt.

Immer weiter geht's nach Norden, dünner besiedelt und immer ländlicher zeigt sich die Landschaft, und die »National Road« wird

1 Weit im Norden Keralas: Am langen Strand von Bekal bringen Fischer ihr Boot durch die Brandung. **2** Beute aus dem Meer: Schwertfisch. **3** Einer von vielen: der Strand von Thikkodi bei Kappad, nördlich von Kozhikode, nicht weit von Vasco da Gamas Landeplatz 1498. **4** Ruhestunden in Bekal.

schmaler. Streckenweise laufen Straße und Bahnschienen parallel: Es ist die Konkan-Bahn, der Stolz indischer Eisenbahner, die erst 1998 eingeweihte Direktverbindung zwischen Mumbai und dem tiefen Süden. Mit ihren 92 Tunneln und fast unzählbaren Brücken verkürzt sie die Reisezeiten um ein Viertel bis ein Fünftel.

Kannur, das alte Cannanore, das Marco Polo einen »großen Gewürzhandelsplatz« nannte, ist unter Kennern als Hauptort des *theyyam* bekannt (siehe Seite 172/173). Um den *theyyam*-Ritus mit seinem Tanz- und Farbenzauber zu erleben, kommen vom Dezember bis zum Mai Tausende in die Kannur-Region. Eine lange Tradition hat auch der Islam, die Muslime heißen hier *moplahs* oder *mappilas* und ihre Siedlungen mögen, wie die Überlieferung behauptet, auf die Zeit des Propheten Mohammed oder bald danach zurückgehen. Ihre Feste – *nerchas* – feiern sie zu Ehren verstorbener Scheichs, Heiliger oder Märtyrer mit Prozessionen zu deren Gräbern, oder ähnlich wie *pooram*, als Erntedankfest.

Auf Kannurs Steilküste, südlich vom Villenpark des ehemals britischen Cantonments und vom »Mascot Beach Resort« (ebenfalls aussichtsreich über dem Strand) gründeten Portugiesen das St. Angelo-Fort, die »Engelsburg« von Kannur. Hinter dem monumentalen – und teils begehbaren – Laterit-Mauerring findet man das einstige Militärgelände in einen geräumigen Park mit Rasenflächen und Blumenrabatten verwandelt. Mit uns bewunderte nur eine einzige indische Familie die starken Stämme und breiten Kronen alter Bäume. Eine orange-golden gekleidete junge Frau, eine junge

1 Vor der Malik-Dinar-Moschee bei Kasargod, der Überlieferung nach von dem Schüler Mohammeds gegründet. **2** Blick in ein Gastzimmer des »Gitanjali Resort«, nicht weit vom Bekal Fort. **3** und **5** In Mahé, zwischen Kannur- und Kozhikode, erinnert ein »Marianne«-Denkmal an französische Herrschaft, ein anderes im benachbarten Thalassery an Hermann Gundert, Großvater Hermann Hesses. **4** Bei Nileshwaram.

Schönheit, war nicht zum Vergnügen hier, blickte immerfort auf den Boden, sammelte jedes Papierfetzchen, jedes Plastikrestchen und abgefallene Blätter in ihren Eimer. Eine leer geräumte Kirche und Mannschaftsräume überdauern aus britischer Zeit, an den Mauerscharten strecken sich Kanonenrohre zur See. Lebendige Erinnerung an die portugiesischen Eroberer sind die Cashewnuss-Palmen, die im Fort-Areal gedeihen – sie sind von den Portugiesen, heißt es, aus Brasilien nach Indien gebracht worden, darum auf Malayalam *parangi mavu* genannt – »fremde Mango«.

Kerala spart dem von Süden kommendem Reisenden einen seiner allerschönsten Strände, die weit geschwungene Bekal Beach, fast bis zu seiner nördlichsten Stadt, Kasargod, auf. Imposant steigert ein großes Hügelplateau mit Steilküste über dem Meer die Landschaftsszene: Von der baumlosen Höhe schweift der ungehinderte Blick bis an den Horizont über den Strandbogen, über die grüne Niederung und die Palmwipfelfülle, umgreift Himmel, Meer und schön geschaffenes Land. Als Relikt kriegerischer Vergangenheiten umringt die mächtige Festungsmauer des teils eingeebneten Bekal-Forts das Hügelplateau. Für Besucher, die noch höher hinaus zum ultimativen Rundblick wollen, gibt es einen Beobachtungsturm.

Warum die immer wieder kolportierten Pläne für ein Bekal-Luxus-Resort immer noch ruhen? Es gibt doch die »Bekal Resorts Development Corporation«? Diese BRDC hat sogar einen Kiosk beim Bekal Fort, wir fanden ihn, und er war sorgsam verschlossen. Die Urlaubs-Experten kennen die üppig entwickelte Hotelszene im Zentrum und im Süden Keralas, sie wissen, dass der nächste Flughafen (Mangalore in Karnataka) zwar nur 70 Kilometer von Bekal entfernt ist, und sie wissen auch, dass die sogenannte touristische Infrastruktur nördlich von Kannur erst noch einzurichten ist.

Zum Vorteil für Freunde der Stille und andere Individualisten: Auf sie wartet da und dort ein kleines Hotel oder Guesthouse, sie können Reisfelder und alte Tempel, Fürstensitze und Waldland erwandern oder im Wagen erfahren und die Valiyaparamba-Backwaters durchschiffen. Ein Andenken an den 2006 ermordeten Naturfreund Abdul Kareem ist der »Kareem Forest Park«, den er auf einem dürren Boden in 25-jähriger Arbeit schuf. Hier in Keralas Norden findet sich, was anderswo oft nur erhofft wird: das unverfälschte südindische Leben, die Naturstrände, die unverbaute Landschaft. Für eine kleine Weile noch.

Keralas Norden

Anreise und beste Reisezeit
Flughafen in Kozhikode. Gute Nord-Süd-Verbindungen mit Bahn und Straße (NH 17) und ins Landesinnere.
Beste Reisezeit: Oktober bis März (zum *theyyam*-Fest bis in den – heißen – Mai!).

Unterkunft
****/*******Taj Residency*** 74 Zimmer und 4 Suiten, »Residency Rooms« im obersten Stockwerk. Multi-Cuisine-Restaurant »Coral Reef«, Coffee-Shop »Cape Comorin«, Bar »Logan's Lounge« am Pool. Business- und Ayurveda-Center. P.T.Usha Road, Kozhikode-673032, Tel. 04 95-2 76 53 54, Fax: -2 76 64 48, Website: www.tajhotels.com

/***Kadavu Resort*** Über dem Chaliyar-Fluss, Garten, Pools und große Ayurveda-Abteilung. 57 Zimmer, 6 Suiten, 17 Cottages. Mehrere Restaurants, »Oottupura« manchmal zu laut. Kinderfreundlich. Fitness. Bootsausflüge. 14 km südlich von Kozhikode. An der NH17 Bye Pass Road, Azhinjilam-673654, Tel. 04 83-2 83 05 70, Fax: 2 83 05 75, Website: www.kadavuresorts.com

******Gitanjali Resort*** Vor etwa 70 Jahren erbaut, 7 komfortable Zimmer in ländlichem Ambiente, Ayurveda, Yoga, Meditation. Traditionelle Musik- und Tanzveranstaltungen, *kalaripayattu*, Spiele, Internet und Bibliothek. Boots- und Angelausflüge. P.O.Panyal, Kasargod District-671318, ca. 5 km östlich von Bekal Fort, Tel. 04 67-2 23 41 59, - 2 23 38 23, Website: www.gitanjaliheritage.com

/***Nalanda Resort*** Ebenerdige Lateritgebäude direkt am Fluss, südlich von Kasargod, Garten und Houseboat-Arrangements. Nileswar,Kasargod-671314, Tel. 0467-2 28 26 62, Fax: 2 28 01 99, E-Mail: cnn_nalanda@sancharnet.in

Sehen und erleben
Kozhikode: Pazhassiraja Museum mit Wandgemälden, archäologischen Zeugnissen bis zurück zu Megalith-Funden. Im gleichen Hause »Krishna Menon Museum« und »Art Museum«, East Hill. – Marine Aquarium.
Kannur: St.Angelo Fort. – Südlich von Kasargod: Bekal-Fort und Bekal-Beach.

Ziele in der Umgebung
Beypore: Traditionsaltes Werftgelände, auch bis 70 Meter lange Hochseeschiffe werden in Handarbeit gebaut. Modellboote aus Kokospalme oder aus Teak, von 10 bis 500 Euro. Im Tasara Center Web- und Stoffdruckkurse. Südlich von Kozhikode am Chaliyar-Fluss.
Thalasseri: Gundert Bungalow.
Zahlreiche Hindu-Tempel und Moscheen. Hausboote auf den Backwaters. Viele unverbaute Strände, z. B. Kappil Beach südlich von Bekal-Fort.

Auskunft
Kozhikode: DPTC, District Tourism Promotion Council, Mananchira, Kozhikode-673001, Tel. 04 95-2 72 00 12.
KTDC, Malabar Mansion, SM Street, Tel. 04 95-72 23 91.

Kannur: DTPC, Information Centre, Railway Station, Tel. 04 97-70 31 21. Websites: www.indiatourism.com, www.kozhicode.nic.in

Theyyam – Begegnung mit dem Göttlichen

Jagannath Chirakkara Nair

Wir sind Jagannath Chikkara Nair sehr dankbar, dass er uns in das *theyyam*-Ritual seiner eigenen Familie einführt. Nach dem Wirtschaftsstudium war Mr. Jagannath lange Jahre im Marketing und Finanzbereich in einer britischen Firma in Dubai tätig. 2001 verließ er Dubai und lebt seither in Panayal/Nordkerala. Zu dieser Zeit förderte die Regierung von Kerala mehrere private Initiativen, um Touristen aus dem Ausland anzuziehen. Dazu gehörte die Umwandlung von traditionellen Häusern in »Heritage-Home Stays«. Mr. Jagannath restaurierte das Haus seiner Vorfahren, das jetzt »Gitanjali Heritage« heißt, in schöner Lage am Fluss mit Ausblick auf Felder mit Tabak, Chili und Gemüse. Das berühmte Bekal-Fort ist nicht weit, die Website und das Interesse vieler Touristen an Nordkerala haben »Gitanjali Heritage« zu einem beliebten Aufenthalt gemacht. Mr. Jagannath unterhält auch Hausboote in den ungestört stillen Backwaters um Valiaparamba. Auf dem Familiengrund werden Gummibäume, Nutmeg- und Kokosnusspalmen, Aracanuss und Pfeffer angebaut. Mr. Jagannath's Frau, Latha, lehrt an einer benachbarten Schule. Der Sohn Arjun, 18, studiert Wirtschaft, die Tochter bereitet ihr Studium vor. Sie ist eine gute Autorin, Malerin und Sängerin, mit vielen Schulpreisen. Website: www.bekalboatstay.com

Hindus aus Kerala und vor allem die Nairs, eine bedeutende Kaste, folgten einem gemischten Familiensystem, nach dem ein neugeborenes Kind als Familiennamen den Namen des Hauses der Mutter (*taravad*) annimmt. *Taravad* bedeutete eine Familienidentität von der mütterlichen Seite her, mit dem Anrecht auf ungeteiltes Eigentum. Jetzt existiert dieses Gesetz nicht mehr, und kein *taravad* kann über ungeteiltes Eigentum verfügen. Doch im zentralen Heim wird die Familiengottheit angerufen (das Wort *theyyam* ist abgeleitet von *daivom* = Gott). Betrachten wir die Familiengeschichte, entdecken wir, dass manche *taravads* (die Häuser der Mütter) 500 Jahre oder noch älter sein müssen. Die Nairs in Nordkerala wanderten ursprünglich aus Mittelkerala ein. Der Kodoth *taravad*, dem unsere Familienmitglieder angehören, wurde von Chandrashekhara Gurukkal, einem Experten in der altindischen Kampfkunst *kalaripayattu*, aus dem Ort Vanneri bei Guruvayur begründet. Unter seiner Führung erweiterten die Krieger Keralas ihre Vormacht in Nordkerala, indem sie die Kontrolle über das berühmte Fort Chandragiri übernahmen (vor etwa 400 Jahren).

Die meisten Nair-Familien werden mit ihrem *taravad* (Haupthaus) identifiziert, wo noch Dinge von Symbolkraft aufbewahrt werden, wie etwa das Schwert, das dem *theyyam*-Darsteller während des Ritus überreicht wird. Auch symbolische Bräuche werden gepflegt, wie das Anzünden von Lampen bei Sonnenuntergang. Das *theyyam*-Ritual, bei dem sie bestimmte Götter oder *theyyams* anrufen, findet alljährlich an einem festgelegten Tag im Heiligtum des Hauses statt.

Jeder *theyyam* kennt eigene Muster für den Gesichtsschmuck der Tänzer und deren Kostüme, wie es die Fotos von Olaf Krüger zeigen. Die nächste Phase ist die Initiation, in deren Verlauf die Mitglieder der Gemeinschaft fromme Lieder über die Geschichte und

1 Das Publikum: Familie und Leute aus dem Dorf. **2** Der *theyyam*-Tänzer kurz vorm Auftritt: letzter Blick in den Spiegel. **3** Der Tänzer spricht – als Gottheit – zum Familienoberhaupt.

Macht des betreffenden *theyyam* singen. Darbietungen und weitere Rituale folgen. Die Anwesenden nehmen mit Andacht teil, und jede Äußerung der *theyyam*-Tänzer wird achtungsvoll wahrgenommen. Die Seele übergeben: Anders als in einem Tempelritual, bei dem der Priester *puja prasadam* (Opferspeisen) darbietet, können beim Ritual des *theyyam* (die Tänzer verkörpern Gottheiten) die Mitglieder der Familie ihre Klagen oder Sorgen äußern und auf einen ehrlichen Rat oder eine Lösung ihres Problems hoffen, was sicher auch eine positive psychologische Wirkung hat.

Persönlich glaube ich, dass *theyyam* zum Bestehen des Familienzusammenhalts beiträgt, da die meisten Familienmitglieder regelmäßig daran teilnehmen. Auch alte soziale Praktiken werden lebendig gehalten. Wir glauben an eine Wiedergeburt der Seele und an ein Fortleben des Geistes nach dem Tod. Um die Erlösung oder *moksha* des Verstorbenen zu erhalten, findet im Rahmen des *theyyam* ein Ritus statt, in dessen Verlauf der *theyyam* (*Chamundi*, die Inkarnation des Gottes Kali oder Vishnu) die Seele freilässt und an die Nachkommen in einem schmalen Bananenblatt *turmeric*-Pulver (Gelbwurz) übergibt. Er befragt die Angehörigen, ob sie die Seele erhalten haben, und sie werden es bestätigen. Dasselbe *turmeric*-Pulver wird später ins Meer versenkt, verbunden mit brahmanischen Ritualen.

Als Teil eines Glaubenssystems sind wir gehalten, die *theyyam*-Rituale und andere Praktiken zu befolgen, durch die wir uns Frieden und Wohlstand für die Familie sichern. Die lange Rede, die während der *theyyam*-Darbietung gehalten wird, ist ein konstruktiver Austausch von Pflichten und Aufgaben, um die Familiengottheiten milde zu stimmen und um sicherzustellen, dass die Familienangehörigen ihren Pflichten nachkommen.

Da die *theyyam* -Darbietungen von einer bestimmten Gemeinschaft aufgeführt werden, hat die veränderte wirtschaftliche und soziale Struktur langfristig einen Einfluss auf jedes Mitglied der Gruppe. Folgt man der Astrologie, so wird die Gemeinschaft, die nicht ihren Pflichten nachkommt, den Zorn der *theyyam*-Götter auf sich ziehen. Ihr Glaube an das System zwingt sie, die ihnen auferlegten Pflichten von Generation zu Generation weiterzugeben.

Theyyam-Info

Niemand kennt das genaue Alter der farbenfrohen *theyyam*-Rituale. Manche bezeichnen sie als die älteste Tempelkunst Indiens, andere sprechen von einer über 1500-jährigen Tradition. Es gibt Verbindungen zu *kathakali* und *thullal* (siehe Seite 138). Vor allem in den Distrikten Kannur und Kasargod in Nordkerala nimmt die Muttergottheit neben dem Hindu-Gott Vishnu und den von den Stämmen verehrten Geistern – den Geistern von Helden, Schlangen Bäumen, Tieren und anderen Naturelementen – eine Sonderstellung ein.

Die *theyyam*-Rituale werden in Dorfheiligtümern, aber auch in den Häusern der Familien, den *taravads*, aufgeführt. In Nordkerala gibt es eine große Zahl von Darbietern und Tänzern, die fast ausnahmslos den niedrigeren Kasten und den Tribals angehören.

Mehr als 100 Lieder über verschiedene Götter und Göttinnen, Helden und Heldinnen aus Mythen und Legenden werden gesungen. Der *theyyam*-Tänzer hat das Privileg, während der Aufführung mitunter in Trance versunken, als Gottheit zu sprechen und dabei die Brahmanen oder Angehörige anderer hoher Kasten über ihre Bräuche und Probleme zu befragen. Diese außergewöhnliche soziale Situation ist nur im *theyyam* möglich.

Große Lagune von Bangaram, im Hintergrund Tinnakara.

Ein schönster Platz auf den Lakkadiven

1

2

3

4

Der Traum von der Insel – gelebt

Das Lakkadiven-Eiland Bangaram

Leuchtend weiße Strände, eine atemraubende Unterwasserwelt, Palmenhaine und ein Resort, das das Inselleben zum Erlebnis macht.

Captain Chowdhury hat mehr als ein Jahr seines Lebens in der Luft verbracht. Souverän lenkt der altgediente Indian-Airlines-Pilot unsere Maschine, eine Dornier 228 mit deutlichen Gebrauchsspuren, auf Kurs Richtung Agatti. Die Lakkadiven-Insel ist in gut einer Stunde von Kochi aus zu erreichen. Zusammen mit 35 weiteren Eilanden liegt sie versteckt in den Weiten des Arabischen Meeres. Ein Ort, an dem der Mensch der Natur ein Versprechen gegeben zu haben scheint: Alles soll mehr oder weniger so belassen werden, wie es vorgefunden wurde.

Seit 1973 heißt der Inselarchipel offiziell Lakshadweep – zu Deutsch Lakkadiven. Dieser Name taucht zum ersten Mal in den Analen der »Dutch Company« (= Holländische Indien-Gesellschaft) auf. Im »Memorandum über die Administration der Malabar-Küste« von J. V. Stein van Gollenesse aus dem Jahr 1743 ist von den Inseln als »Lekkerdiva« die Rede. Ein *Lakh* ist in Indien gleichzusetzen mit der Zahl 100 000. »Divi« oder »Dibajat« ist der arabische Name für Insel. Die Lakkadiven sind demnach die 100 000 Inseln, was angesichts der geringen Zahl nicht unbedingt einleuchtet. Nur wenn man die 2000 Malediveninseln hinzunimmt, macht die Bezeichnung etwas mehr Sinn. Eher nachzuvollziehen ist die Verbindung zu einem Wortstamm, der sowohl in Malayalam als auch in Sanskrit verwendet wird: *lag* heißt hier »Landmarke«. Da die Inseln einst tatsächlich eine wichtige Orientierungshilfe auf der Handelsroute zwischen Afrika, Arabien und der Malabarküste waren, scheint dieser Ursprung schlüssiger.

Kurz vor der Landung auf Agatti fliegt Chowdhury eine Ehrenrunde um die Insel Bangaram, die wie ein kunstvoll eingefasster Edelstein in einer von türkisfarbenen Wassern glitzernden Lagune liegt. Die Euphorie unter meinen Mitreisenden – darunter eine vierköpfige Familie aus Mumbai – ist spürbar, denn auf diesem erlesenen Fleckchen Erde werden wir die nächsten Tage verbringen. Knapp ein Drittel des kaum 50 Hektar großen Inselparadieses wird von einem außergewöhnlichen Resort der cghEarth-Gruppe

1 Anflug auf Bangaram: links im Grün das Resort, rechts der Hubschrauberlandeplatz. **2** Die Mädchen kamen mit ihrer Familie von Agatti zum Fischen. **3** Kletterkunststück auf der Insel Tinnakara. **4** Ideale Tauchgründe: Begegnung mit einer Seeanemone *(Aktinie)*, die den Korallentieren zugehört und mit den Tentakeln kleine Fische fängt.

belegt. Aus dieser luftigen Perspektive wird ersichtlich, wie souverän die Anlage ins Landschaftsbild integriert wurde.
Drei Stunden nach der Ankunft auf dem winzigen Flughafen Agattis spüre ich dann endlich den feinen Sand Bangarams unter meinen Füßen. Große Erleichterung breitet sich aus, denn die aufgewühlte See kündigte bereits den nahenden Monsun an, und die Familie aus Mumbai lernte auf ihrer Luftfahrt leider die unangenehme Seekrankheit kennen.
Wir werden herzlich begrüßt vom Manager des cghEarth-Resorts hier auf Bangaram. Während wir noch unsere Begrüßungskokosnuss genießen, hören wir, was uns Neu-Insulaner erwartet: keine klimatisierten Zimmer, schwefelhaltiges Duschwasser, kein Fernsehen und auch kein Telefon. Dass die Zivilisation trotz allem in Bangaram angekommen ist und es Robinson Crusoe definitiv schwerer hatte, wird mir ein paar Stunden später bei einem eisgekühlten Kingfisher-Bier an der Strandbar klar. Während ich dem Rascheln des Windes in den Palmblättern und dem sanften Wellenschlag der Brandung lausche, bemühen sich eifrige Hände um ein Büffet der Extraklasse.
Bangaram wird, wie die Nachbarinseln Tinnakara und Parali I und II, gerne von den Bewohnern Agattis aufgesucht, die in der Lagune fischen und Schildkröten jagen. Auf der einst unbewohnten Insel Bangaram leben inzwischen etwa 100 Menschen, die allesamt mit dem »Bangaram Island Resort« verbunden sind. Die Grundbedingung der indischen Regierung für die Eröffnung der Hotelanlage 1989 war klar: Für jeden Festlandinder müssen vier Lakkadiven-Bewohner eingestellt werden.
Jamshed Sruti, der als Human Resource Manager – also als Personalchef – bei cghEarth arbeitet, weiß dazu eine amüsante Anekdote aus der Anfangszeit zu erzählen: »An Arbeitswilligen herrschte kein Mangel. Aber nach welchen Kriterien sollten wir die Leute rekrutieren? Keiner hatte je zuvor in einem Hotel gearbeitet! Schließlich nahmen wir die, die das am besten konnten, was man auf den Lakkadiven können muss: schwimmen und fischen.«
Das scheinbar heikle Nebeneinander von Urbevölkerung und Touristen funktioniert bestens auf Bangaram. Man begegnet sich mit Neugier und Respekt. Kein Zaun und keine Mauer hindert Bangarams Bewohner am Zugang zur Anlage.
An meinem zweiten Bangaram-Tag lerne ich Sharhabeel kennen. Der 24-Jährige arbeitet seit drei Jahren für cghEarth und erzählt mir stolz, dass er sich bald ein eigenes Haus leisten kann. Er nimmt mich mit zu seiner Familie, die nur einen Steinwurf von meiner Hütte

1 Höhlentauchen am Bangaram-Riff. Riesig ist das Angebot an Tauchplätzen. **2** Sonnenbad nach dem Tauchgang. **3** Wie die Farben der Fische im klaren Wasser leuchten! Wer nicht tauchen mag, hat eine Alternative: das Glasboden-Boot, für – umgerechnet – wenige Euro zu mieten. **4** Jungfischer, stolz auf seinen Fang: ein Leopardenhai.

entfernt wohnt. Auf Bangaram ist man in einer Viertelstunde an jedem beliebigen Punkt der Insel. Ein dichtes Netz aus schmalen Pfaden überzieht das kleine Eiland.

Die anfängliche Zurückhaltung der Großfamilie weicht schnell der Wissbegier. Ein Onkel reicht mir einen Becher *neera*, eine Art neuen Wein, eine Vorstufe zum in Kerala verbreiteten Kokosnussschnaps *toddy*. Sharhabeel zeigt mir seine weißen Tauben und möchte, dass ich ihn bei der Fütterung fotografiere. Nach und nach treffen auch die Nachbarn ein. Sobald ich Anstalten mache, den Auslöser zu bedienen, erstarrt die ganze Gesellschaft in rührender Ernsthaftigkeit!

Sharhabeel hat mich ins Herz geschlossen, und in den kommenden Tagen überrascht er mich immer wieder mit kleinen Aufmerksamkeiten. Eines Morgens überbringt mir sein kleiner Bruder gut drei Dutzend in Zeitungspapier eingeschlagene Kaurimuscheln.

Die Lakkadiven gelten völlig zu Recht als eines der schönsten Tauchreviere der Welt. Sumer Verma, der seit acht Jahren als Tauch-

1 Auch wenn die Insel nur etwa anderthalb Quadratkilometer misst und das Gepäck begrenzt ist – eine Rollkarre wird gebraucht. **2** Der Pilot, der den Autor nach Agatti brachte. **3** Bungalows mit Steinböden, ohne TV, aber mit Kühlschrank. **4** Kinder aus Mumbai. **5** Inselglück: unterm Sternenhimmel, 320 Kilometer von Kochi entfernt.

lehrer und Unterwasserfotograf auf Bangaram arbeitet, illustriert mit fantastischen Aufnahmen seine spannenden Erzählungen, die von Haien, Mantas und schwerelos durchs klare Wasser gleitenden Schildkröten handeln. Am dritten Bangaram-Tag nimmt er mich mit auf einen ersten kleinen Tauchgang. Bereits wenige Meter vom Strand entfernt, in einer Wassertiefe von drei bis vier Metern, schwimme ich an herrlichen Korallen und sanft in der Strömung schwingenden Seeanemonen vorbei. Eine gänzlich andere, wundersame Welt, die sich erst erschließt, wenn man mit Sauerstoff taucht.

Am letzten Bangaram-Tag lege ich mich mit einem dicken Schmöker über die Geschichte der Lakkadiven in meine Hängematte. Die ersten Bewohner der Lakkadiven waren wohl Hindus, dann folgte die Konvertierung zum Islam. Als der arabische Weltreisende Ibn Battuta 1346 die Lakkadiveninsel Minicoy besuchte, war sie, wie er berichtet, »von gläubigen Muslims bevölkert«. Im 16. Jahrhundert eroberten die Portugiesen mit unglaublicher Brutalität die Inseln, später kamen die Arakkal Rajas und die Briten. Seit dem 1. November 1956 sind die Lakkadiven ein Unionsterritorium und gehören zur Republik Indien.

Wirklich bemerkenswert ist die starke Position der Frauen auf den Lakkadiven. In kaum einer anderen indischen Region genießen die Frauen einen höheren sozialen Status. Besitz wird über die weibliche Linie vererbt, was die wirtschaftliche Abhängigkeit der Frau von vornherein verhindert. Ein Ehevertrag legt fest, dass der Mann eine jährliche Zahlung an seine Gattin leisten muss. Die Frau kann gar die Scheidung fordern, wenn er dieser Pflicht nicht nachkommt. Eine Scheidung ist weder ein soziales Stigma noch ein Hinderungsgrund für eine erneute Allianz. Nach der Heirat zieht der Mann in das Haus der Frau und nimmt deren Namen an. Er verdient das tägliche Brot, aber seine Frau kümmert sich um sämtliche Familienangelegenheiten.

Und wovon lebt man auf den Lakkadiven? Stärker noch als in Kerala dreht sich hier alles um die Kokosnuss. Man findet sie überall im Unionsterritorium. Ihre vielseitige Anwendbarkeit kennt schließlich keine Grenzen. Der relative Wohlstand der Inseln ist vor allem der Kokosnuss zu verdanken. Und natürlich dem Fischreichtum.

Die Zeit auf Bangaram vergeht viel zu schnell. Captain Chowdhury, kurz vor seiner Penisonierung, lässt mir nur wenig Zeit zum Abschiednehmen, schon Sekunden nach dem Start weichen die

Palmenhaine Agattis dem endlosen Blau der See. Tage später, als mir die Zeit auf den Lakkadiven bereits vorkommt wie ein schöner Traum, breite ich Sharhabeels Kaurimuscheln vor mir aus. Jede für sich ist vollkommen und kostbar, so erlesen und wundersam wie diese kleinen Inseln vor der Küste Keralas.

Olaf Krüger

Lakkadiven-Eiland Bangaram

Anreise und Reisezeit
Indian Airlines fliegt an fünf Tagen in der Woche vom Cochin International Airport auf die Lakkadiven-Insel Agatti. Achtung: Maximal erlaubt sind zehn Kilo Gepäck pro Person, außerdem braucht jeder ausländische Besucher ein Permit, eine Sondererlaubnis, die aber über cghEarth organisiert werden kann. Beste Reisezeit: Oktober bis Dezember. Januar und Februar sind merklich wärmer. Vor dem Monsun kann es heiß werden.

Unterkunft
****Bangaram Island Resort*** (cghEarth) Einfache, aber mit allen Notwendigkeiten ausgestattete, geräumige Hütten ohne Klimaanlage. Jede Hütte hat eine kleine Veranda und eine Hängematte. Im Preis inbegriffen sind alle Mahlzeiten. cghEarth, Casino Building, Willingdon Island, Kochi, Kerala -682003, Tel. 0484-266 82 21, -266 68 21, Fax: –266 80 01. Zentrale Buchung: Tel. 0484-301 17 11. Website: www.cghearth.com, E-Mail: contact@cghearth.com

5

Sehen und erleben
In der ans Resort angegliederten, ausgezeichneten Tauchschule »Laca Diver« lässt sich der Tauchschein erwerben. Außerdem kann man dort Schnorchel und Flossen leihen. Ausführliche Informationen unter www.lacadives.com, E-Mail: lacadives@hotmail.com

Eine Fülle an Aktivitäten: Fischen, Kajak- und Boottouren (sogar ein Glasbodenboot steht bereit), auch Yoga- und Meditationskurse sowie Behandlungen im resorteigenen Ayurvedazentrum.

Ziele in der Umgebung
Nicht weit entfernt von Bangaram liegen die drei kleinen Inseln Tinnakara und Parali I und II. Ausflüge zu den Bilderbuchstränden dieser Inseln lohnen auf jeden Fall.

Am Strand von Varkala.

Know-how für die Reise

GUT ZU WISSEN – PRAKTISCHE HINWEISE FÜRS REISEN IN INDIEN

VERKEHR

Flüge (Domestic Air Services)
Außer den zur Privatisierung anstehenden Indian Airlines gibt es mehrere private Linien, zum Beispiel Jet Airways. Inder sind reisefreudig, die Flüge sind häufig ausgebucht und müssen Tage oder Wochen vorher bestellt werden. Flugtickets sind mindestens

so teuer wie in Europa, es gibt aber Sondertarife und Ermäßigungen für Jugendliche. Reservierungen werden computerisiert zentral vorgenommen. Von westlichen Reisenden wird oft Bezahlung in Dollar oder Euro verlangt. Nicht vergessen: Rückflug 48 bis 36 Stunden vorher bestätigen lassen! Wenn man nicht mindestens 30 Minuten vor Abflug eincheckt, gibt es keine Rückerstattung, ebenso wenig bei Verlust des Tickets. Verspätungen kommen vor, sind aber nicht die Regel. Mehrere Flughäfen werden derzeit ausgebaut und vergrößert. Der Internationale Flughafen Kochi öffnet sich mehr und mehr Fluglinien.

Die wichtigsten Fluglinien
Air India, Büro Deutschland: Tel. 069-25 60 04-0, Fax: 25 60 04-45, Website: www.airindia.de, E-Mail: info@airindia.de.
Indian Airlines, Büro Neu-Delhi: Tel 00 91-11-5 48 33 27, Fax: 5483327, Website: www.indian-airlines.nic.in
Jet Airways, Büro Neu-Delhi: 00 91-11-39 84 11 11, Website: www.jetairways.com

Bahn
Gandhi fuhr mit dem Zug durch ganz Indien, um das Land wirklich kennenzulernen. Der Fortschritt hat einige Bequemlichkeit, Schlaf- und Liegewagen, Schlafsessel, Klimaanlagen möglich gemacht, daher ist Bahnfahren heute noch mehr zu empfehlen, wenn manche Einrichtungen auch nicht so gut wie im guten Hotel funktionieren. Das Schlafwagen-Zweibettabteil kommt kaum billiger als Flugtickets, insgesamt sind Bahntickets aber viel preisgünstiger als in Europa. Fahrpläne: Die Broschüre »Trains at a Glance« ist sehr nützlich (zu kaufen an größeren Bahnhöfen). Viele Bahnhöfe haben spezielle Touristenschalter. Für Frauen gibt es extra Schalter – oder sie können einfach vorne in die Reihe gehen, das ist so üblich. Für Platzreservierungen ist oft ein zweiter Schalter aufzusuchen. Also: Zeit mitbringen! Die Stunden vergehen schnell beim Fahrkartenkauf. Ein »Indrail-Pass« kann schon zu Hause erstanden werden, kostet harte Währung, ist teuer, aber erspart die Mühe des Fahrkartenkaufs und der Reservierung. Auskünfte bei den Government of India Tourist Offices. Die neue Nord-Süd-Verbindung der Konkan-Bahn von Mumbai nach Kerala kostet 50 Prozent mehr als andere Fernzüge.

Busse
Extrem unterschiedlich in der Qualität, aber relativ schnelle Verkehrsmittel. Die Fahrer steuern ihre Gefährte auch über schlechte Straßen in rasendem Tempo, man wird gnadenlos durchgeschüttelt, oft auch in *luxury coaches*. Dröhnend laute Videofilmmusik durchdringt auch Ohrstöpsel. Aber: Wenn man Humor hat, gibt es auf einer Busfahrt besten Erinnerungs- und Erzählstoff!

Mietwagen
Für Touristen gibt es sie in der Regel nur mit Fahrer, denn indische Verkehrssituationen und indischer Fahrstil sind anders als in der westlichen Welt. Internationale Agenturen sind teuer, verlässliche indische Agenturen haben meist sehr gute Englisch sprechende Fahrer und sind auch preislich zu empfehlen. Wichtig für die Reiseplanung: Durchschnittsgeschwindigkeit kaum über 40 km/h, oft nur 30 km/h! Erste vierspurige Autobahnen sind entstanden, mehrere Großprojekte in Planung.

HOTELS

Die Sterne der Hotels entsprechen folgenden Preisklassen, incl. Steuern für zwei Personen im Doppelzimmer, nicht überall mit Frühstück. Ab *** ist u.a. eine Klimaanlage (AC) üblich.
* 25–50 Euro
** 50–100 Euro
*** 100–200 Euro
**** 200–300 Euro
***** über 300 Euro
Die Angaben sind ohne Gewähr, die Preise können sich durch veränderte Steuern erhöhen oder verringern. In oberen Klassen kann bei mehrtägigem Aufenthalt über Preise verhandelt werden, und es gibt zahlreiche Sonderangebote.

2

3

Reservierungszentralen der wichtigsten Hotelketten

cghEarth Group of Hotels, Kochi-682003 Kerala, Indien, Tel. 00 91-4 84-66 82 21, Fax: 66 80 01, www.cghearth.com
HRH Group of Hotels, Udaipur-313001 Rajasthan, Indien, Tel. 00 91- 294-2 52 80 16, Fax: 2 52 80 12, Tel. gebührenfrei 1 60 01 80 29 33, Website: www.hrhindia.com
Indian Heritage Hotels Association, Jaipur-302001 Rajasthan, India, Tel. 00 91-1 41-2 37 20 84, 2 37 11 94, 2 37 41 30, 2 37 41 12, Fax: 2 37 20 84, 2 36 36 51, E-Mail: info@indianheritage-hotels.com, Website: www.indianheritagehotels.com.
Karni Group of Hotels, The Management, Karni Bhawan, Palace Rd., Jodhpur-342006 Rajasthan, Indien, Tel. 00 91-02 91-2 51 21 01, 2 51 21 02, Fax: 2 51 21 05, E-Mail: karnihotels@satyam.net.in, Website: www.karnihotels.com
Kempinski/Leelaventure, Tel. Reservierung in Deutschland: 0 08 00-42 63 13 55 (gebührenfrei), Website: www.theleela.com,
Oberoi Hotels and Resorts, Neu-Delhi-110003, Indien, Tel. Reservierung in Deutschland: 0 08 00-12 34 01 01 (gebührenfrei), oder Fax: 0 69-97 46 71 92, E-Mail: reservations@eih-india, Website: www.oberoihotels.com.
Taj Hotel Resorts and Palaces, Mumbai-400001, Indien, Tel. Reservierung in Deutschland: 08 00-1-85 26 15 (gebührenfrei), Website: www.tajhotels.com.
Trident Hilton Hotels, Delhi-110054, Indien, www.trident hilton.com.
WelcomHeritage, Neu-Delhi-110017, Indien, Tel. 00 91-11-26 26 66 51, Fax 26 26 66 56 (-3), Fax: 6 86 89 94, E-Mail: welcom@ndf.vsnl.net.in, Website: www.welcomheritage.com
Falls Hotel-Websites zeitweilig oder ganz geschlossen sind, hier eine Adresse mit vielen Infos und Hotelreservierungen: www.indiahotelsandresorts.com

INFORMATION
Indisches Fremdenverkehrsamt und Reiseagenturen

Indisches Fremdenverkehrsamt, Baseler Str. 46, D-60329 Frankfurt/M., Tel. 0 69-24 29 49-0, Fax: 24 29 49-77, E-Mail: info@india-tourism.com, Website: www.india-tourism.com
ComIndia, Indo-German Tourism Venture, Thiruvananthapuram-695041, 9/432, Jawahar Nagar, Tel. 00 91-4 71-1 24 57 85, 1 24 58 71, Fax: 8 52 72 28 99, E-Mail: info@comindia.com. Enzyklopädisch angelegte Webseite, www.greatkerala in Arbeit (2006).
Comtour Communication and Tourism (Reiseagentur, speziell für Indien, auch für Individualreisen), Hans-Joerg Hussong, Ruhrstr. 40, D-45219 Essen-Kettwig, Tel. 0 20 54-9 54 70 Fax: 95 47 11, E-Mail: info@comtour.de, Website: www.comtour.de
Metropole Tourist Service, Luxury Car Rentals (auch normale Mietwagen, Individualreisen), No. 244, Defence Flyover Market, Neu-Delhi-110 024, Indien, Tel. 00 91-11-24 31 03 13 und 24 31 22 12, Fax: 24 31 18 19, E-Mail: metropole@vsnl.com
Tourindia Holidays (P) Ltd. (Kreative Reiseagentur: Hausboote, Leihwagen), P.B. Nr.163, M.G.Road, Thiruvananthapuram-695001, Kerala, Indien, Tel. 00 91-471-2 33 04 37 und 2 33 15 07, Fax: 2 33 14 07, E-Mail: tourindia@vsnl.com & tourindia@asianetindia.com, www.tourindiakerala.com

TELEFON, ZEITVERSCHIEBUNG
Die Vorwahl von Deutschland nach Indien ist 0091.
Vorwahl von Indien nach Deutschland 0049, in die Schweiz 0041, nach Österreich 0043.
In allen Städten gibt es preisgünstige private Telefonagenturen.
Die Zeitverschiebung beträgt im Winter + 4,5 Stunden, im Sommer + 3,5 Stunden (wegen der Sommerzeit in Europa).

EINKAUFEN
Hoffentlich haben Sie Platz im Koffer! Es gibt so viele herrliche Dinge – Seide, Metallarbeiten, Schnitzereien, handgeschöpfte Papiere ... Wenn kein Platz da ist: Die State Emporiums und die Ladenarkaden der Spitzenhotels schicken die Einkäufe überallhin. Auf dem Landweg ist es nicht zu teuer, dauert aber ca. drei Monate. Vorsicht bei kleineren Läden: Sicherer Versand wird zugesagt, aber schwarze Schafe verpacken statt des erworbenen Objekts Billigeres oder sparen sich die Sendung ganz. Auch selbst versandte Pakete treffen zu Hause ein, doch das Abschicken ist umständlich (Ausfüllen von Formularen, vorm Postversand muss man die Pakete in Stoff einnähen und versiegeln lassen). Übrgens sind laut Zollabkommen indische Kunsthandwerk-Artikel zollfrei.

ESSEN UND TRINKEN
Keine Angst vor indischem Essen! Eine Vielfalt von Geschmackserlebnissen erwartet den Gast. Da reizt die Schärfe der südindischen Speisen die Zunge, da ist die raffinierte Mogul-Küche des Nordens mit sahnigen, üppigen Gerichten, in denen Rosinen und Nüsse sich mit Gewürzen und zartem Fleisch treffen, da gibt es Köstlichkeiten vegetarischer Art in den Thalis von Gujarat und der Gast lernt, dass nicht Wasser, sondern milder Joghurt (*raita*) sofort Hilfe leistet. Getränke entsprechen, soweit süß, geschmacklich den unseren. Indischer Wein ist selten, neigt zur Süße; das Bier ist sehr erfrischend. Es gibt auch indischen Cognac, Whisky

1 Kiosk am Veli-Park, Thiruvananthapuram. **2** Truck-Talisman: Schutzgöttin Durga auf dem Tiger. **3** Buntes Angebot in Varkala: Flaschenträger.
4 Mythen inmitten des Verkehrs: Gott Rama (klein, von blauer Farbe) reitet auf dem fliegenden Hanuman, Herrscher der Affen-Armee.

etc.; importierte Weine und Spirituosen sind sehr teuer. Spezialitäten sind u. a. der Feni in Goa (Schnaps aus Cashew oder anderen Früchten), und der gleichfalls südindische Toddy, aus dem Saft von Palmen. Dem Klima angepasst und nur leicht alkoholisch ist Gin Tonic.

1 Schiffsverkehr auf dem Vembanad Lake. 2 Im »Kovalam Taj Greencore« wie in anderen Taj-Hotels: Morgenzeitung in der Leinwandtasche. 3 Junge Frauen stecken sich am Morgen Jasminblüten ins Haar.

GESUNDHEIT UND AYURVEDA

Man erkrankt in Indien nicht schwerer und häufiger als in anderen tropischen und subtropischen Reiseländern. Vorausgesetzt, man erlaubt seinem Körper eine Zeit der Gewöhnung, sowohl bei Anstrengungen (Bergtouren, Nachtleben) als auch beim Essen. Zunächst sollte man nur gekochte Speisen, in sauberen Restaurants, Markengetränke aus originalverschlossenen Flaschen und gekochten Tee zu sich nehmen. Viel trinken, mehr als man Durst hat – bei Hitze müssen Wasser und Mineralien ersetzt werden. Bei fehlendem Appetit wenig essen, Magenverstimmungen sind meist harmlos und durch Tee-und-Toast-Fasten zu kurieren. Nach einer Gewöhnungsphase kann man auch gewaschenes Obst, Salat aus geschältem Gemüse o.ä. genießen.
Impfungen sind nicht Pflicht (es sei denn, man reist aus Gelbfieber-Gebieten ein), doch empfohlen wird Impfschutz gegen Hepatitis B, gegen asiatische Hirnhautentzündung, gegen Tetanus und Polio. Wegen der Malariaprophylaxe, die man schon lange vor Reiseantritt beginnt, sollte man seinen Hausarzt fragen.
Was tun, wenn ärztliche Hilfe gesucht wird? Die Hotels, vor allem die der Ober- und Spitzenklasse, haben »doctor-on-call«-Service und geben Adressen zuverlässiger Ärzte, auch an Touristen, die nicht im Hotel wohnen.
Immer mehr Reisende kommen wegen ärztlicher Behandlung nach Indien, die von vielen guten Hotels und von leistungsfähigen Krankenhäusern in Delhi, Bangalore und anderen Zentren angeboten wird. Auch für große Operationen gibt es Spezialisten, die Kosten sind noch deutlich niedriger als in Europa oder den USA.
Ayurveda, die indische Heilkunst, ist auch im Westen populär geworden. Sie beruht auf jahrtausendealter Erfahrung mit Heilpflanzen, Physiotherapie und auf den individuellen Patienten bezogenen Anwendungen und Lebenshilfen. Die immer häufiger angebotene »holistic medicine« ist eine Alternative zur westlichen Apparate-Medizin, die nicht nur einzelne Symptome, sondern den ganze Menschen im Blick hat und östliche wie westliche Therapien einsetzt. Freilich dauert die Heilbehandlung von Krankheiten länger als ein Urlaub; die in den Hotels angebotene Ayurveda-Behandlung dient meist der Erholung und Verjüngung.
Sehr alt, noch älter als Ayurveda und derzeit stark im Kommen ist die südindische Siddha-Heilkunst.

DO'S AND DONT'S

Bitte ja!

In den Koffer packen: Ein Moskitorepellent, ein Medikament für Malariaprophylaxe (nur Wüste und Zentren von Großstädten sind 99 Prozent moskitosicher), auch ein Moskitonetz sind zu empfehlen. Ausreichender Vorrat von allem, was zu Hause benutzt wird: Medikamente etc., Sonnenschutzcreme und Salbe gegen Juckreiz bei Insektenstichen. Wer unbegrenzte Lebenslust liebt: Ausreichender Vorrat von Kondomen ist ein Muss – europäische Produkte sind verlässlicher. AIDS-Ansteckungsgefahr ist groß.

Flughafen-Taxi: In Delhi, Mumbai und anderen großen Städten nimmt man ein Pre-paid Taxi, das schon am Flughafen bei Nennung des Zieles zentral vorausbezahlt wird, nach festem Tarif.

Reisegeld wechseln: Am raschesten in guten Hotels, ohne Kommission, aber mit Wartezeit bei der Sate Bank of India.

Klima-Anpassung: Warme Kleidung (Pullover, Wollsocken) und Schlafsack mitnehmen, wenn man zwischen Oktober und Februar nach Nordindien fährt. Luxushotels heizen gut und bieten Extradecken an, andere Hotels haben oft unzulängliche Heizung und dünne Decken (Tagestemperaturen steigen bis zu 30 °C).

Etikette – Begrüßung: Mit Grüßen (Handflächen mit den Fingerspitzen nach oben aneinander legen) und freundlichem Lächeln freigebig sein, im Laden, in der Bahn etc. Ein Händedruck als Begrüßung ist sogar bei westlich geschulten Geschäftsleuten seltener als in Deutschland (bei Damen nie!) Begrüßungs- und Abschiedsumarmungen nur unter Männern resp. unter Frauen.

Trinkgelder (*tip* oder *baksheesh*): Je nach Höhe der Restaurant-Rechnung 5 bis 10 Prozent, wenn der Service korrekt war. Kofferträger erwarten je nach Hotelklasse und Gepäckumfang umgerechnet zwischen einem halben und 2 Euro. Ungerechtfertigtem Verlangen nach *baksheesh* – etwa wenn einem ungefragt Auskunft gegeben worden ist – soll man nicht nachgeben.

Kontakte: »What country are you from?« Geduld soll man haben! Immer wieder wird dasselbe gefragt! Besonders die jungen Leute sind stolz, ihre Englischkenntnisse anzuwenden. Also möglichst mit einem Lächeln antworten, zum hundertsten Mal seinen Namen, sein Heimatland, seine Stadt benennen, manchmal auch Persönliches freundlich preisgeben: ob man (schon lange) verheiratet ist, wie viel Kinder man hat, wie viel Geschwister, ob Vater und Mutter noch leben. Man darf durchaus zurückfragen!

Essen: Auch ungewohnte Speisen in guten Restaurants ausprobieren, Gewürze nicht scheuen, die meisten sind nicht scharf. Wer's mild mag, bestellt »not too spicy« oder »not too hot«.

Auftreten: Gepflegt auftreten! Schmutzig, unrasiert, mit filzigem Haar macht man als »Westler« schlechten Eindruck, im Hotel, Restaurant, aber auch auf den Straßen. Inder der Mittelklasse treten meist formeller gekleidet auf als Europäer.

Vorsicht mit Affen: Überall wo Affen gesichtet werden, halte man die Fenster geschlossen, draußen trage man Essbares verborgen oder fest im Griff. Die lustigen Tiere sind sehr frech.

Gesicherter Rückflug: Es ist unbedingt notwendig, das Ticket im Büro der Fluggesellschaft rechtzeitig bestätigen zu lassen (siehe Seite 202). Dabei kann man sich gleich nach der Höhe der Flughafengebühr erkundigen, die man dann abgezählt bereithält.

3

Bitte nein!

Respektlos gegenüber religiösen Gefühlen: Schuhe an religiösen Orten anzubehalten, ist ein Reinheitsverstoß. Und wenn im Privathaus der Gastgeber die Schuhe auszieht, tun Sie es auch.

Alles fotografieren: Privatpersonen erwarten, dass man um Einverständnis bittet (gegebenenfalls durch Gesten). Im Allerheiligsten von Tempeln, bei Gottesdiensten und Leichenverbrennungen ist Fotografieren absolut tabu.

Missverständnisse unter Männern und Frauen: Touristinnen sollten nicht mit fremden Indern flirten, wenn sie nicht wollen, dass dies als Aufforderung zu mehr missverstanden wird.

Zärtlichkeiten in der Öffentlichkeit: Küssen, Arm in Arm gehen und andere Zärtlichkeiten selbst zwischen verheirateten Paaren sind außerhalb der Privatzimmer unerwünscht und anstößig.

Textilfrei: Nacktheit ist tabu, auch am Strand (sie ist nur religiösen Asketen und bestimmten Sekten erlaubt). Schulterfreies und Shorts trägt man nur im Gelände großer Hotels und Resorts.

Mit beiden Händen essen: Nur die rechte Hand ist »rein«! Inder essen oft ohne Besteck mit den Fingern – aber nur mit der rechten Hand, mit der Linken werden Speisen nicht angerührt.

Schlepper und Nepper: Nicht auf unerbetene Angebote eingehen, sich zum preisgünstigen Laden (des Onkels, Bruders o.ä.) führen zu lassen. Der Käufer bezahlt die Schleppergebühr (»commission«) mit! Auch ist nicht jeder, der sich als »guide« anbietet, qualifiziert.

Jedem Bettler einen Rupienschein: In der Umgebung besserer Hotels halten sich oft gewerbsmäßig organisierte Bettler auf. Besser nichts spenden – die Armen müssen oft einen großen Teil des Geldes an ihre Bosse abgeben. Grundsätzlich: Kindern nie Geld geben, sondern Essbares, Seife, Schreibstifte.

Teure Transfergebühren: Geld sollte man sich nicht aus der Heimat nachschicken lassen müssen – das ist teuer und langwierig.

Drogen: Die Behörden kennen kein Erbarmen mit Usern und Dealern, und indische Gefängnisse sind schrecklich. Auch Cannabis-Besitz ist illegal und kann zu sechs Monaten Haft führen.

Kleine Geschichte Keralas

Die Volkssage nimmt es wörtlich: Kerala ist das Land eines Gottes. Parasurama, eine Erscheinungsform des Gottes Vishnu, erhielt das Land als Geschenk des Arabischen Meeres (siehe Einleitung, Seite 12). Die Legende erklärt die geografisch bevorzugte Ausnahmesituation. Schwemmland am Fuße des wasserreichen Gebirges, fruchtbar durch zweimal jährlichen Monsun, getrennt vom übrigen Indien durch die Höhe und Steilheit des Gebirgszugs, der freilich nicht vollständig isoliert, sondern durch Pässe das Eindringen und Verkehr möglich macht. Geistige Ideen schickten ihre Sendboten über die Pässe, so kamen Hinduismus, Jainismus und Buddhismus nach Kerala, mit Zeitverzögerung gegenüber Nordindien. Armeen von Eroberern aus Indiens Südosten fanden vom Mittelalter bis ins 18. Jahrhundert ihren Weg. Weltoffen war Kerala frühzeitig zum Meer hin. Eine Vielzahl von Verbindungen hat es mit dem präislamischen Arabien und dem antiken Europa gegeben. Auch der Verkehr mit Ostasien war lebhaft, nicht nur die berühmten Fischernetze berichten von chinesischer Anwesenheit. Religionen wanderten ein und die Geschichtstabelle nennt Kolonialmächte verschiedener Nationen.

I

Mittel- bis Jungsteinzeit:
Von früher Besiedelung zeugen Felszeichnungen in den Höhlen von Ettakal (Wayanad), auch Menhire und Dolmen in verschiedenen Teilen Keralas.

273 bis 236 v. Chr.
Kaiser Ashokas Inschriften nennen Keralaputra, d. h. Land der Söhne Cheras – nicht abgeleitet von *kera* = Kokosnuss, wie vielfach angenommen.

ca. 300 v. Chr. bis 14. Jh. n. Chr.
Kerala steht nacheinander unter der politischen Oberhoheit dreier südindischer Dynastien: der Cheras, der Pandyas und der Cholas.

Im Jahrtausend von ca. 500 v. Chr. bis 500 n. Chr. langsames Vordringen des vedischen Hinduismus nach Südindien, auch Jainismus und Buddhismus erreichen Kerala.

ab 1. Jh. n.Chr
Gewürzhandel an der Küste Keralas mit den Mittelmeerländern (reiche Funde römischer Münzen).
Griechische Texte nennen Namen von Häfen der Malabarküste. Unter den Chera-Königen wandern arabische Händler ein. Als christlicher Missionar landet, wie die Legende berichtet, der Apostel Thomas im 1. Jh. in Kodungalloor (später Muziris, nördlich von Kochi).
Überlieferte Einwanderung jüdischer Flüchtlinge schon im 6. Jh. v. Chr., neue Einwanderungswelle im 4./5.Jh. n. Chr. (Erinnerungstafel in der Mattancherry-Synagoge).

7. bis 8. Jh. n. Chr.
Durch arabische Händler kommt der Islam nach Kerala.

11. Jh.
Entwicklung der Kampfkunst *kalaripayattu* während der Chola-Kriege. *Kalaripayattu* hatte Einfluss auf die Entwicklung chinesischer Kampfkünste.

nach dem 11. Jh.
Kleinere Fürstentümer entstehen, die wichtigsten sind das des Zamorin in Calicut (heute Kozhikode) und das des Maharajas von Travancore.

1288 und 1293 n. Chr.
Marco Polo, er rühmt den Reichtum unter den Pandya-Königen.

14. Jh.
Eine Sturmflut löscht den blühenden Hafen Kodungalloor aus, verändert die Mündung des Periyar-Flusses und schafft Lagunen und Seen hinter der Küste. Auf Inseln entsteht als neuer Hafen Kochi.

1498
Vasco da Gama landet in Kappad bei Calicut (Kozhikode), beginnt – ergebnislos – Verhandlungen mit dem Zamorin. Die Portugiesen erobern Kochi, nützen den Wettbewerb der Herrscher mit den arabischen Händlern aus.

1524
Bereits als »Admiral des Indischen Meeres« ausgezeichnet, wird Vasco da Gama zum Vizekönig Indiens ernannt, er stirbt aber bereits nach wenigen Monaten erst 55-jährig in seiner Residenz Kochi.

1604
Wegen der hohen Preise, die von den Portugiesen für keralische Gewürze verlangt wurden, gründen auch die Holländer Niederlassungen, erst in Calicut, dann erobern sie das Fort Kochi.

1741
Der Herrscher von Travancore in Süd-Kerala schlägt die Holländer und erobert Kochi.

3

2

1766
Der muslimische Sultan Haidar Ali und sein Sohn Tipu Sultan erobern, über den Palghar-Pass eindringend, das Gebiet des Zamorin und drängen die Briten zurück, deren East India Company Niederlassungen eingerichtet hatte.

1792
Mit Hilfe britischer Truppen wird Tipu Sultan geschlagen, die Fürsten Keralas stehen unter britischer Autorität, der Norden Keralas der direkten britischen Kolonialherrschaft.

1792 bis 1947
Kerala gehört zum britischen Kolonialreich, hat im 20. Jahrhundert teil an den Bestrebungen, Unabhängigkeit zu erlangen.

1956/57
Der Malabar-Distrikt, der nach dem Beginn der Unabhängigkeit zu Tamil Nadu gehörte, wird mit Travancore zum Bundesstaat Kerala zusammengeschlossen (Landessprache Malayalam). In den folgenden Jahren setzt die kommunistisch dominierte Regierung eine Bodenreform durch und sorgt für die Entwicklung von Bildung, Gesundheitswesen, Gewerkschaften, Gleichberechtigung der Frauen.
Kerala wird kein reicher Bundesstaat, aber beispielhaft in seinen sozialen Funktionen.

2006
In den Wahlen wird die konservative Regierung des Bundesstaats Kerala abgewählt, die kommunistische Partei wieder stärkste Kraft.

Amtliche Kerala-Daten:
Einwohner: rund 32 Millionen
Fläche: 39 000 Quadratkilometer
Bevölkerungsdichte: 819 qkm
Stadtbevölkerung: etwa 25 Prozent
Lebenserwartung: 73 Jahre
Alphabetisierung: 91 Prozent

1 Der mythische Schöpfer des Landes, das heute Kerala heißt: Parasurama. **2** Vishnu-Verehrer in früher Zeit um den Philosophen Sankaracharya, der auf einer Sandbank des Periyar-Flusses geboren wurde (um 800). **3** Cheraman Perumal, legendärer König von Kerala Anfang des 9. Jahrhunderts bis 825, soll sehr weise und tief gläubig gewesen sein.

Register

Orte

Personen und Begriffe

Bildnachweis und Impressum

Der Fotograf

Olaf Krüger ist Fotojournalist mit Spezialgebiet Indien. Er produziert Dia-Multivisionen zum Thema Indien, veranstaltet Vortragsreihen und veröffentlicht Reisereportagen. Seit 1990 bereist er Indien jedes Jahr für mehrere Monate. Im Bucher Verlag veröffentlichte er bereits »Zeit für Indien«. Er verfasste den Text über das Lakkadivien-Eiland Bangaram (S. 176–181). Lebt in Stuttgart. Mehr unter www.olafkrueger.com

Die Autoren

Edda und Michael Neumann-Adrian, Historiker und Publizisten mit zahlreichen Veröffentlichungen über Reiseländer Europas und Asiens, sind seit Jahrzehnten immer wieder in Indien unterwegs und schrieben mehrere Bücher über ihr »Traumland«, im Bucher Verlag »Indien Global« sowie Artikel in »Merian«, »GEO« und »DAO«. Im Bucher Verlag veröffentlichten sie bereits »Zeit für Indien«. Sie leben am Starnberger See.

Danksagung

So vielen ist zu danken – für Unterstützung vielerlei Art, für spezielle Informationen, für Gastfreundlichkeit und kreativen Rat. Als Autoren und Fotograf möchten wir zumindest einige Helfer und Freunde nennen:
Jacob Bailey, Indien; José Dominic und Brüder, Indien; Eoin und Ciara Dowling, England; Jörg Drechsel, Indien; Deepa Harris, Indien; Valerie Hasenmeyer, Deutschland; Andreas Heitmann, Deutschland; Hans-Jörg Hussong, Deutschland; C. Jagannath und Familie, Indien; Jenardanan, Indien; Joseph Joseph, Indien; Manisha und Milind Joshi, Indien; Abdul Kareem, Indien; Chhaya Krüger, Deutschland; Brigitte und Jürgen Krüger, Deutschland; Giriraj Singh Kushwaha, Indien; Paul Matthew, USA; Krishna Moorthy, Indien; Heike Moser, Deutschland; Christine Rau, Deutschland; Kathleen Nobbe und Alexander Rembold, Deutschland; Thomas Rulin, Indien; Heidi und Werner Schäfer-Veit, Deutschland; C. Sharhabeel, Indien; Shilendran, Indien; V.K. und Sujith Soman, Indien; Sunil Varghese, Indien; Sumer Verma, Indien; BPS Walia, Indien, Stefan Weymar, Deutschland.

Einbandfotos

Vorderseite: Kreuzfahrt auf Keralas Backwaters (großes Bild), Chowara Beach, Begegnung in Thiruvanathapuram, Malabar House in Kochi (kleine Bilder); Rückseite: Rajiv-Gandhi-Rennen bei Alappuzha.

Bildnachweis

Hornbil Images Pvt Ltd, Trivandrum, Indien, www.southindiapicture.com: S. 142/143 o.r. und Mitte, 144/145 (alle);
Harianu Harshita, Freiburg im Breisgau: 141 oben;
Oberoi Group, Indien: S. 47 u. l.;
Sumer Verma, Indien, www.lacadives.com: S. 176/177 u., 78/179 o. l., 179 Mitte r.;
Taj-Hotels, Mumbai, Indien: S.36 u.r., 37 o.r.
Alle anderen Aufnahmen stammen von Olaf Krüger, Stuttgart.

Alle Angaben dieses Werkes wurden von den Autoren sorgfältig recherchiert und auf den aktuellen Stand gebracht sowie vom Verlag geprüft. Für die Richtigkeit der Angaben kann jedoch keine Haftung übernommen werden.

Für Hinweise und Anregungen sind wir jederzeit dankbar. Bitte richten Sie diese an:
C. J. Bucher Verlag
Produktmanagement
Postfach 80 02 40
D-81602 München
E-Mail: lektorat@bucher-verlag.de

Konzeption: Edda und Michael Neumann-Adrian
Produktmanagement und Bildgestaltung: Joachim Hellmuth
Textlektorat: Beate Brammertz
Graphische Gestaltung: Frank Duffek, München
Kartografie: Astrid Fischer-Leitl, München
Herstellung: Bettina Schippel
Technische Produktion: Repro Ludwig, Zell am See
Printed in Italy by Printer Trento s.r.l.
Die Deutsche Bibliothek – CIP Einheitsaufnahme
Ein Titeldatensatz für diese Publikation ist bei Der Deutschen Bibliothek erhältlich.

ISBN 3-7658-1567-5